논리가 살아나는 **영어 에세이 쓰기**

Just Write in English

논리가 살아나는
영어 에세이 쓰기

지은이 이현주
펴낸이 안용백
펴낸곳 (주)넥서스

초판 1쇄 발행 2008년 5월 5일
초판 4쇄 발행 2015년 12월 20일

출판신고 1992년 4월 3일 제311-2002-2호
04044 서울시 마포구 양화로 8길 24
Tel (02)330-5500 Fax (02)330-5555

ISBN 978-89-6000-405-4 63740

저자와 출판사의 허락 없이 내용의 일부를
인용하거나 발췌하는 것을 금합니다.
저자와의 협의에 따라서 인지는 붙이지 않습니다.

가격은 뒤표지에 있습니다.
잘못 만들어진 책은 구입처에서 바꾸어 드립니다.

www.nexusbook.com

Just Write in English

논리가 살아나는 **영어 에세이 쓰기**

이현주 지음

넥서스

책의 첫머리에 ...

콜롬비아 교육대학원에서 TESOL 과정을 이수할 때 다른 동료 교사의 수업에 들어가 참관을 한 후 영어로 보고서를 쓰는 실습 과정이 있었습니다. 필자가 참관을 하게 된 동료 교사, Mary Lane은 글을 쓰던 친구로, Mary가 필자의 보고서를 읽고 처음 한 말이 '네 글에는 흐름(flow)이 있다.' 라는 것이었습니다. 글의 '흐름'에 대한 Mary의 지적은 글의 '흐름'이 영미권의 사람들이 비 영미권 사람들의 글을 읽을 때 일단 문법에서 큰 실수가 없다면 가장 중요하게 여기는 것이라는 사실을 새삼 깨닫게 했습니다.

글의 '흐름'이란 결국 얼마나 논리적으로 생각을 전개하느냐입니다. 영어작문 시간에 학생들에게 짧은 글을 주고 이에 대한 감상을 적어오라고 하면 학생들은 필자가 나누어 준 본문을 자세히 읽지 않고 글의 저자나 배경에 대해 인터넷으로 먼저 찾아봅니다. 그리고 인터넷에서 찾았던 일반적인 사실을 중심으로 글을 쓰는데, 이런 글은 얼핏 보면 대단한 내용을 담고 있는 것 같지만 실제로 알맹이가 없는 글입니다. 특히 이런 글은 본문에 대한 철저한 이해 없이 배경지식을 사용함으로써 자칫 논지가 일관되지 않는 글이 될 수 있습니다. 에세이에서 가장 중요한 것은 '흐름', 즉 일관된 논리로 글을 전개하는 것입니다. **이 책은 본문이 주어질 때 주어진 본문을 근거로 어떻게 논리적인 글을 쓰느냐에 대한 훈련을 하는 책입니다.** 주어진 본문으로는 마크 트웨인의 『허클베리 핀의 모험』을 선택했습니다. 만화나 동화로 익숙한 『허클베리 핀의 모험』은 남북전쟁을 겪은 후 재건 당시의 미국 사회와 인간 전반에 대한 비평뿐 아니라 따뜻한 시각이 모두 녹아 있는 훌륭한 고전입니다. 필자는 특히 이 책에서 중요하다고 생각되는 부분을 자의적으로 뽑아 최대한 원문을 살리면서 남부사투리 등은 읽기 쉬운 현대 영어로 바꿨습니다. 주어진 본문을 중심으로 함께 글을 쓰다 보면 이 책에 대해서도 충분히 이해하는 계기가 되리라 생각합니다.

필자는 여기서 다시 한 번 '일기'라는 형식을 취했습니다. 이는 보다 쉽고 편하게 글을 쓸 수 있기 때문입니다. 자신이 읽은 책이나 영화에 대한 감상을 단순히 신변잡기식으로 쓰는 것이 아니라 논리적으로 생각하고 이를 일기로 쓴다면 앞으로 논리적인 글을 쓰는 데 많은 도움이 될 것입니다.

이 책은 크게 2개의 파트로 구성되어 있습니다. Part 1은 구체적으로 논술일기를 쓰는 부분입니다. 첫 번째 장과 두 번째 장의 '설명하고 기술하는 논술일기 쓰기'는 중심 요소들을 선택, 나열, 종합해서 글을 쓰는 방법으로 가장 접근하기 쉽고 편한 방법입니다. 여기서는 주제 면에서 난이도를 두어 처음에는 단순히 본문의 내용을 기술, 설명하도록 했고, 다음 단계에서는 글의 숨겨진 의미를 찾고 한 걸음 더 나아가 저자의 시각이 포함되도록 하고, 그 다음으로 생각의 폭도 확 넓혀서 사회나 제도까지 연결된 글의 순서로 단계적으로 구성했습니다. 마지막 장에서는 문학적인 측면에서 글쓰기를 시도했는데 성장소설, 피카레스크 소설 등 전문 문학 용어를 사용하여 훈련했고 필자의 도움 없이 직접 글을 쓰는 장도 별도로 마련했습니다. 특히 외국에서 공부한 학생의 글뿐 아니라 외국에 간 경험이 없이 한국에서 영어 작문을 공부한 학생들의 글도 실었습니다. 다른 사람들의 글을 읽고 평가하는 것도 자신의 논지를 발전시키는 중요한 방법이기 때문입니다.

Part 2에서는 에세이를 잘 쓰기 위해 꼭 점검해야 할 요소들에 대해 정리했습니다. 먼저 한국 사람들이 잘 틀리는 문법적인 요소들인 동사의 종류, 관사, 단어의 순서, 일치, 시제 및 조동사를 점검했습니다. 특히, 연결사를 중점적으로 다루었는데 연결사는 잘 사용하면 부드럽고 자연스러운 글을 만드는 중요한 요소가 됩니다. 마지막으로 작문의 모양, 즉 구두점, 대문자 쓰기, 작문의 양식(form)에 대해 다루었습니다. 모양 역시 내용만큼이나 중요합니다. 보기 좋은 음식이 맛도 좋다는 말이 있듯이 모양이 좋아야 글을 읽고 싶은 마음이 생기기 때문입니다.

이 글을 쓰면서 많은 고민을 했습니다. 우리말로 쓰기도 어려운 에세이를 영어로, 더군다나 『허클베리 핀의 모험』처럼 읽기 어려운 고전으로 쓰는 것이 일반 독자에게는 어렵지 않을까 하는 걱정 때문이었습니다. 하지만 영문학을 전공한 학자로서, 또 TESOL을 공부하고 실제 수업에 적용하려고 노력하는 선생으로서 정말로 잘된 글을 쓰기 위해서는 이 단계를 훈련시키는 책이 꼭 필요하다는 생각이 들었습니다. 알맹이가 없이 겉만 화려한 글을 쓰기보다는 실제 주어진 본문을 중심으로 논리가 살아나는 글을 쓰는 것이 후에 외국에 유학을 가든 영어 보고서를 쓰든 어느 영역에서나 잘된 글을 쓸 수 있기 때문입니다. 끝으로 이 책을 내는 데 도움을 주신 넥서스 편집부 여러분과 자신의 글을 싣는 데 기꺼이 동의해 준 김성중, 김창기, 이영진, 이호, 정치훈, 조나단, 심현보를 비롯한 〈초급 영작문〉 과목 수강생들, 콜롬비아 교육대학원에서 TESOL을 함께 공부하고 공동체 영어 프로그램에서도 같이 학생들을 가르쳤던 Sylvia Gardner, 그리고 사랑하는 가족들에게 깊은 감사의 마음을 전합니다.

이현주

책의 구성과 활용법

다소 어렵게 느껴질 수 있는 논술을 쉽고 재미있게 풀어가기 위해서 다양한 방법으로 연습하고 활용할 수 있도록 구성되어 있다.

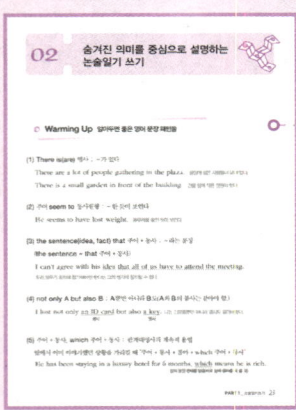

본격적인 에세이를 쓰기에 앞서 알아두면 좋은 영어 문장 패턴들을 보여 주고 있다. 문법적 설명보다는 패턴을 익혀서 바로 이해에 도움을 주도록 하였다.

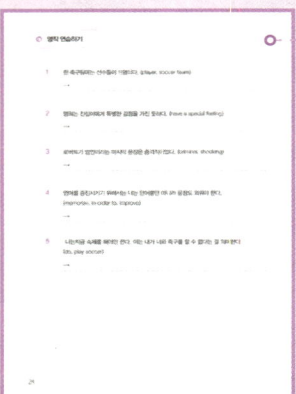

영어 문장 패턴을 활용해서 에세이를 쓰기 전에 문장을 써 보도록 구성하고 있다.

문학작품의 원서를 직접 읽어 볼 수 있도록 원서의 일부를 제시해 주고 정확한 이해를 돕도록 주요 단어들은 영어로 설명해 주고 있다. 원서는 최대한 원문을 그대로 사용하고 있으며 이해하기 어려운 남부 사투리 등은 현대 영어로 바꾸어 제시하고 있다.

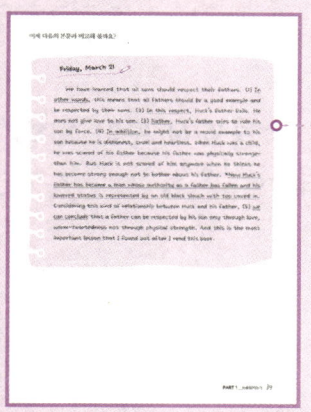

문학작품을 통해 살펴 본 내용들을 직접 써 볼 수 있도록 구성하였으며, 특히 선생님이나 다른 친구들의 에세이를 통해서 자신의 에세이를 바로 피드백할 수 있도록 하였다.

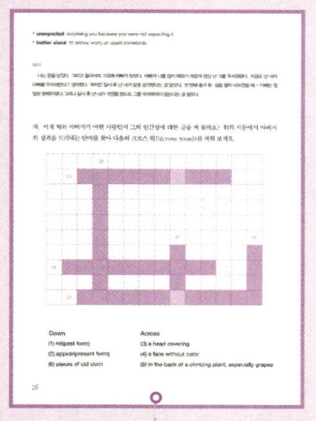  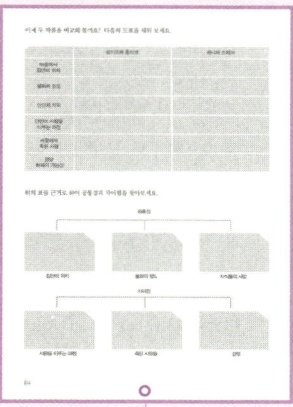

에세이 쓰기에 활용되는 문학작품을 보다 쉽게 이해할 수 있도록 퍼즐, 만화, 도표 등을 다양하게 사용하고 있다.

또한 *알아두기* 를 이용해서 노예제도나 남북전쟁 등에 대한 상식도 얻을 수 있고, *Writing Tips* 에서는 쓰기에 도움이 되는 정보도 얻을 수 있다.

차례

PART 1 논술일기 쓰기 – 마크 트웨인(Mark Twain)의 『허클베리 핀의 모험』 (The Adventures of Huckleberry Finn)을 중심으로

1 설명하는 논술일기 쓰기: 헉의 아버지를 중심으로
   1) 외모를 설명하는 논술일기 쓰기 14
   2) 숨겨진 의미를 중심으로 설명하는 논술일기 쓰기 23
   3) 한 걸음 더 나아가기: 글쓴이의 생각이 드러난 논술일기 쓰기 32
   4) 생각의 폭을 확 넓히기: 노예제도와 연결해 논술일기 쓰기 41

2 일어난 일을 기술하는 논술일기 쓰기: 그레인저포드 가와 세퍼드슨 가의 싸움을 중심으로
   1) 일어난 일을 사실 그대로 기술하는 논술일기 쓰기 50
   2) 일어난 일을 헉의 생각으로 기술하는 논술일기 쓰기 65
   3) 한 걸음 더 나아가기: 셰익스피어의 『로미오와 줄리엣』과 비교해서 읽기 73
   4) 생각의 폭을 확 넓히기: 남북전쟁(Civil War)과 연결해 논술일기 쓰기 93

3 문학 작품으로 이해하는 논술일기 쓰기
   1) 성장소설(Bildungs-roman)로 논술일기 쓰기: 진실한 인간성을 찾는 문제에 대해 104
   2) 혼자 힘으로 논술일기 쓰기: 피카레스크 소설(Picaresque novel)의 시각으로 125
      (1) 주인공 허클베리 핀에 대해 126
      (2) 사회에 대한 풍자 139
      (3) 인간성에 대한 풍자 147
      (4) 종교에 대한 풍자 156

PART 2 논술일기 쓰기에 꼭 점검해야 할 요소들

1 동사의 종류(Verb) 1: 목적어가 없는 동사, 있는 동사 168
2 동사의 종류(Verb) 2: 부정사(Infinitive)와 동명사(Gerund)를 목적어로 하는 동사 173
3 동사의 종류(Verb) 3: 상태동사(Stative Verb)와 동작동사(Action Verb) 177
4 관사(Articles): 부정관사(Indefinite article)와 정관사(Definite article) 181
5 단어의 순서(Word Order) 186
6 일치(Agreement) 191
7 단순시제(The Simple Tense) 196
8 진행시제(The Progressive Tenses) 200
9 완료시제(The Perfect Tenses) 204
10 조동사(Modal) 1: must / have to / should / ought to ~해야만 한다 208
11 조동사(Modal) 2: will / must / ought to / may / might / could ~임에 틀림이 없다 211
12 조동사(Modal) 3: will과 be going to, shall 그리고 can과 be able to 214
13 다른 생각을 연결하는 표현들(Connecting Ideas) 1: and와 or 218
14 다른 생각을 연결하는 표현들(Connecting Ideas) 2: 순서에 따른 글을 쓸 때 222
15 다른 생각을 연결하는 표현들(Connecting Ideas) 3: 반대되는 것을 대조하는 글을 쓸 때 226
16 다른 생각을 연결하는 표현들(Connecting Ideas) 4: 원인과 결과를 나타내는 글을 쓸 때 230
17 다른 생각을 연결하는 표현들(Connecting Ideas) 5: 조건과 결과를 나타내는 글을 쓸 때 234
18 정확한 구두점 쓰기(Punctuation) 237
19 대문자 쓰기(Capitalization) 242
20 영어작문의 양식(form)을 갖춘 영어일기 쓰기 245

정답 및 해석 251

The Adventures of Huckleberry Finn

Part 1, 논술일기 쓰기

>> 마크 트웨인(Mark Twain)의 『허클베리 핀의 모험』
   (*The Adventures of Huckleberry Finn*) 을 중심으로

마크 트웨인의 『허클베리 핀의 모험』은 현재 미국에서 '최고의 고전'으로 평가받고 있는 작품입니다. 특히, 우리나라에서도 논술을 공부하는 데 있어 필수적인 고전입니다. 이 책은 허클베리 핀이라는 소년이 흑인 노예 짐과 함께 미시시피 강을 따라 뗏목을 타고 자유 노예지로 가는 과정에서 겪게 되는 여러 가지 사건들을 다루고 있습니다. 하지만 단순히 한 소년과 흑인 노예의 여행 과정에서 발생한 일들을 기록한 것이 아니라 실제 미국의 문화, 사회에 대한 전반적인 문제들을 다루고 있습니다.

현재 논술을 공부하는 학생들은 대부분 본문에서 구체적인 예를 찾아 자신의 글을 전개하지 않고 학원에서 배운 것, 책에 대한 설명서들을 읽고 보편적이고 일반적인 생각을 글로 쓰고 있습니다. 이렇기 때문에 어떤 측면에서는 이들의 글은 모두 같고 또 잘된 글이라고 할 수 없습니다. 정말로 잘 쓴 글은 본문에서 구체적인 예를 끄집어내고 그 예를 근거로 자신의 생각을 논리적으로 전개한 것입니다. 이 장에서 우리는 『허클베리 핀의 모험』이라는 책의 본문을 읽으면서 어떻게 본문을 중심으로 자신의 생각을 전개하는지 연습하고자 합니다. 처음에는 간단한 글쓰기부터 시작하여 마지막에는 논지를 가진 보다 긴 글을 쓰는 방법으로 전개하고자 합니다. 해보지 않은 방법이라 약간 어려울 수도 있지만 인내심을 갖고 끝까지 함께 공부한다면 좋은 결실을 맺으리라 확신합니다.

The Adventures of Huckleberry Finn

1장

>> **설명하는 논술일기 쓰기: 헉의 아버지를 중심으로**

1. 외모를 설명하는 논술일기 쓰기
2. 숨겨진 의미를 중심으로 설명하는 논술일기 쓰기
3. 한 걸음 더 나아가기: 글쓴이의 생각이 드러난 논술일기 쓰기
4. 생각의 폭을 확 넓히기: 노예제도와 연결해 논술일기 쓰기

01 외모를 설명하는 논술일기 쓰기

ⓒ Warming Up 알아두면 좋은 영어 문장 패턴들

(1) I wonder whether (if) 주어 + 동사 : ~인지, 아닌지 궁금하다

   I wonder whether (if) he is married (or not). 난 그가 결혼했는지 (안 했는지) 궁금하다.

   I wonder whether (if) this is a live program (or not).
   이것이 생방송 프로그램인지 (아닌지) 궁금하다.

(2) with + 명사 : ~한 채로

   He is sitting with his chin on his right hand. 그는 오른손으로 턱을 괴고 앉아 있다.

   He was standing with his hands in his pockets. 그는 호주머니에 손을 넣고 서 있었다.

(3) 동사의 과거분사형 + 명사 : 과거분사형은 명사를 수식하는 형용사 역할을 함.

   We must have fixed the broken window. 우리는 깨진 유리창을 수리했어야만 했는데.
   　　　　　　　　　　　　과거분사(형용사)

   과거분사와 함께 쓴 문장이 두 단어 이상일 때는 수식하는 명사 뒤에 쓰입니다.

   I have repaired the car broken by an accident. 나는 사고로 부서진 자동차를 고쳤다.
   　　　　　　　　　　　　　　　과거분사(형용사)

(4) 주어 + be 동사 + 과거분사 + (by) ~ : ~에 의해 ~가 되다(수동형)

주어가 어떤 동작의 대상이 될 때에 주로 쓰이는 문형으로 주어를 강조할 때 쓰입니다.

The Adventures of Huckleberry Finn <u>was written by</u> Mark Twain.
　　　　　　　　　　　　　　　　　　　be 동사 + 과거분사 + by

『허클베리핀의 모험』은 마크 트웨인에 의해 쓰여졌다.

This scarf was made in France.　이 스카프는 프랑스제이다.

→ 이 스카프를 정확하게 누가 만들었는지 잘 모르는 것처럼 '행위자가 누구인지 정확하게 모를 때'는 주어 생략이 가능합니다.

(5) like + 명사 : ~같은(전치사)
　　like + 주어 + 동사 : ~가 ~같은(접속사로 주로 구어체에서 많이 쓰임.)

Today she is elegant <u>like</u> <u>a queen</u>.　오늘 그녀는 여왕처럼 우아하다.
　　　　　　　　　　　like　명사

I float <u>like</u> <u>a butterfly</u> and sting like a bee.　나는 나비처럼 날아서 벌처럼 쏜다.
　　　　like　명사

It looks <u>like</u> <u>it is going to snow</u>.　눈이 올 것 같다. (informal)
　　　　like　주어 + 동사

영작 연습하기

1. 난 엄마가 오븐을 껐는지 아닌지 궁금하다. (turn off, oven)
   → _____

2. 아버지는 눈을 반쯤 감고 음악을 듣고 계신다. (listen to, eyes half-closed)
   → _____

3. 내 부서진 가슴은 그의 진정한 사랑으로 회복되었다. (heart, repair, love)
   → _____

4. 저 붉은 벽돌 건물은 1920년대에 지어졌다. (red brick, build, the 1960s)
   → _____

5. 이와 같은 상황에서 어떻게 해야 할지 모르겠다. (not know, what to do, situations)
   → _____

논술일기 쓰기

헉은 아버지가 있지만 같이 살고 있지는 않습니다. 도리어 아버지는 헉을 때리고 돈을 가져오라고 하기 때문에 헉은 아버지 만나는 것을 두려워하고 피하려고 합니다. 폴리 아줌마(Aunt Polly)와 살고 있는 헉은 아버지가 자신을 찾아올까 봐 걱정을 합니다. 결국 어느 날 헉은 자신의 방에 아버지가 앉아 있는 걸 봅니다. 다음의 지문은 헉의 아버지를 묘사하는 부분입니다. 주어진 단어를 참고해서 다음의 지문을 잘 읽어 보세요.

> He was almost fifty, and he looked like it. His hair was long and tangled and greasy and you could see his eyes shining through like he was behind vines. It was all black, no grey; so was his long, mixed-up whiskers. There wasn't no color in his face. It was white; a white to make a body sick — a tree-toad white, a fish-belly white. As for his clothes — just rags, that was all. He had one ankle resting on the other knee; the boot on that foot was busted, and two of his toes were stuck through, and he worked them now and then. His hat was lying on the floor; an old black slouch with the top caved in, like a lid. (Chapter 5)

- **tangled** twisted together in an untidy way
- **greasy** covered in a lot of grease or oil
- **vine** a climbing plant that produces grapes
- **whisker** the hair growing on a man's face, especially on his cheeks and chin
- **belly** the part of the body below the chest
- **rag** a piece of old, often torn, cloth used especially for cleaning things
- **bust** to break something
- **now and then** sometimes
- **slouch** a kind of hat with a brim round it
- **cave in** to collapse inwards
- **lid** the top of the box or other container which can be removed or raised when you want to open

해석

아버지는 거의 50살이었고 진짜로 그렇게 보였다. 머리는 길었고 헝클어졌으며 기름이 끼었음을 한눈에 알 수 있었다. 눈은 포도덩굴 뒤에서 바라보는 것처럼 빛나고 있었다. 머리카락은 흰머리가 없는 완전 검은색이었다. 길고 헝클어진 구레나룻 수염도 검은색이었다. 얼굴은 핏기가 없었다. 흰색이었는데 그건 사람들을 불편하게 하는 그런 색이었다. – 청개구리의 흰색, 생선 배때기의 흰색. 그의 옷을 말하자면 완전 넝마였다. 그는 발목을 다른 쪽 무릎 위에 올려놓았다. 발에 신은 부츠는 헐어서 그 틈으로 발가락 두 개가 삐져나와 있었는데 가끔 그것들을 꼼지락거렸다. 모자는 마루에 놓여 있었다. 오래된 검은 챙이 늘어진 중절모가 냄비 뚜껑처럼 꼭대기가 움푹 꺼진 채로 있었다.

어떤가요? 헉의 아버지가 어떤 모습인지 그림이 그려질 것입니다. 다음의 네모 안에 헉의 아버지의 모습을 그려볼까요? 마루 위에 있는 모자를 그리는 것도 잊지 마세요.

이제 위의 그림을 바탕으로 헉의 아버지를 설명하는 글을 써 봅시다. 다음의 밑줄을 채워 보세요.

his age: _____

his hair: _____

his eyes: _____

his whiskers: _____

the color in his face: _____

his clothes: _____

his posture: _____

＊posture 태도, 자세

자, 이제 완결된 문장으로 만들어 볼까요? be동사와 have동사를 중점적으로 사용해 보세요. 소설의 줄거리나 인물을 묘사할 때는 현재형을 쓴다는 것을 기억하면서 괄호 안의 문장은 영작해 보세요.

Huck's father _____ almost fifty years old. He _____ long, tangled, and greasy hair. His eyes _____ very sharply. His face _____
(shine)
no color; it _____ white like a tree-toad white, a fish-belly white. He wears rags and no hat. His old black slouch with the top caved in is lying on the floor. He _____.
(그는 다른 무릎에 한쪽 발목을 올려놓고 앉아 있다.)
Two of his toes _____.
(부서진 부츠를 통해 나와 있었다.)
Sometimes he works them.

이제 헉의 아버지에 대한 자신의 의견을 덧붙여 볼까요? '가난하다'든지 '나쁘다'든지 여러 가지 의견이 나올 수 있을 겁니다. 그리곤 과연 '그가 아들을 돌볼 수 있는지 궁금하다'로 끝을 내면 좋은 문장이 되리라 생각합니다.

This description made me think that _____
_____. I wonder whether _____
_____.

자, 이제 오늘의 완결된 논술일기를 써 봅시다. 위에서 본론과 결론 부분을 썼으니 이제는 서론을 써 볼까요? 서론은 주제 문장(topic sentence)을 쓰는 부분입니다. 주제 문장은 글의 주된 생각을 담는 문장입니다. 여러분이 이제 쓰고자 하는 글은 헉의 아버지에 대한 설명입니다. 글을 쓰는 데 있어서 '헉의 아버지'라는 설명으로 바로 시작하기 보다는 왜 자신이 헉의 아버지를 쓰게 되었는지에 대한 배경 설명을 쓰고 'It is about Huck's father.'와 같은 주제 문장으로 시작하면 보다 좋은 글이 됩니다. 이제 여러분이 도입부 부분을 써 보세요 아마도 '오늘 난 『허클베리 핀의 모험』의 5장을 읽었다.'로 시작하면 가장 무난할 것입니다.

Today _____
_____. It is about Huck's father.

자, 이제 네모 안에 위의 문장들을 연결하여 오늘의 일기를 써 보세요.

다음의 일기와 본인이 쓴 일기를 비교해 보세요.

Friday, March 2

Today I read *The Adventures of Huckleberry Finn*, Chapter 5. It is about Huck's father. Huck's father is almost fifty years old. He has (1) <u>long, tangled, and greasy hair</u>. His eyes are shining very sharply. His face has no color; it is white like a tree-toad white, a fish-belly white. (2) <u>He wears rags and no hat.</u> His old black slouch with the top caved in is lying on the floor. He is sitting with one ankle resting on the other knee. (3) <u>Two of his toes are stuck through his busted boot.</u> Sometimes he works them. (4) <u>This description made me think</u> that Huck's father is poor. I wonder whether he can take care of Huck.

✳ 글을 쓸 때 아래의 사항들을 기억해 두면 유용합니다.

(1) 단어가 세 개 이상 나열될 때 and는 맨 마지막 단어 앞에 옵니다.

(2) 지문에서 제시된 문장을 그대로 옮기는 건 그다지 좋은 작문이 아닙니다. 그래서 필자는 be 동사와 have 동사를 사용하여 변형을 주었습니다. 또 여러 가지가 복잡하게 설명되었을 경우에는 같은 종류를 묶어서 한 가지 동사로 사용하면 간결한 문장을 만들 수 있습니다. 여기에서 옷을 설명하는 경우와 모자를 쓰는 경우 모두 동사 wear로 함께 표현했습니다.

(3) 부츠에 대해 설명한 문장과 삐져나온 발가락이 한 문장이므로 간결하게 만들기 위해 두 문장을 하나로 묶었습니다.

(4) 헉의 아버지를 묘사하다가 갑자기 자신의 생각으로 넘어가면 연결이 자연스럽지 않습니다. 연결을 자연스럽게 하기 위해 '이 묘사는 내게 ~를 생각나게 한다'처럼 묘사 부분과 자신의 생각 부분을 자연스럽게 연결하는 문장을 썼습니다. 그리고 생각나게 하는 것은 과거의 일, 그리고 헉의 아버지가 가난하다는 것은 현재에도 변함없는 일이므로 이때 시제는 현재입니다.

이번 장에서 공부한 글쓰기의 중요한 부분들을 정리해 볼까요?

> **Writing Tips** ✏️
>
> (1) 모든 글에는 도입 부분이 있어야 한다. 도입 부분은 앞으로 쓰고자 하는 글에 대한 간단한 소개를 쓰는 것이 좋다.
>
> (2) 지문에 등장한 인물에 대한 설명을 할 때 가급적이면 이미 지문에 제시된 똑같은 문장 구문을 쓰지 않는다. 인물에 대한 묘사일 경우 be, have 동사를 사용하는 것이 편리하다.
>
> (3) 같은 종류에 대한 설명은 한 동사로 묶을 수 있다면 간결한 문장으로 쓸 수 있다.
>   예) 옷과 모자, 해진 부츠와 삐져나온 발가락
>
> (4) 등장인물 묘사를 하다가 결론을 짓기 위해 갑자기 자신의 생각을 쓰면 논리가 끊어진다. 'This description made me think that ~'과 같은 문장을 사용해서 연결하면 논리의 전개가 자연스러워진다.

위의 설명을 읽고 혹 머리가 아프다고 말할 독자가 있을지도 모릅니다. 또 영어 논술일기 쓰기를 멈추고 싶은 독자가 있을지도 모릅니다. 하지만 포기하지 마세요. 이제 우리는 논술일기라는 거대한 바다에 단지 엄지발가락만 살짝 담갔을 뿐입니다. 반복적으로 이런 글쓰기 연습을 한다면 마지막에는 거대한 바다에서 신나게 수영하는 여러분 자신을 바라볼 수 있을 것입니다.

여러분 모두 Cheer up!

02 숨겨진 의미를 중심으로 설명하는 논술일기 쓰기

◎ Warming Up 알아두면 좋은 영어 문장 패턴들

(1) **There is(are)** 명사 : ~가 있다

There are a lot of people gathering in the plaza. 광장에 많은 사람들이 모여 있다.

There is a small garden in front of the building. 건물 앞에 작은 정원이 있다.

(2) 주어 **seem to** 동사원형 : ~한 듯이 보인다

He seems to have lost weight. 몸무게를 줄인 듯이 보인다.

(3) **the sentence(idea, fact) that** 주어 + 동사 : ~라는 문장

(**the sentence** = **that** 주어 + 동사)

I can't agree with his idea that all of us have to attend the meeting.
우리 모두가 회의에 참가해야만 한다는 그의 생각에 동의할 수 없다.

(4) **not only A but also B** : A뿐만 아니라 B도(A와 B의 품사는 같아야 함.)

I lost not only an ID card but also a key. 나는 신분증뿐만 아니라 열쇠도 잃어버렸다.
            명사   명사

(5) 주어 + 동사, **which** 주어 + 동사 : 관계대명사의 계속적 용법

앞에서 이미 이야기했던 상황을 가리킬 때 '주어 + 동사 + 콤마 + which 주어 + 동사'

He has been staying in a luxury hotel for 6 months, which means he is rich.
앞의 문장 전체를 받음(바로 앞에 콤마를 꼭 쓸 것)

PART 1_논술일기 쓰기 23

영작 연습하기

1. 한 축구팀에는 선수들이 11명이다. (player, soccer team)
   → _____

2. 명희는 진섭이에게 특별한 감정을 가진 듯하다. (have a special feeling)
   → _____

3. 로버트가 범인이라는 마지막 문장은 충격적이었다. (criminal, shocking)
   → _____

4. 영어를 증진시키기 위해서는 너는 단어뿐만 아니라 문장도 외워야 한다.
   (memorize, in order to, improve)
   → _____

5. 나는 지금 숙제를 해야만 한다. 이는 내가 너와 축구를 할 수 없다는 걸 의미한다.
   (do, play soccer)
   → _____

논술일기 쓰기

앞에서는 헉의 아버지의 외모에 대한 묘사를 중심으로 설명하는 글을 썼습니다. 머리도 헝클어지고, 옷도 다 떨어지고 해진 부츠를 신고 있는 아버지의 모습을 설명하면서 가난하다거나, 이상하다거나, 더럽다는 등 주로 외양적인 측면에서 그를 설명했습니다. 이 장에서는 이런 외양을 통해 읽을 수 있는 헉의 아버지의 성격을 중심으로 논술일기를 써 보고자 합니다. 1장에서 제시된 지문을 그 앞부분과 연결하여 다시 한번 읽어 볼까요?

> I had shut the door. Then I turned around, and there he was. I used to be scared of him all the time, he tanned me so much. I reckoned I was scared now, too; but in a minute I see I was mistaken. After the first jolt, when my breath was a sort of hitched — he was so unexpected; but right away after, I see I wasn't scared of him worth bothering about.
>
> He was almost fifty, and he looked like it. His hair was long and tangled and greasy and you could see his eyes shining through like he was behind vines. It was all black, no grey; so was his long, mixed-up whiskers. There wasn't no color in his face. It was white; a white to make a body sick — a tree-toad white, a fish-belly white. As for his clothes — just rags, that was all. He had one ankle resting on the other knee; the boot on that foot was busted, and two of his toes were stuck through, and he worked them now and then. His hat was lying on the floor; an old black slouch with the top caved in, like a lid. (Chapter 5)

- **used to** when you say that something happened continuously or frequently during a period in the past
- **all the time** always
- **tan** hit(symbolically)
- **reckon** to think something or have an opinion about something
- **mistaken** wrong in your opinion or judgement
- **jolt** a sudden rough movement
- **hitch** to lift yourself into a higher position

- **unexpected** surprising you because you were not expecting it
- **bother about** to annoy, worry or upset somebody

해석

나는 문을 닫았다. 그리고 돌아서자 그곳에 아빠가 있었다. 아빠가 나를 많이 때렸기 때문에 항상 난 그를 무서워했다. 지금도 난 내가 아빠를 무서워한다고 생각했다. 하지만 잠시 후 난 내가 잘못 생각했다는 걸 알았다. 첫 번째 충격 후, 숨을 왈칵 내쉬었을 때 – 아빠는 정말로 뜻밖이었다; 그러나 잠시 후 난 내가 걱정할 정도로 그를 무서워하지 않는다는 걸 알았다.

자, 이제 헉의 아버지가 어떤 사람인지 그의 인간성에 대한 글을 써 볼까요? 위의 지문에서 아버지의 성격을 드러내는 단어를 찾아 다음의 크로스 워드(crossword)를 채워 보세요.

Down
(1) hit(past form)
(2) appear(present form)
(6) pieces of old cloth

Across
(3) a head covering
(4) a face without color
(5) in the back of a climbing plant, especially grapes

❁ 그러면 위의 단어들이 왜 헉의 아버지의 인간성을 나타내는지 알아볼까요?

(1) '아빠가 나를 많이 때렸다.'는 긍정적인 측면보다는 부정적인 성격을 말해 줍니다.
(2) '50살처럼 보인다.'는 의미는 무엇일까요? 사람들이 젊어 보일 때는 어떤 경우일까요? 아마도 평탄한 삶을 살았다는 의미일 것입니다. 그렇다면 50살의 나이가 그대로 보인다는 건, 헉의 아버지가 힘들게 살아왔다는 의미도 됩니다. 아마 (6)번의 낡은 옷과 연결될 겁니다.
(3) 포도 덩굴 사이에 번쩍이는 눈을 생각하면 어떤 느낌이 드나요? 물론 섬뜩하다는 생각도 들지만 사람을 직접 쳐다보지 않는다는 건 그가 정직하지 않고 무언가를 숨기는 사람이라는 생각이 들지 않나요?
(4) 아버지의 얼굴은 창백합니다. 그런데 그 색은 청개구리의 흰색, 생선 배때기의 흰색입니다. 청개구리의 피부는 차갑죠? 또 생선 배때기는 굉장히 저급한 표현이 아닐까요? 따라서 이는 따뜻한 감정이 없고 냉혹하고 비열한 인간임을 의미합니다.
(5) 모자의 모습을 다시 한 번 보세요. 마룻바닥에 있는 '가운데가 푹 꺼진 오래된 검은 중절모'를 읽었을 때 어떤 느낌이 들었나요? 모자는 원래 머리에 써야 합니다. 하지만 모자가 바닥에 있다는 것, 가운데가 푹 꺼져 있다는 건, 왠지 아버지로서의 권위가 떨어졌다는 것, 결국 '아버지가 걱정할 정도로 무서워할 사람은 아니다.'라는 문장과 연결됩니다.

이제 헉의 아버지에 대해 일기로 써 볼까요? 앞에서 도입 부분은 주제 문장(topic sentence)으로 앞으로 쓸 내용에 대한 간단한 설명을 해야 한다고 공부했습니다. 이번에는 헉의 아버지의 외양을 묘사한 단어에서 그의 성격을 이끌어 내는 글을 써 봅시다. 그러기 위해서는 '헉의 아버지의 외모에 대한 설명이 문자 그대로의 묘사가 아니라 그것에서 성격을 읽을 수 있다.'와 같은 연결고리가 필요합니다. 이제 함께 도입 부분을 써 볼까요?

Today I read *The Adventures of Huckleberry Finn*, chapter 5. _____
_____.
(이 장에는 헉의 아버지에 대한 묘사가 많다.)
Even though _____
_____
(write, literally, read, personality traits)

이젠 본론으로 들어가 아버지의 성격을 크게 3가지로 구분해 볼까요? 왼쪽의 내용을 보고 아버지의 성격을 추론해서 오른쪽의 네모 안에 써 보세요.

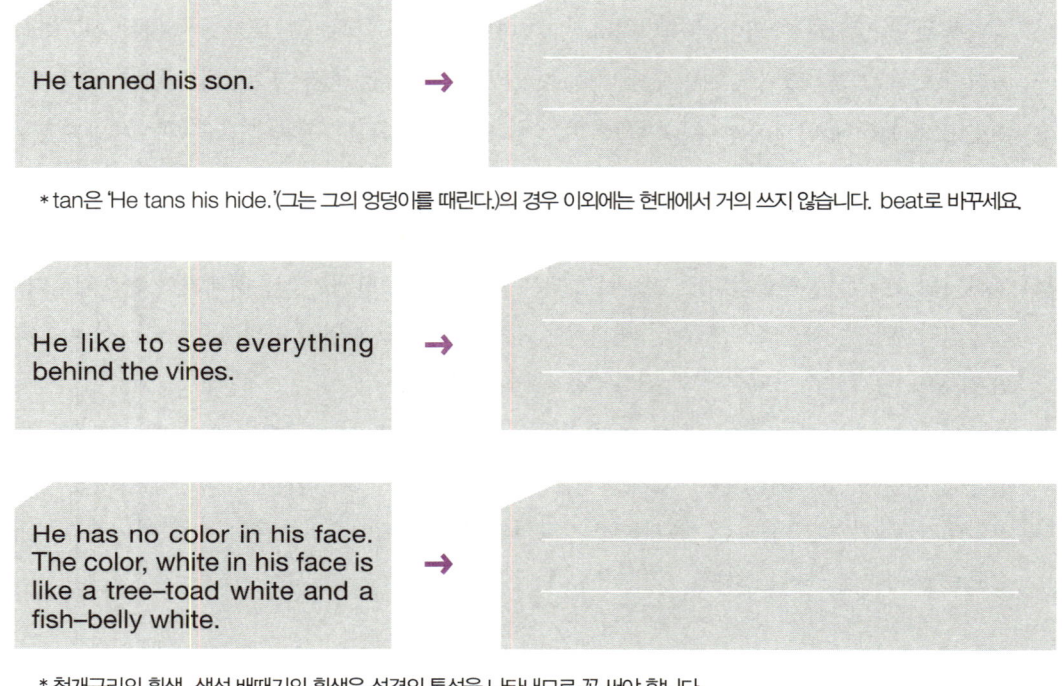

He tanned his son. →

*tan은 'He tans his hide.'(그는 그의 엉덩이를 때린다.)의 경우 이외에는 현대에서 거의 쓰지 않습니다. beat로 바꾸세요.

He like to see everything behind the vines. →

He has no color in his face. The color, white in his face is like a tree-toad white and a fish-belly white. →

* 청개구리의 흰색, 생선 배때기의 흰색은 성격의 특성을 나타내므로 꼭 써야 합니다.

여러분은 다양한 의견을 썼을 것입니다. 이제는 필자의 생각을 볼까요? 밑줄 친 부분을 채워 보세요.

First, He _____ a good father because he beats his son, Huck, a lot. Second,
       (be not)

he _____ an honest man. He likes to see everything behind the vines, ___
   (be not)

_____
(이는 그가 사람들을 정면으로 바라보지 않는 버릇을 지니고 있음을 의미한다. be in the habit of, look somebody in the face)

This habit makes us think that _____.
                                              (그는 무언가를 숨긴다.)

Third, _____ and I can infer this
       (그는 따뜻한 마음을 가진 듯이 보이지 않는다.)

_____. The color, white in his face is like a tree-toad
(얼굴이 창백하다는 문장에서)

white and a fish-belly white, _____.
                                          (이것은 그가 잔인하고 냉정함을 의미한다.)

이제 글을 마무리해야겠죠? 일반적으로 글의 마무리 부분은 앞에서 이야기한 것을 종합해서 말해야 합니다. 지금까지 우리는 헉의 아버지의 부정적인 성격에 대해 말했으므로 '그는 나쁜 사람이다.'라고 결론을 내리는 게 적합하지 않을까요? 그리고 그가 도덕적으로 얼마나 나쁜 사람인지 구체적인 문장을 덧붙인다면 정말로 멋있는 결말이 될 것입니다.

Considering all these things, I think Huck's father is not a good man.

(그는 아들, 헉에겐 나쁜 아버지일 뿐만 아니라 사회에서도 악당이다. villain)

이젠 일기장에 글쓰기 형식에 맞춰 정리해 보세요.

다음의 일기와 본인이 쓴 일기를 비교해 보세요.

Monday, March 12

Today I read *The Adventures of Huckleberry Finn*, chapter 5. There are lots of descriptions of Huck's father in this chapter. Even though they are not written literally, I can read his personal traits from them. (1) <u>First</u>, he is not a good father because he beats his son, Huck a lot. (1) <u>Second</u>, he does not seem to be a honest man. He likes to see everything behind the vines, which means he is in the habit of not looking people in the face. This habit makes us think that he hides something in his mind. (1) <u>Third</u>, he does not seem to have a warm heart. I can infer this from the sentence that he has no color in his face. (2) <u>The color, white</u> in his face is like a tree-toad white and a fish-belly white, which means he is very cruel and heartless. (3) <u>Considering all these things</u>, I think Huck's father is not a good man. He is not only a bad father to his son, Huck, but also a villain in the society.

😊 글을 쓸 때 아래의 사항들을 기억해 두면 유용합니다.

(1) First / Second / Third : 계속적으로 나열할 때 좋은 연결사
(2) 동격을 표현할 때는 콤마(,)를 씁니다.
(3) 결론을 맺기 전 자신이 나열한 모든 글을 종합할 필요가 있습니다. 이 때 유용한 표현이
　　'Considering all these things'입니다.

이번 장에서 공부한 글쓰기의 중요한 부분들을 정리해 볼까요?

Writing Tips — 서론, 본론, 결론 쓰기

(1) 서론 쓰기 : 도입 부분으로 앞으로 말하고자 하는 내용을 담아 주제 문장을 쓴다.
(2) 본론 쓰기 : 주제 문장의 내용을 구체적이고 상세하게 설명한다.
(3) 결론 쓰기 : 끝내는 문장으로 본론에서 다룬 내용을 요약하거나 자신의 의견을 말한다. 이때 앞에서 전혀 말하지 않았던 것으로 결론을 내리면 안 된다.

* 알아두면 좋은 표현들
First / Second / Third / ... / Last : 계속적인 것들을 나열할 때 좋은 연결사
Considering all these things(elements, explanations) : 모든 것을 종합해 보면

03 한 걸음 더 나아가기
— 글쓴이의 생각이 드러난 논술일기 쓰기

◎ Warming Up 알아두면 좋은 영어 문장 패턴들

(1) 형용사 + enough to + 동사원형 : ~하기에 충분할 정도로 ~한
    형용사 + enough not to + 동사원형 : ~하지 않을 정도로 충분한

He is rich <u>enough to</u> buy a luxury car. 그는 비싼 차를 살 정도로 부자이다.
She is shy <u>enough not to</u> say hello to her new partner.
그녀는 자신의 새 짝에게 인사를 할 수 없을 정도로 수줍어한다.

(2) 형용사의 비교형 + than : ~보다 ~한

This bag is <u>cheaper than</u> that one. 이 가방은 저 가방보다 싸다.

* 형용사의 비교급 만들기

  a. 형용사의 음절이 하나일 때 : 형용사 + er
     young → younger, strong → stronger

  b. 형용사의 음절이 하나이면서 y로 끝날 때 : 형용사 + ier
     easy → easier

  c. 형용사의 음절이 두 개 이상일 때 : more + 형용사
     expensive → more expensive

(3) 주어 + 동사 + 사람 + **whose** + 명사 + 동사 : 관계대명사 소유격

I know the woman whose son is a famous singer.
　　　　　소유격(사람)→ whose

→ I know the woman.
　　Her son is a famous singer.

(4) This(It, That) is + 최상급 + <u>that</u> + 주어 + 동사 : 관계대명사 목적격 **that**

최상급의 경우에는 관계대명사 목적격으로 꼭 that을 사용해야 합니다.

That is the most important lesson that I have heard.　그것은 내가 들었던 가장 중요한 교훈이다.
　　　　최상급　　　　　　　관계대명사 목적격

That is the longest advice that I have heard.　그것은 내가 들었던 가장 긴 충고이다.
　　　　최상급　　　관계대명사 목적격

(5) **as** + 명사 : ~로서(전치사)
　　as + 주어 + 동사 : ~할 때(시간 관계를 나타내는 경우)

As a close friend, I am talking to you.　친한 친구로서 난 네게 말하고 있다.
as　　명사(~로서)

Turn off the TV as you leave.　나갈 때 텔레비전을 꺼라.
　　　　　　　　as　주어+동사(~할 때)

영작 연습하기

1. 그는 영어로 대화를 할 정도로 충분히 잘한다. (good, have a conversation)
   → _____

2. 내 가운뎃손가락은 내 새끼손가락보다 길다. (middle finger, long, little finger)
   → _____

3. 책이 정말로 환상적인 조앤 롤링을 좋아한다. (Joanne Rowling, fantastic)
   → _____
   * 생략된 주어 생각해 보기

4. 어제 그녀가 샀던 그 청바지는 가장 비싼 옷이다.
   (the pair of blue jeans, expensive clothes)
   → _____

5. 중국에서 그는 외교관으로 20년 동안 일했다. (work, diplomat)
   → _____

논술일기 쓰기

앞에서 제시한 헉의 아버지의 성격을 나타내는 특성 중에 왜 모자 이야기가 빠졌는지 궁금한 독자가 있을지도 모릅니다. 사실 모자는 아버지의 성격과는 별로 관련이 없습니다. 오히려 '가운데가 푹 꺼진 모자'에서는 현재 힘과 권위를 상실한 아버지의 모습을 읽을 수 있습니다. 여러분, 왕은 왜 왕관을 쓸까요? 왕관은 무엇을 상징하는 걸까요? 위풍당당한 왕관은 바로 권위 있고 위엄 있는 왕을 상징하지 않을까요? 아마도 왕관이 번쩍거리고 보석이 많을수록 권력이 강한 왕일 것입니다. 그렇다면 '마룻바닥에 뒹구는 가운데가 푹 꺼진 모자'는 어떤 모습을 상징하는 걸까요? 이러한 관점에서 다음의 밑줄을 채워 보세요.

(1) 권위가 추락했다면 누구와의 관계에서 권위가 추락했을까요?
    (관련된 문장을 본문에서 찾아 함께 써 보세요.)

----

(2) 왜 권위가 추락했을까요?

물론 헉과 아버지와의 관계겠죠. 그 이유를 어떻게 적었나요? 앞의 지문에서 그 원인을 크게 도덕적인 면과 육체적인 면 모두에서 찾을 수 있으리라 생각됩니다.

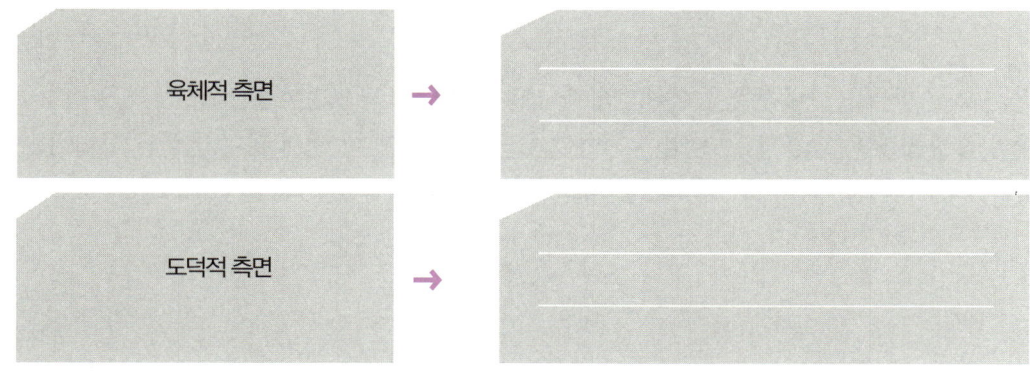

육체적인 측면에서는 사랑과 따뜻한 마음이 아니라 힘으로 아들을 누르려고 했기 때문에 결국 그 힘이 떨어지자 아버지로서의 권위가 떨어진 것입니다. 도덕적인 측면에서는 냉혹하고 비열한 사람이기 때문에 아들이 아버지를 더 이상 존경하거나 사랑하지 않게 되고 이것이 아버지로서의 권위를 떨어뜨립니다. 이제 '아버지와 아들과의 관계', 특히 '아버지의 권위의 추락'을 중심으로 글을 써 봅시다. 본론의 내용에 의거하여 서론과 결론을 어떻게 써야 하는지 한번 생각해 보세요.

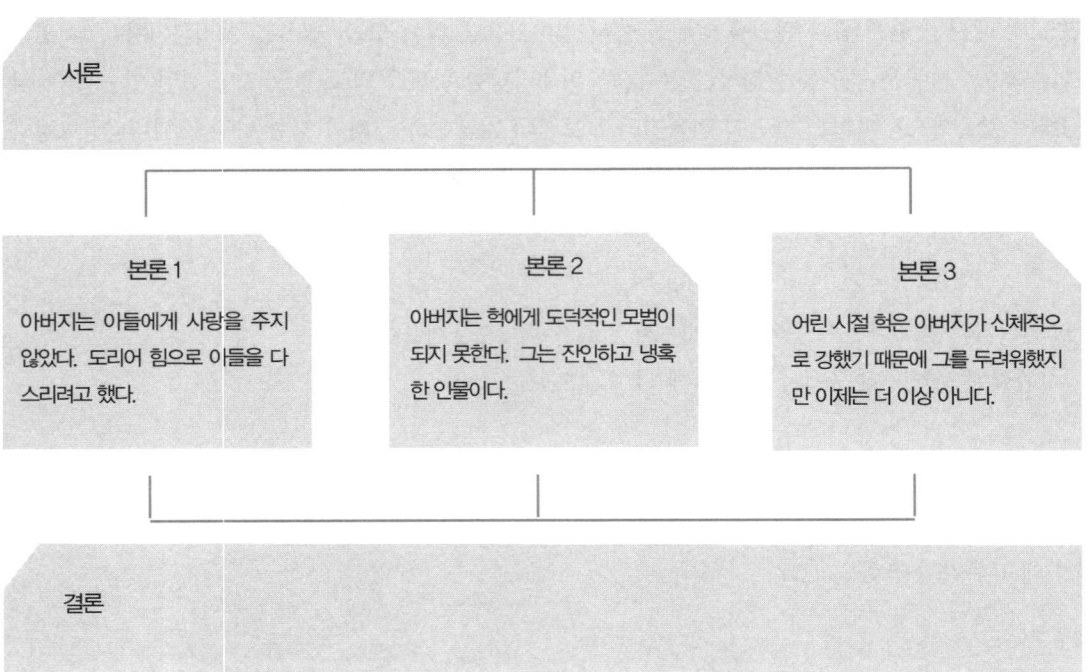

서론을 어떻게 쓰셨나요? 서론을 쓸 때는 일반적인 이야기에서 자신이 하고자 하는 특정한 이야기로 옮겨가는 게 좋습니다. 필자는 아버지와 아들의 관계, 특히 존경의 문제를 중심으로 글을 전개해 보겠습니다.

우리는 모든 아들은 아버지를 존경해야만 한다고 배워왔다. 다시 말하면 이는 모든 아버지들이 아들의 존경을 받을 만큼 좋은 모범이 되어야 함을 의미한다. 이 점에 있어서 헉의 아버지는 실패했다.

└→ 일반적인 이야기　　　└→ 헉의 아버지라는 특정한 예

✤ 이제 문장들을 영작해 볼까요?

We _____ that all sons _____ their fathers.
    (learn)   (조동사+respect)

In other words, this means that _____ a good example and
                                  (조동사+be)

_____
(아들에게 존경을 받아야만 한다: 수동형)

In this respect, _____.

✤ 자, 이제 본론으로 들어가야겠죠?

He does not give love to his son. Rather, Huck's father _____
                                                          (try, rule)
his son by force. In addition, he _____ a moral example
                                   (조동사+be)
to his son because he is dishonest, cruel, and heartless. _____
_____
(헉은 어렸을 때 아버지가 육체적으로 그보다 강하기 때문에 아버지를 무서워했다. scared, physically, than)

However, Huck is not scared of him anymore _____
_____
(그가 아버지를 무서워하지 않을 정도로 충분히 강하게 되었다고 생각할 때)

_____
(이제 헉의 아버지는 아버지로서 권위가 꼭대기가 푹 꺼진 오래된 검은 중절모처럼 떨어진 사람이 된다.)

결론은 어떻게 맺어야 할까요? 일반적으로 결론은 앞에서 이야기한 부분을 다시 한 번 종합적으로 설명해 주는 부분입니다. 본론에서는 주로 헉의 아버지와 헉의 관계가 사랑과 따뜻함보다는 육체적인 강함과 약함으로 이루어졌다는 말을 했습니다. 따라서 이와 같은 시각에서 결론을 맺으면 글이 완결되리라 생각합니다.

Considering this kind of relationship between Huck and his father, a father _____ by his son only through love and warm-
(조동사＋respect, 수동형)
heartedness, not through physical strength. And _____
_____
(이것이 이 책을 읽은 후 내가 발견한 가장 중요한 교훈이다.)

아래 일기장에 우리가 공부한 오늘의 논술일기를 형식에 맞게 써 보세요.

이제 다음의 본문과 비교해 볼까요?

Friday, March 21

We have learned that all sons should respect their fathers. (1) <u>In other words</u>, this means that all fathers should be a good example and be respected by their sons. (2) <u>In this respect</u>, Huck's father fails. He does not give love to his son. (3) <u>Rather</u>, Huck's father tries to rule his son by force. (4) <u>In addition</u>, he might not be a moral example to his son because he is dishonest, cruel and heartless. When Huck was a child, he was scared of his father because his father was physically stronger than him. But Huck is not scared of him anymore when he thinks he has become strong enough not to bother about his father. *<u>Now Huck's father has become a man whose authority as a father has fallen and his lowered status is represented by an old black slouch with top caved in.</u> Considering this kind of relationship between Huck and his father, (5) <u>we can conclude</u> that a father can be respected by his son only through love, warm-heartedness not through physical strength. And this is the most important lesson that I found out after I read this book.

글을 쓸 때 다음을 기억해 두면 유용합니다.

지문에서 나온 단어를 연결해서 쓰기

앞에서 제시한 예문에서 '가운데가 움푹 들어간 중절모'는 혁의 아버지의 권위가 추락하고 몰락한 모습을 상징합니다. 또한 글의 전반적인 흐름도 아버지의 권위 추락에 관한 것입니다. 따라서 자신의 논지와 그 논지를 상징하는 대표적인 예를 같이 연결시킨다면 훨씬 논리적으로 명확한 글이 됩니다.

Writing Tips

연결사의 종류에 대해

(1) in other words : 다른 말로 하자면, 즉
　　앞에서 한 이야기를 다시 한 번 부연 설명하고자 할 때

(2) in this respect : 이 점에서
　　앞에서 이야기한 것을 근거로 다음 문장을 이야기하고자 할 때

(3) rather : 이보다는
　　앞의 문장과 비교하여 쓰고자 할 때

(4) in addition : 게다가
　　앞에서 한 이야기에 첨가하여 다른 이야기를 할 때

(5) we can conclude that : that이하의 결론을 얻을 수 있다
　　앞의 문장에서 논의된 것을 근거로 하여 글을 쓸 때

04 생각의 폭을 확 넓히기
- 노예제도와 연결해 논술일기 쓰기

아버지와 만난 헉은 어떻게 되었을까요? 『톰 소여의 모험』을 보면 헉(Huck)과 톰(Tom)은 강도들이 동굴에 숨겨 두었던 돈을 찾아내어 각각 금화 6천불씩을 가졌습니다. 헉은 이 돈을 새처 판사(Judge Thatcher)에게 맡겨 놓았고 판사는 이 돈을 남에게 빌려 주어 그 이자를 받았습니다. 헉은 그야말로 늘어나는 돈을 주체할 수 없을 정도의 큰 부자가 되었습니다. 아들이 이렇게 큰 부자가 된 것을 알게 된 헉의 아버지는 새처 판사를 찾아가 아들의 돈을 자신에게 달라고 계속 행패를 부렸습니다. 결국 이 일은 재판으로 넘어가고, 헉의 아버지의 재판을 맡았던 젊은 판사는 헉의 아버지를 도덕적으로 변화시키려고 노력했습니다. 젊은 판사는 그를 자신의 집에 머물게 하면서 죄를 회개시키고 좋은 사람으로 만들려고 했지만, 헉의 아버지는 판사 앞에서는 좋은 사람의 모습으로, 안 보이는 곳에서는 다시 술을 마시며 방탕한 생활을 했습니다. 결국 판사는 헉의 아버지가 이중생활을 하고 있다는 것을 알게 되고 총으로 위협하여 그를 쫓아냅니다.

법적으로 아들의 돈을 빼앗는 게 불가능하다고 생각한 헉의 아버지는 헉을 강제로 데려가 산속 오두막집에서 함께 삽니다. 헉의 생활은 그야말로 감금 생활이었습니다. 낮에 아버지는 문을 잠그고 시내로 술을 마시러 나갑니다. 그동안 헉은 오두막집을 이리저리 살피다가 톱을 발견하고 나갈 수 있는 개구멍을 만듭니다. 하지만 헉은 도망가지 않고 아버지의 매와 술주정을 모두 받아 주었습니다. 과부 아줌마와 살면 다시 학교에 가야 하고 예절에 맞는 생활을 해야 하기 때문에 지금처럼 자유롭게 지내는 것도 좋다고 생각했기 때문입니다. 하지만 어느 날 아버지가 술에 취해 자신을 '죽음의 천사'로 오해하고 칼로 죽이려는 걸 보고는 아버지를 떠나기로 결심합니다. 아버지가 술을 마시러 마을에 간 사이, 헉은 누군가 오두막을 침범하여 자신을 강가로 끌고 가서 죽인 것처럼 위장하고는 카누를 타고 미시시피 강가를 따라 정처 없이 여행을 합니다. 뗏목을 타고 여행하는 도중에 아버지가 돌아가셨지만 헉은 이 소식을 나중에 듣게 됩니다.

『허클베리 핀의 모험』에서 아버지가 상징하는 건 무엇일까요? 물론 앞에서 우리가 보았듯이 그는 술주정뱅이고 사랑보다는 힘이나 권위로 아들을 다스리려는 사람입니다. 재미있는 건 이런 아버지에게 헉은 일시적인 편안함을 느끼지만 결국 견디지 못하고 도망간다는 점입니다. 새로운 자유를 찾아서요. 그렇다면 헉에게 있어 아버지는 무엇을 상징할까요? 생각의 폭을 좀 더 넓혀 우리 사회에 이를 적응해 볼까요? 어떨 때 우리 사회가 시끄러울까요? 과거부터 내려오던 질서나 권위를 깨뜨리려고 할 때가 아닐까요? 어쩌면 헉의 아버지는 기존에 존재하는 질서, 다시 말하면 노예제도를 지지하는 기존의 질서를 상징하고, 반면에 헉은 새로운 질서를 의미할 수도 있지 않을까요? 다음의 지문들은 헉의 아버지에 대한 이런 해석을 가능하게 하는 것입니다. 이 지문을 읽고 여러분의 생각을 자유롭게 오늘의 일기로 써 보세요.

"Oh, yes, this is a wonderful government, wonderful. Why, hear. There was a free nigger there, from Ohio; a mulatter, most as white as a white man. He had the whitest shirt on you ever see, too, and the shiniest hat; and there wasn't a man in that town that's got as fine clothes as what he had; and he had a gold watch and chain, and a silver-headed cane — the most awful old grey-headed nabob in the State. And what do you think? They said he was a professor in a college, and could talk all kinds of languages, and knew everything. And that wasn't the worst. They said he could vote, when he was at home. Well, that let me out. I think, what is the country a-coming to? It was an election day, and I was just about to go and vote, myself, if I wasn't too drunk to get there; but when they told me there was a State in this country where they'd let that nigger vote, I drew out. I says I'll never vote again. Those are the very words I said; they all heard me; and the country may rot for all me — I'll never vote again as long as I live. And to see the cool way of that nigger — why, he wouldn't give me the road if I hadn't shoved him out of the way. I say to the people, why isn't this nigger put up at auction and sold? — that's what I want to know. And what do you reckon they said? Why, they said he couldn't be sold till he'd been in the State six months, and he hadn't been there that long yet. There, now — he's a special man. They call that a government can't sell a free nigger till he's been in the State six months. Here's a government that calls itself a government, and lets on to be a government, and thinks it is a government, and yet it's got to set still for six whole months before it can take a hold of a prowling, thieving, infernal, white-shirt free nigger, and..." (Chapter 6)

- **mulatter(mulatto)** a person with one black parent and one white parent
- **cane** a piece of cane or a thin rod, used to help somebody to walk
- **nabob** a famous or rich man
- **vote** to show formally by marking a paper or raising your hand which person you want to win an election
- **let out** to allow to come out, to express
- **draw out** leave
- **rot** to decay, or make something decay naturally and gradually
- **as long as** while, since
- **shove** to push somebody/something in a rough way
- **put up** post a notice
- **let on** pretend, fain
- **prowl** to move quietly and carefully around an area
- **infernal** extremely annoying

해석

"맞아, 이 정부는 놀라운 정부야. 놀랍지. 봐라, 오하이오에서 온 자유 노예가 있었지. 백인처럼 피부가 매우 흰, 백인과의 튀기놈 말이야. 게다가 그 놈은 지금까지 네가 본 적이 없는 새하얀 셔츠를 입었어. 그리고 반짝이는 모자를 썼지. 그리고 그 놈이 입었던 것처럼 그렇게 좋은 옷을 입은 사람은 그 마을에 없었어. 그 놈은 금줄 달린 금시계를 차고 있었지. 꼭대기가 은인 지팡이도 들고 – 이 미주리에서 대단한 반백의 명사라는 거야. 넌 어떻게 생각하니? 사람들은 그 놈이 대학의 교수이고 여러 나라의 언어를 하고 모든 것을 안다는 것이야. 그게 최악이 아니야. 고향에 있을 때 그놈은 선거를 할 수 있다는 거야. 글쎄 이 말을 듣고 정말 놀랐다니까. 이놈의 나라가 도대체 어떻게 되어가고 있는 건지? 선거 날이었어, 난 막 선거를 하러 가려던 참이었지. 술이 그렇게 취하지 않았다면 말이야. 하지만 사람들이 이 나라에 검둥이에게 선거하도록 하는 주가 있다는 말을 하자 난 그곳을 빠져나왔어. 다시는 선거하지 않겠다고 말했지. 바로 그렇게 말했어. 모든 사람이 내 말을 들었지. 나라가 나 때문에 망한다 해도 말이야. – 내가 살아있는 한 절대로 선거는 안 할거야. 저 검둥이 놈 하는 짓 좀 봐. 길을 가다 내가 밀어 버리지 않으면 저놈은 절대로 길을 비키지 않을 거야. 난 사람들에게 왜 이 검둥이를 경매에 세워 팔아 버리지 않느냐고 물었어. – 이게 바로 내가 알고 싶은 것이었어. 사람들이 뭐라고 말했는지 알아? 글쎄 그놈이 이 주에 6개월을 살지 않으면 팔 수가 없대. 그리고 아직 그놈은 6개월을 이곳에 머무르지 않았지. 저놈은 바로 그런 놈이야. 이 주에서 6개월 머무르지 않으면 자유로운 노예를 팔 수 없는 게 바로 정부가 하는 일이야. 그런 주제에 자신을 정부라 부르고, 정부인 척하고 정부라고 생각하고 있어. 어슬렁거리고 도둑질이나 일삼고, 이 빌어먹을 흰색 셔츠를 입은 자유 노예를 잡기 위해서는 꼬박 6개월이나 기다려야 하다니……."

헉의 아버지는 전형적인 남부인입니다. 미주리 주처럼 6개월 이상 자유 노예가 그 주에서 거주하지 않으면 노예로 잡아들이지 않고, 흑인에게 선거권을 인정하는 일부 주에 대해 강력히 반발하는 그의 모습을 볼 때 그 당시 남부인들이 노예를 해방시키려는 북부의 정책에 대해 얼마나 반발했는가를 알 수 있습니다.

자, 이제 생각의 폭을 확 넓혀 사회적인 시각에서 아버지에 대한 글을 써 볼까요?

글을 쓰려고 하니 한영사전의 도움이 매우 필요하다는 생각이 들 것입니다. 영작을 할 때 한영사전은 매우 유용하고 편리합니다. 하지만 정확하게 쓰는 게 더욱 중요합니다. 본격적인 논술일기로 들어가기 전에 먼저 한영사전을 사용하는 법에 대해 알아봅시다. 아마 여러분의 이번 글에는 '전형적인 남부인'이라는 말을 쓸 것입니다. 그러면 먼저 한영사전에서 '전형적인'이란 단어를 찾아볼까요? model, typical, representative라는 세 단어가 나올 것입니다. 이 단어를 보고 어떤 단어를 써야 그 의미가 맞을지 궁금해 하는 독자가 있을지도 모릅니다. 이와 같은 경우는 이 단어 모두를 영영사전에서 찾아 그 예문을 읽어보면 그 의미의 차이를 알 수 있습니다. 아래의 예문은 모두 영영사전에서 인용한 것입니다. 먼저 형용사인 경우를 찾아야 합니다.

model : As a girl she had been a model pupil.
(전형적이긴 한데 모범이 된다는 뜻이 포함됩니다.)

typical : Cheney is everyone's image of a typical cop: a big white guy, six foot, 220 pounds.
(일반적인 유형을 이야기합니다.)

representative : He was in no way representative of dog-trainers in general.
(그 단체의 일반적인 특징을 보여 주는 전형적인 인물인데, '대표적인'이라는 의미가 포함되어 있습니다.)

→ typical이 가장 많이 쓰는 말이고, representative를 쓰기도 합니다.

알아두기

노예제도(Slavery)

17세기 말 무렵부터 아프리카에서 북미 대륙으로 강제로 끌려와 노예로서 일하게 된 흑인들은 18세기 '노예법'의 확정으로 완전한 노예가 되었습니다. 이들은 가족 대대로 노예가 되었을 뿐 아니라 인간으로서의 기본 권리조차 인정받지 못하는 하나의 소유 대상으로 일생을 살았습니다. 산업을 중시하는 북부와 달리 목화 농사를 주로 하는 남부에서는 특히 흑인의 손이 매우 필요했습니다. 남북전쟁이 일어나기 전 노예에 대한 권리는 주마다 달랐습니다. 북부에 속한 주들은 대부분 자유 노예의 존재를 인정한 반면, 남부에 속한 주들은 흑인 노예를 철저한 소유물로 간주했습니다. 결국 흑인을 소유로 보느냐, 아니면 인간으로 보느냐의 관점의 차이가 남북전쟁을 일으키는 하나의 계기가 되었습니다.

⚽ 이번에는 여러분이 직접 한영사전에서 '상징'을 찾아보세요.

s _____   e _____

두 단어의 예문을 영영사전에서 찾아서 쓰세요.

1. _____

2. _____

그러면 '헉의 아버지는 1800년대의 전형적인 남부인(Southerner)이다'라고 말하고 싶다면 어떻게 영작해야 할까요? 논술일기로 다시 돌아가 이제 논점이 있는 글을 써 봅시다. 앞에서 공부한 대로 서론, 본론, 결론의 틀을 갖고 다음의 글을 써 보세요.

서론(도입부) : 본인이 이야기하고자 하는 관점을 간략하게 소개
　　* 아버지는 시대사적인 관점으로 볼 때 구질서, 특히 노예제도를 지키려는 전형적인 남부인을 상징한다는 것으로 시작하면 좋은 서론이 됩니다.

본론 : 헉의 아버지의 특징적인 태도를 통해 그 당시 구질서를 유지하려는 사람들의 특성을 찾음.
　　* 주로 헉의 아버지가 한 대사와 관련해서 쓰세요. 앞에서 이야기한 권위의 추락 문제를 연결해서 글을 쓰면 보다 훌륭한 글이 됩니다.

결론 : 본론에서 이야기한 부분을 종합적으로 표현
　　* 노예제도에 대한 여러분의 의견을 써 보세요.

이제 앞에서 여러분이 간략하게 적은 내용을 중심으로 오늘의 논술일기를 써 보세요.

다음은 영어권에서 살다 온 친구의 논술일기입니다. 어떻게 썼는지 한번 볼까요?

Monday, March 31

The abolition of slavery was revolutionary. To some, it was the greatest thing that had happened to them, but to others, it was a waste of perfectly good resources and seemed to be a total nonsense. It is easy for us to say that slavery is wrong and it is an evil thing. But would we have said the same thing if we were living in the times of slavery, and had in our houses 'niggers' doing all our dirty and petty jobs? And if we were taught from a young age that blacks were supposed to serve us? If then, I'm sure we would have all disagreed with the idea of the abolition of slavery.

What we must realize is that there are different mindsets. There are old mindsets and new mindsets: people who want changes, and people who don't. Huck's father is one of those people who do not want changes. Perhaps he represents slavery and the old law itself. He is used to practicing force and power to get his way. We can see from how he treats Huck that he does not care for the rights of Huck. To Huck's father, it is a natural thing to treat his son as if he were his property. I suppose that this is how the whites thought of and treated the black slaves in the 1780s.

Huck, on the other hand, represents the new revolutionary law, the law that defies oppression and longs for freedom. Here, we are able to see that Huck's initial reaction to his authoritative father is that of fear. But as he gets used to his father, he realizes that he does not have to be scared of him. Rather, he can make choices. If he wants, he can leave and live freely. The essence of the new law is in this — that nobody has to do anything against his or her own will any longer. Instead, they have the power to choose whatever they wish for.

Having said all these, we come across a peculiar phenomenon. Although Huck knows of his father's violence and drinking problems, he decides to stay with his father. Why does Huck do this? It is because the life with his father gives Huck a better sense of freedom than being at school studying. So now, the problems we must face are as follows: Where is the line between the old law and the new one? Do we really want to be free? Is being revolutionary necessarily the best way? There is really no definite line that divides the old from the new. And we cannot say with absolute finality that Huck is the new law and his father is the old law. People want revolutionary things and yet are reluctant to change. They want to make their choice and yet they want to be governed.

So we come to a conclusion. Human beings need to tread both in freedom as well as in partial control. They want to live with both the old law and the new one. Perhaps now the way of thinking that says the opposite of 'new' equals 'old' is no longer applicable in our lives.

위의 학생은 헉이 아버지를 떠나지 않고 머무르는 것을 중심 단어로 삼아 오래된 법과 새로운 법은 서로 공존해야 한다는 결론을 내렸습니다. 자신의 의견이 잘 나타난 글입니다.

✿ 이제 어떻게 논리를 잡았는지 한번 분석해 볼까요?

서론 : 노예제도 폐지 ┬ 일부 사람들 : 혁신적
　　　　　　　　　└ 일부 사람들 : 자신의 소유를 빼앗기므로 반대
　　　　　　　　　　→ 자신도 이런 상황에 살았더라면 노예제도에 반대하였을 것임.

본론 : 사람들의 성향이 다양함 ┬ 변화를 원하지 않는 사람(구질서를 신봉하는 사람)
　　　　　　　　　　　　　　│　→ 헉의 아버지
　　　　　　　　　　　　　　└ 변화를 원하는 사람(새로운 질서를 신봉하는 사람)
　　　　　　　　　　　　　　　→ 헉
　　　　　　　　　　　　　　　→ 하지만 헉조차도 완전한 변화를 따른 것은 아님.
　　　따라서 구질서와 새로운 질서를 구분하는 명확한 경계선이 없음.
　　　모든 사람이 새로운 질서를 원한다고만 가정할 수도 없음.

결론 : 사람은 자유롭게 때로는 부분적으로는 통제를 받으면서 살기를 원함.
　　　새로운 것의 반대가 오래된 것이라는 말은 우리의 삶에 적용될 수 없음.

이 글을 읽고 대부분의 독자들은 위의 학생이 외국에서 교육을 받았기에 이렇게 논리 정연하게 글을 쓸 수 있다고 말할지도 모릅니다. 어쩌면 그 말이 사실일지도 모릅니다. 하지만 한국에서 영어 교육을 받은 우리도 충분히 이렇게 글을 쓸 수 있습니다. 논리적인 글을 쓰는 연습만 충분히 한다면 말입니다. 영어로 글을 쓰는 기술을 열심히 연습한다면 분명히 발전할 수 있습니다. 논리적인 글을 잘 쓰는 길은 책을 많이 읽는 것입니다. 물론 영어로 쓴 책을 많이 읽어야 하지만 시간이 충분하지 않다면 영어책과 한국어로 된 책을 함께 읽으면 됩니다. 책을 읽고 난 후 생각할 만한 것들을 메모해 보세요. 그리고 그 점에 대한 찬성과 반대의 의견을 좀 더 자세하게 써 보세요. 그리고 이 생각들을 정리해서 서론, 본론, 결론의 형식에 맞추어 글을 써 보세요. 처음엔 잘안 되지만 자꾸 쓰면 점차 나아질 것입니다.

이제 여러분이 조금 전에 썼던 자신의 논술일기로 돌아가 보세요. 다시 한 번 본인의 글을 읽고 자신의 의견이 무엇이었는지 생각해 보세요. 혹시 논술일기를 쓰는 친구가 있다면 서로 바꿔 읽어 보는 것도 좋습니다. 그런 후 서로의 의견이 잘 표현되었는지 한번 토론해 보세요. 그러면 자신이 말하고자 하는 것이 좀 더 명확해질 것입니다.

2장

>> 일어난 일을 기술하는 논술일기 쓰기:
그레인저포드 가와 세퍼드슨 가의 싸움을 중심으로

1. 일어난 일을 사실 그대로 기술하는 논술일기 쓰기
2. 일어난 일을 헉의 생각으로 기술하는 논술일기 쓰기
3. 한 걸음 더 나아가기: 셰익스피어의 『로미오와 줄리엣』과 비교해서 읽기
4. 생각의 폭을 확 넓히기: 남북전쟁과 연결해 논술일기 쓰기

01 일어난 일을 사실 그대로 기술하는 논술일기 쓰기

◎ Warming Up 알아두면 좋은 영어 문장 패턴들

(1) 동사원형 + ing, 주어 + 동사 : ~하면서 ~하다

Before I came to class, I drank a cup of milk. 수업에 들어가기 전에 난 우유 한 잔을 마셨다.
→ Coming to class, I drank a cup of milk.

두 문장의 주어가 같을 경우 접속사가 있는 문장에서 접속사와 주어를 지우고 동사원형에 ing를 붙이면 분사구문의 문장이 됩니다.

(2) After(Before, When, While) 동사원형 + ing, 주어 + 동사
 : ~한 후(전, 때, 동안)에 ~하다

(1)번의 분사구문 문장에서 접속사의 의미를 꼭 살리고 싶을 때는 접속사를 그대로 둡니다.

After I read the chapter three times, I finally understood Present Perfect.
→ After reading the chapter three times, I finally understood Present Perfect.
그 장을 세 번 읽은 후에 난 마침내 현재완료를 이해했다.

(3) the other와 another

the other : 주어진 숫자 외에 남은 것

another : 이미 언급된 하나에 추가해서 또 하나

Can I have another cup of coffee? 커피 한 잔 더 마셔도 될까요?

I got two e-mails. One was from Hee-sun and the other (e-mail) was from my ex-boyfriend.
두 개의 이메일을 받았다. 하나는 희선이한테 온 것이고 다른 하나는 이전의 내 남자 친구에게서 온 것이다.

(4) 주어 + **happen to** + 동사원형 : ~가 우연히 ~하게 되다

'~하게 되다'는 주어 스스로 한 것이 아니므로 어감상 수동형이어야 할 것 같습니다. 하지만 이 단어는 특별한 경우가 아니면 수동형을 쓰지 않습니다.

He happened to witness the car accident. 그는 우연히 자동차 사고를 목격하게 되었다.

(5) **come to**와 **become**

come to : (그 과정이 힘들거나 오래될 때) ~이 되다
become : ~이 되다

Min-su hopes to <u>become</u> a famous singer when he grows up.
                          ~가 되다
민수는 커서 유명한 가수가 되기를 희망한다.

How did you <u>come to</u> be a famous singer?
          유명한 가수가 되는 과정이 길고 어려울 때
당신은 어떻게 유명한 가수가 되었나요?

영작 연습하기

1. 자동차 사고를 겪은 후에 그는 자동차 운전하기를 두려워한다.
(have, car accident, afraid, drive: 분사구문)

   →

2. 침대에서 나오기 전에, 스트레칭을 해야만 한다. (before, get out of, stretch out)

   →

3. 그에게는 단지 손가락이 세 개만 있다. 하나는 엄지이고, 또 다른 하나는 중지이고, 다른 하나는 네 번째 손가락이다. (have, thumb, middle finger, ring finger)

   →

4. 우리는 같은 음악을 좋아한다는 사실을 우연히 알게 되었다.
(discover, the same music)

   →

5. 처음 우리가 만났을 때 우리는 서로 좋아하지 않았다. 하지만 지금은 부부가 되었다.
 (met, each other, husband and wife)

   →

논술일기 쓰기

짐과 함께 뗏목을 타고 가던 헉은 증기선과 충돌하는 바람에 물에 빠집니다. 잠시 동안 물속에 있다가 물 위로 올라온 헉은 짐을 열심히 부르지만 짐과 뗏목을 찾지 못합니다. 결국 헉은 강둑으로 걸어 나와 그레인저포드(Grangerford)의 집에 도착했고 이곳에서 여러 날을 지내게 됩니다. 다음의 지문은 헉이 그레인저포드의 집에 머무는 동안 발생했던 일입니다.

> Grangerford was a gentleman. He was a gentleman all over; and so was his family. He was well-born, as the saying is. He had three sons, and two daughters. Bob was the oldest son, Tom next, and Buck the last. And there was Miss Charlotte, she was twenty-five, and tall and proud and grand, but as good as she could be. Her sister, Miss Sophia was a different kind. She was gentle and sweet, like a dove, and she was only twenty. This was all there was of the family, now; but there used to be more — three sons; they got killed; and Emmeline that died.
>
> The old gentleman owned a lot of farms, and over a hundred niggers. Sometimes a stack of people would come there, horseback, from ten to fifteen miles around, and stay five or six days, and have such junketings round about and on the river, and dances and picnics in the woods, day-times, and balls at the house, nights. These people were mostly kin-folks of the family. The men brought their guns with them. It was a handsome lot of quality, I tell you.

- **all over** completely over, in every way, in every part
- **own** to have something that belongs to you
- **nigger** a very offensive word for a black person
- **a stack of** a large number or amount of something
- **horseback** sitting on a horse
- **junketing** a trip that is made for pleasure by somebody who works for the government
- **ball** a large formal party with dancing

해석

　그레인저포드는 신사였다. 그는 진짜 신사였고 그의 가족도 그랬다. 그는 소위 명문가 출신이었다. 그에게는 아들이 셋, 딸이 둘 있었다. 밥이 첫째, 둘째가 톰이고 막내가 벅이었다. 미스 샬럿도 있었는데 그녀는 25살의, 키가 크고 자신감이 넘치며 기품이 있어 보였고 더할 나위 없이 친절했다. 샬럿의 동생인 소피아는 좀 달랐다. 그녀는 비둘기처럼 상냥하고 다정했으며 단지 20살이었다. 지금은 이들이 전부 가족 구성원이다. 하지만 옛날에는 아들 3명이 더 있었다. 그들은 모두 살해되었고 에멀린은 병으로 죽었다.

　노신사는 많은 농장과 백 명이 넘는 검둥이들을 소유하고 있었다. 때때로 근처 10마일이나 15마일 떨어진 곳에서 많은 사람들이 말을 타고 이곳에 와서 5일이나 6일을 머물고 갔다. 이들은 강 주변이나 강 위에서 신나게 놀았으며 낮에는 숲 속에서 춤과 피크닉을, 밤에는 집에서 연회를 열었다. 대부분의 사람들은 이 가족의 친척들로 남자들은 총을 가져왔다. 정말이지 이들 모두는 신분이 높은 사람들이었다.

이 마을에는 그레인저포드 집안 이외에도 강력한 권세를 가진 또 다른 가문, 세퍼드슨 집안이 있습니다.

> There was another clan of aristocracy around there — five or six families — mostly of the name of Shepherdson. They were as high-toned, and well born, and rich and grand, as the tribe of Grangerfords. The Shepherdsons and the Grangerfords used the same steamboat landing, which was about two miles above our house; so sometimes when I went up there with a lot of our folks I used to see a lot of the Shepherdsons there, on their fine horses.

- **clan** a group of families who are related to each other
- **tribe** a group of people of the same race, and with the same customs, language and religion

해석

　이 근처에는 또 다른 귀족 명문 가문들이 약 다섯이나 여섯 가구쯤 있었는데 이들의 이름은 대부분 세퍼드슨이었다. 이들은 그레인저포드 집안 못지않게 명문이었고 부자였으며 품위가 있었다. 세퍼드슨 집안과 그레인저포드 집안은 똑같이 증기선 선착장을 사용했는데 이곳은 우리 집에서 약 2마일 떨어진 곳에 있었다. 때때로 집안 식구들과 그곳에 가면 수많은 세퍼드슨 집안사람들이 훌륭한 말을 타고 그곳에 있는 것을 보았다.

이 두 가문은 만나면 서로 싸우고 죽이지만 왜 그런 상황이 발생했는지는 아무도 모릅니다. 단지 오래된 불화가 과거에 있었다는 사실만을 알고 있습니다.

One day Buck and I were away out in the woods, hunting, and hear a horses coming. We were crossing the road. Buck says:

"Quick! Jump for the woods!"

We did it, and then peeped down the woods through the leaves. Pretty soon a splendid young man came galloping down the road, setting his horse easy and looking like a soldier. He had his gun across his pommel. He was young Harney Shepherdson. I heard Buck's gun go off at my ear, and Harney's hat tumbled off from his head. He grabbed his gun and rode straight to the place where we hid. We started through the woods on a run.

When we sat under the trees by ourselves, I says:

"Did you want to kill him, Buck?"

"Well, I bet I did."

"What did he do to you?"

"Him? He never did anything to me."

"Well, what did you want to kill him for?"

"Why, nothing — only it's on account of the feud."

"What's a feud?"

"Well," says Buck, "a feud is this way. A man has a quarrel with another man, and kills him; then that other man's brother kills him; then the other brothers, on both sides, go for one another; then the cousins chip in — and by-and-by everybody's killed off, and there isn't no more feud. But it's kind of slow, and takes a long time."

"Has this one been going on long, Buck?"

"Well, I should reckon! It started thirty years ago, or so some years along there. There was trouble about something and then a lawsuit to settle it; and the suit went again one of the men, and so he up and shot the man that won the suit — which he would naturally do, or course. Anybody would."

"What was the trouble about, Buck? — land?"

"I reckon maybe — I don't know."

"Doesn't anybody know?"

"Oh, yes. pa knows. I reckon, and some of the other old folks; but they don't know now what the row was about in the first place."

"Has there been many killed, Buck?"

"Yes — right smart chances of funerals. But they don't always kill. Pa's got a few buck-shot in him; but he doesn't mind it because he doesn't weigh much anyway. Bob's been carved up some with a bowie, and Tom's been hurt once or twice."

- **splendid** excellent, very good
- **gallop** to move very fast and each stride includes a stage when all four feet are off the ground together
- **pommel** the higher front part of a horse
- **tumble off** to move or fall somewhere in a relaxed, uncontrolled way
- **feud** an angry and bitter argument between two groups of people that continues over a long period of time
- **chip in** to interrupt
- **row** a serious disagreement between people, organizations, etc, about something
- **buck-shot** balls of lead that are fired from a shotgun
- **bowie** a knife with a sheath used for hunting
- **carve** to cut

해석

어느 날 벅과 내가 숲 속으로 나가 사냥을 하고 있을 때 말이 달려오는 소리를 들었다. 우리는 길을 건너고 있었다. 벅이 말했다.
"빨리! 숲 속으로 뛰어들어가!"
우리는 숲 속으로 들어가 나뭇잎 사이로 내다보았다. 곧바로 아주 잘 생긴 젊은이가 길을 따라 말을 달려왔는데 군인처럼 말을 아주 쉽게 다루었다. 그는 안장 머리에 총을 올려놓았다. 그는 청년 하니 세퍼드슨이었다. 난 벅의 총이 내 귀 바로 옆에서 탕하고 발사되는 걸 들었고 하니의 모자가 머리에서 떨어지는 걸 보았다. 하니는 총을 잡고는 우리가 숨어 있는 곳으로 말을 달렸다. 우리는 숲을 가로질러 달렸다.
우리들만 나무 아래에 앉자 나는 물었다.
"벅, 너는 그 사람을 죽이려 했니?"
"응, 그랬다고 생각해."
"그 사람이 네게 어떻게 했는데?"
"그 사람? 그 사람은 결코 내게 아무 짓도 안 했어."
"그러면, 왜 그 사람을 죽이려고 했어?"
"왜냐하면, 그냥 – 그냥 오랜 원한 때문이야."
"원한이라니 뭔데?"
"그건, 원한이란 이런 거야. 한 사람이 다른 사람과 싸워 그를 죽였어. 그러자 다른 사람의 형제가 그 사람을 죽였지. 그러자 그 양쪽 형제들이 서로를 죽였어. 그러자 사촌들이 끼어들었지. 점차로 모든 사람들이 죽어 나가면 더 이상 원한은 없겠지. 하지만 이런 일은 천천히 진행되는 거야. 시간이 오래 걸리지."
"이 원한은 오래 되었니, 벅?"
"글쎄, 생각해 봐야겠는데! 그건 30년 전이나 그 전에 시작되었을 거야. 뭔가 문제가 있었고 이를 해결하고자 재판이 있었지. 재판은 한 쪽에 불리하게 판결났어. 그러자 진 사람이 일어나 재판에서 이긴 사람을 총으로 쏴 죽였지. 물론 이건 당연한 행동이야. 어느 누구도 그렇게 행동했을 거야."
"문제가 뭐였어, 벅? 땅?"
"그럴지도 몰라 – 난 모르겠어."
"아무도 몰라?"
"어쩌면 아빠가 아실지도 몰라. 어쩌면 다른 노인들이 아시고 계시겠지. 하지만 그 분들도 처음에 어떤 소동이 일어났는지는 모르셔."
"많은 사람들이 죽었어, 벅?"
"물론 – 수많은 장례식이 있었지. 하지만 늘 죽이는 건 아냐. 아빠는 몸에 사슴 총알이 두서너 개 박혔어. 하지만 아빠는 이것을 심각하게 생각하지 않으셔. 신경도 쓰지 않으시지. 밥은 사냥칼에 몇 군데 찔렸고 탐은 한 번인가 두 번 다쳤어."

이들은 일요일마다 교회에 가지만 총을 들고서 예배를 봅니다.

Next Sunday we all went to church, about three miles, everybody a-horseback. The men took their guns along, so did Buck, and kept them between their knees or stood them handy against the wall. The Sheperdsons did the same. It was pretty ornery preaching — all about brotherly love, and such-like tiresomeness; but everybody said it was a good sermon, and they all talked it over going home, and had such a powerful lot to say about faith, and good works, and free grace.

- **ornery** bad-tempered or difficult to deal with
- **preaching** giving a religious talk in a public place, especially in a church during a service
- **sermon** a talk on a moral or religious subject, usually given by a religious leader during a service
- **tiresomenss** boredom

해석

다음 일요일 우리는 약 3마일 떨어진 교회에 모든 사람들이 말을 타고 갔다. 남자들은 총을 가져갔고 벅도 가져갔다. 이들은 모두 총을 양 무릎 사이에 끼우거나 벽에 기대어 놓았다. 셰퍼드슨 집안도 마찬가지였다. 그것은 정말로 형편없는 설교였다. 형제애와 기타 등등의 지겨운 것에 관한 설교였다. 하지만 모든 사람들이 이것은 좋은 설교라고 말했고 집에 오면서도 내내 그것에 대해 이야기했다. 이들은 믿음, 선행, 관대한 은총에 대해 거창하게 늘어놓았다.

그러나 이 두 가문의 하니 셰퍼드슨과 소피아 그레인저포드가 서로 사랑을 하여 밤새 도망을 갑니다. 이 소식을 알게 된 양 집안은 총을 들고 싸우고 마침내 모두 죽게 됩니다.

The next day I woke up about dawn and noticed that Buck was up and gone. Well, I gets up, a-wondering, and goes downstairs — nobody around; everything as still as a mouse. Just same the outside; think I, what does it mean? Down by the wood-pile I come across my Jack, and says:

"What's it all about?"

"Miss Sophia's run off! Indeed she has. She's run off in the night, sometime — nobody knows it's when — run off to get married to that young Harney Shepherdson, you know — the family found it out about half an hour ago. I tell you they had no time to lose. They hurried up guns and horses! The women folks have gone for to stir up the relations and old Mars Saul and the boys took their guns and rode up the river road to try to catch that young man and kill him for he can get across the river with Miss Sophia. I reckon they're going to have mighty rough times."

I took up the river road as hard as I could put. By-and-by I began to hear guns a good way off. There was a wood-rank four feet high, a little ways in front of the tree. I went up into the tree and stayed there. There were four or five men cavorting around on their horses in the open place before the log-store, cussing and yelling, and trying to get at a couple of young chaps that were behind the wood-rank alongside of the steamboat landing. Every time one of them showed himself on the riverside of the wood-pile he got shot at. The two boys were squatting back to back behind the pile, so they could watch both ways.

One of the boys was Buck, and the other was a slim young chap about nineteen years old. So I sung out to Buck and told him. He said his father and his two brothers were killed, and two or three of the enemy. He said the Shepherdsons laid for them, in ambush. Buck said his father and brothers ought to wait for their relations — the Shepherdsons were too strong for them. I asked him what became of young Harney and Miss Sophia. He said they'd got across the river and were safe. I was glad of that.

All of a sudden, bang! bang! bang! go three or four guns. The boys jumped for the river — both of them hurt — and as they swum down the current the men run along the bank shooting at them and singing out, "Kill them, kill them!" I stayed in till it begun to get dark, afraid to come down. When I got down out of the tree, I crept along down the river bank and found the two bodies laying in the edge of the water, and tugged at them till I got them ashore; then I covered up their faces and got away as quick as I could. I cried a little when I was covering up Buck's face, for he was mighty good to me. (Chapter 18)

- **come-across** meet by chance
- **stir up** agitate
- **relation** a person who is in the same family as somebody else
- **cavort** to jump or move around in a noisy, excited and often sexual way
- **landing** the area at the top of a staircase where you arrive
- **cuss** to swear at somebody
- **squat** to sit on your heels with your knees bent up close to your body
- **chap** used to talk about a man in a friendly way
- **ambush** the act of hiding and waiting for somebody and then making a surprise attack on them
- **current** the movement of water in the sea or a river
- **creep** to move with your body close to the ground
- **edge** the outside limit of an object, a surface or an area
- **tug** to pull something hard in a particular direction

해석

    다음날 나는 새벽녘에 일어났고 벅이 깨서 나갔다는 사실을 알았다. 난 일어나서 궁금해 하면서 아래층으로 내려갔다. 주변에는 아무도 없었다. 모든 게 쥐 죽은 듯이 고요했다. 바깥도 마찬가지였다. 난 도대체 무슨 일인가 궁금했다. 장작더미 있는 곳에서 잭을 우연히 만나 물어 보았다.
    "도대체 무슨 일이야?"
    "소피아 양이 달아나셨어요! 진짜예요. 한밤중에 달아나셨어요. 아무도 그 때가 언제인지 몰라요. 하니 셰퍼드슨 청년과 결혼하려고 달아나셨어요. 집안사람들이 30분 전에 이것을 알았어요. 모두들 정신없이 나갔죠. 모두들 급하게 총과 말을 챙겼어요! 여자들은 친척들을 깨우러 가버렸고 소울 나리랑 소년들은 그 청년을 잡아 죽이려고 말을 타고 강 쪽 길로 달려 나갔어요. 그 청년이 소피아 양과 강을 건너기 전에 말이에요. 분명히 대단한 일이 일어날 거예요."
    난 강 쪽 길로 있는 힘을 다해 달렸다. 점차로 저 멀리서 총소리가 들렸다. 4피트 높이의 목재더미가 나무 앞 쪽 약간 떨어진 곳에 있었다. 난 나무에 올라가 그곳에 있었다. 네다섯 명의 남자들이 목재더미 앞 공터에서 소리를 지르고 욕을 하면서 말을 타고 이리저리 뛰어다니면서 증기선 선착장 옆에 있는 목재더미에 숨어 있는 소년 둘을 잡으려고 했다. 소년 중 하나가 목재더미의 강 쪽으로 나가려 할 때마다 그들은 총을 쏘았다. 두 명의 소년은 양쪽을 다 감시할 수 있도록 목재더미 뒤에서 등을 맞대고 웅크리고 앉아 있었다.
    소년 중 한 명은 벅이었다. 다른 소년은 19살가량의 마른 젊은 청년이었다. 그래서 난 벅에서 소리쳐 말을 걸었다. 그는 아버지와 두 형이 살해되었고 적도 두세 명이 죽었다고 했다. 그는 셰퍼드슨 집안이 매복을 하고 기다렸다고 말했다. 벅의 아버지와 형제들은 친척들을 기다려야만 했었다고 벅이 말했다. 셰퍼드슨 집안은 그들에게는 너무 강했다. 난 벅에게 청년 하니와 소피아 양이 어떻게 되었는지 물었다. 벅은 그들은 강을 건너 안전하다고 말했다. 난 그 말을 듣고 기뻤다.
    갑자기 탕, 탕, 탕 세 발 내지 네 발의 총소리가 났다. 소년들은 강으로 뛰어들었다. 두 명 다 다쳤다. 이들이 물살을 따라 헤엄을 치자 남자들은 그들을 쏘면서 "죽여라, 죽여라!"라고 소리치면서 강둑을 달려갔다. 내려오기가 무서워 어두워질 때까지 그곳에 있었다. 나무에서 내려오자 난 강둑으로 기어갔고 물가에 두 구의 시체가 떠있는 걸 발견했다. 난 그 시체들을 해변으로 끌어올렸다. 그리고 얼굴을 덮어주고 할 수 있는 한 빨리 달려 나왔다. 벅의 얼굴을 덮을 때 난 약간 울었다. 그는 정말 내게 잘해 주었기 때문이다.

🌸 이제 그레인저포드 집안과 셰퍼드슨 집안에서 발생한 일에 대해서 객관적으로 써 볼까요? 어떤 일을 기술할 때는 일의 순서대로 해야 합니다. 다음의 문장들을 순서대로 나열해 보세요.

_____ The Grangerford's daughter, Sophia,, was in love with the Shepherdson's son, Harney, and they ran off in the middle of the night.
_____ Huck tugged Buck's body ashore, covered his face and got away as quick as he could.
_____ Huck came to stay in the Grangerford's house.
_____ Huck found Sophia and Harney were safe.
_____ The two families rode up the river road to try to catch and kill them.
_____ The two families killed each other because of an old feud that was handed down from their ancestors.
_____ Huck was alone after his raft collided with the big steamboat.
_____ The two families found Sophia and Harney had gone next morning.
_____ Each family member was killed while they were fighting with guns on the riverbanks.
_____ Huck found out that Buck was dead.
_____ Two grand families of the aristocracy, the Gangerfords and the Shepherdsons lived in the same town.

* the Grangerfords = the Grangerford family 그레인저포드 집안사람들
  the Shepherdsons = the Shepherdson family 셰퍼드슨 집안사람들

🌸 자, 위에서 나열한 문장들을 시간 순으로 연결해서 기록해 볼까요?

　Huck was alone after his raft collided with the big steamboat. Huck came to stay in the Grangerford's house. The two grand families of the aristocracy, the Gangerfords and the Shepherdsons lived in the same town. The two families killed each other because of an old feud that was handed down from their ancestors. The Grangerford's daughter, Sophia was in love with the Shepherdson's son, Harney, and they ran off in the middle of the night. The two families found Sophia and Harney had gone next morning. The two families rode up the river road to try to catch and kill them. Each family member was killed while they were fighting with guns on the riverbanks. Huck found Sophia and Harney were safe. Huck found out that Buck was dead. Huck tugged Buck's body ashore, covered his face and got away as quick as he could.

위의 글을 읽어 보니 어떤 느낌이 드나요? 뭔가 2% 부족하다는 생각이 들지 않나요? 그 이유는 문장과 문장이 자연스럽게 이어지지 않았기 때문입니다. 문장 전체가 자연스럽게 물이 흐르듯이 어우러지기 위해서는 생각을 연결하는 연결사나 다음 문장으로 자연스럽게 연결되는 중간 단계의 문장을 써야 합니다. 다음의 밑줄 친 부분은 문장 앞이나 뒤에 이런 연결 부분이 들어가서 자연스럽게 문장이 흘러야 하는 부분입니다. 여러분이 한번 완성해 볼까요?

Huck was alone after his raft collided with the big steamboat. (1) <u>Huck came to stay in the Grangerford's house.</u> (2) <u>The two grand families of the aristocracy, the Gangerfords and the Shepherdsons lived in the same town.</u> (3) <u>The</u> two families killed each other because of an old feud that was handed down from their ancestors. (4) The <u>Grangerford's daughter, Sophia was in love with the Shepherdson's son, Harney</u>, and they ran off in the middle of the night. (5) <u>The two families found Sophia and Harney had gone next morning. The two families rode up the river road to try to catch and kill them.</u> Each family member was killed while they were fighting with guns on the riverbanks. (6) <u>Huck found Sophia and Harney were safe.</u> (7) <u>Huck found out that Buck was dead.</u> Huck tugged Buck's body ashore, covered his face and got away as quick as he could.

Writing Tips ✏️

(1) 앞 문장은 원인이고 뒤의 문장은 결과이므로 원인과 결과를 나타내는 접속사를 앞에 쓰세요.

(2) 전 문장에서 Grangerford의 집으로 끝을 낸 후 갑자기 두 개의 가문으로 주어가 시작되어 문장이 연결되지 않는 느낌을 줍니다. Grangerford가 들어간 일관된 문장으로 써야 합니다.

    The Grangerford family _____
                                               (대단한 귀족 집안이다.)

    Besides the Grangerford family, _____
                                          (다른 귀족 집안인 세퍼드슨 집안이 살았다.)

(3) '이런'의 이미지를 지닌 지시 형용사를 쓰면 자연스럽게 연결이 됩니다.

(4) 앞의 문장에서는 두 집안의 싸움에 대해 이야기했습니다. 하지만 이번 문장에서는 이 집안의 아들, 딸의 사랑 이야기를 합니다. 따라서 '그럼에도 불구하고'와 같이 앞의 이야기를 뒤엎는 연결사를 쓰는 게 문장 연결이 보다 자연스러워집니다.

(5) 두 문장 모두 주어가 two families이므로 분사구문으로 연결해서 한 문장으로 만들면 문장이 간결하고 이해가 쉬워집니다.

(6) 두 집안의 싸움을 이야기하다가 주어가 갑자기 바뀝니다. 따라서 이렇게 주어가 바뀔 수 있는 중간 단계의 문장을 써야 합니다. 필자 생각에는 '헉이 나무에 숨어서 이들의 싸움을 우연히 보게 되고, 그리고'로 연결하면 자연스럽다고 생각합니다. '나무에 숨어서'를 분사구문 문장으로 만들어서 연결해 보세요.

(7) 소피아와 하니 이야기를 하다가 갑자기 벅이 죽었다는 걸 발견한 이야기로 연결되는 것은 자연스럽지 않습니다. '전쟁이 끝나자'와 같은 문장이 그 중간에 삽입되면 훨씬 자연스럽게 연결됩니다. when으로 시작되는 문장을 써 보세요.

자, 이제 여러분이 오늘의 일기로 위의 문장을 정리해서 써 볼까요?

모두 완성했으면 이제 다음의 글과 비교해 볼까요?

Friday, April 4

Huck was alone after his raft collided with a big steamboat. So he came to stay in the Grangerford's house. The Grangerford family is a very grand family of the aristocracy. Besides the Grangerford family, there lived in the same town another clan of the aristocracy, the Shepherdsons. These two families killed each other because of an old feud that was handed down from their ancestors. Nevertheless, the Grangerford's daughter, Sophia was in love with the Shepherdson's son, Harney, and they ran off in the middle of the night. After finding Sophia and Harney had gone next morning, the two families rode up the river road to try to catch and kill them. Each family member was killed while they were fighting with guns. Huck happened to witness this fight while hiding in the tree, and found Sophia and Harney were safe. When the fight was over, Huck found out that Buck was dead. He tugged Buck's body ashore, covered his face and got away as quick as he could.

지금까지 우리는 자연스럽게 문장을 연결하는 법에 대해 공부했습니다. 문장을 자연스럽게 연결할 때 가장 중요한 것은 앞 문장에서 나온 단어나 이야기가 다음 문장으로 자연스럽게 이어져야 한다는 점입니다. 특히, 주어가 갑자기 달라지게 되면 문장은 흐름을 잃게 되고 글은 일관성이 부족하게 됩니다. 한 단계, 한 단계를 밟아 가면서 써야 좋은 글이 된다는 점을 꼭 기억해 주세요.

02 일어난 일을 혁의 생각으로 기술하는 논술일기 쓰기

◎ Warming Up 알아두면 좋은 영어문장 패턴들

(1) so + 형용사 + that + 주어 + 동사 : 너무나 ~해서 ~하다

　I'm <u>so</u> hungry <u>that</u> I can eat a horse.　난 너무나 배가 고파서 말도 먹을 수 있다.
　　　 형용사

(2) 명사 + 동사원형 + ing가 이끄는 구(형용사구) : ~하는 명사

　동사원형 + ing가 일반적으로 명사 앞에 올 때는 형용사 역할을 한다.

　I like to see <u>sleeping</u> babies.　난 잠자는 아기들을 보는 걸 좋아한다.
　　　　　　잠자는('아기들'이란 명사를 수식하는 형용사)

　I like to see babies <u>sleeping in the cradles</u>.　난 요람에서 잠자는 아이들을 보는 걸 좋아한다.
　　　　　　　요람에서 잠자는('아기들'을 수식하는 형용사구로서 길이가 너무 길어 뒤로 감)

(3) 명사 + who(m) + 주어 + 동사 + (전치사) : ~가 ~한 명사(관계대명사의 목적격)

　<u>Sung-jin</u> is standing in front of the door. I met <u>him</u> two days ago.
　　　　　성진 = him, him은 사람으로 목적격 → who(m)

　Sung-jin (whom) I met two days ago is standing in front of the door.
　이틀 전에 내가 만났던 성진이가 문 앞에 서 있다.

The clerk (whom) I talked to was very kind. 어제 내가 말을 걸었던 점원은 매우 친절했다.
동사와 함께 쓴 전치사는 그대로 사용

(4) what(the thing which) 주어 + 동사 : ~가 ~하는 것

'what'이 관계사가 될 경우에는 '~가 ~하는 것'의 의미를 가지고 있어 따로 지시하는 명사(선행사)가 필요 없다.

The Adventures of Huckleberry Finn is <u>what I want</u> to read.
what + 주어 + 동사

『허클베리 핀의 모험』은 내가 읽고 싶은 책이다.

(5) That(This, It) is the reason why + 주어 + 동사 : 그것이 바로 ~가 ~한 이유이다

He is broke. That's the reason why I gave some help.
그는 파산했다. 그것이 바로 내가 그를 도와주었던 이유이다.

My mother is sick. This is the reason why I'm here.
나의 어머니가 아프시다. 이것이 내가 여기 있는 이유이다.

영작 연습하기

1. 그 컴퓨터는 너무 비싸서 난 그것을 살 돈이 없다. (expensive, afford, buy)
   → _____

2. 책을 읽고 있는 소년은 내 동생이다. (boy, read, my younger brother)
   → _____

3. 어제 난 오랫동안 만나지 못했던 오랜 친구를 우연히 만났다.
   (run into, old friend, not see, for years)
   → _____

4. 건강에 좋은 것이 항상 맛있지는 않다. (good, health, always, delicious)
   → _____

5. 그는 좋지 않았다. 그것이 아마도 그가 경기에서 진 이유일 것이다.
   (be unwell, may, lose the match)
   → _____

◉ 논술일기 쓰기

『허클베리 핀의 모험』은 주인공이 헉입니다. 따라서 이제는 헉이 그레인저포드 집안과 세퍼드슨 집안의 일을 어떻게 이해하는지 알아봅시다. 다음의 그림에서 헉이 어떤 생각을 하는지 여러분이 직접 대사로 써 보세요. 그리고 왜 그런 대사를 썼는지 그 이유를 메모지에 적어 보세요.

모두 어떤 대사를 썼는지 궁금하네요. 헉이 그레인저포드 집안과 세퍼드슨 집안의 싸움에 대해 어떻게 생각했나요? 다음의 문장 중에서 이들 집안의 싸움을 바라보는 헉의 생각을 나타내는 문장들을 골라 보세요.

(1) Has there been many killed, Buck?
(2) But everybody said it was a good sermon.
(3) He said they'd got across the river and were safe. I was glad of that.
(4) I cried a little when I was covering up Buck's face, for he was mighty good to me.

이제 생각을 한 걸음 더 발전시켜 볼까요? 서로 앙숙인 두 집안의 젊은 남녀, Harney와 Sophia가 서로 사랑에 빠져 도망간 사실 때문에 양 집안은 서로 총싸움을 벌입니다. 이런 상황에서도 헉은 두 남녀가 안전하게 강을 건넜다는 사실에 기뻐하고, 한편으로는 벅의 죽음을 진심으로 슬퍼합니다. 왜냐하면 벅이 자신에게 잘해 주었기 때문입니다. 위의 사실을 본다면 사람들과의 관계에 있어 헉이 가장 중요하게 생각하는 게 뭘까요? 한번 다음의 밑줄에 써 볼까요?

이유도 모르면서 싸우고, 또 자신들의 싸움이 너무나 오래전부터 내려와서 익숙하기 때문에 목사님께 '이웃 사랑'의 설교를 들으면서도 자신들의 불화와는 별 상관이 없는 것으로 생각하는 그레인저포드와 세퍼드슨 집안의 모습을 헉은 이해하지 못합니다. 사람과의 관계에 있어 헉이 진실로 중요하게 생각하는 것은 자신에게 잘해 주는 벅의 마음, 두 집안의 불화에도 불구하고 피어난 사랑처럼, 인간의 따뜻한 마음입니다.

자, 이제 오늘의 논술일기를 써 볼까요? 먼저 주제 문장을 써 봅시다. 주제 문장은 도입부로서 앞으로 전개하고자 하는 이야기의 간단한 설명이라고 앞에서 배웠습니다. 여기서는 '그레인저포드 사람들과 세퍼드슨 사람들은 마을의 대단한 두 귀족 가문이지만 오래전부터 내려오는 불화로 서로를 죽이고 있다.'라고 시작하는 게 좋습니다.

The Grangerford's _____ and the Shepherdson's
                    (헉이 함께 사는)

_____ in the town. However, the feud
           (대단한 두 귀족 가문)

_____ makes them kill each other.
           (먼 과거로부터 전해 내려온)

❂ 본문으로 들어가 만화로 우리가 그렸던 세 장면을 설명해 볼까요?

(1) 불화가 너무 오래 되고 자연스워져서 이들은 다른 집안의 구성원들을 죽이는 데 죄의식을 느낄 수 없다. (old, feud, natural, feel guilty for, family members)

_____

*so ~ that 구문 사용

(2) 그들은 매주 교회에 총을 가지고 가서 형제애와 신의 자유로운 은총에 관한 목사의 설교를 듣는다. (church, pastor's sermon, brotherly love, even, carry gun)

_____

_____

*분사구문 사용(총까지 가지고서)

(3) 벅의 시체를 발견하고 덮으면서 Huck은 운다. (cry, find, cover, dead body)

_____

*주어 + 동사 + while 분사구문

❂ 결론으로 넘어가기 전에 위에서 우리가 작문한 문장들을 한번 써 보고 느낌을 이야기해 볼까요?

(A) The Grangerford's with whom Huck came to live and the Shepherdson's are two grand families of the aristocracy in the town. ① However, the feud handed down from the far past makes them kill each other. ② (B) The feud becomes so old and natural that they can't feel guilty for killing the other family members. ③ Even when they go to church every Sunday and listen to the pastor's sermons about brotherly love and free grace, they carry guns. ④ <u>Huck cries while finding and covering Buck's dead body</u>.

어떤 느낌을 받았나요? 서론으로 (A) 부분은 잘 시작되었습니다. 하지만 본문인 (B) 부분은 우리가 의도했던 '헉에게 있어 중요한 것은 인간의 따뜻한 마음이다.'라는 결론으로 몰아가기에는 뭔가 부족합니다. 그냥 문장이 나열만 되었다는 느낌이 듭니다. 특히 마지막에 Buck은 갑자기 나온 것 같다는 생각이 듭니다. Buck에 대한 이야기가 이전에 나왔어야만 연결이 자연스럽습니다. 다음과 같은 문장이 들어가면 되는데, 이 문장이 어떤 부분에 들어가야 자연스러운지 번호를 골라 보세요.

The present Grangerford family members including young Buck still fight without knowing the reasons exactly.　　　　　　　　(Buck 이름이 한 번 나옵니다.)

결론 부분으로 넘어가 볼까요? 마지막 문장을 결론으로 하면 좋습니다. 하지만 이렇게 한 문장만을 쓰면 이 문장이 전혀 결론처럼 느껴지지 않습니다. 결론을 만들어 가기 위해서는 생각을 연결 고리처럼 한 단계, 한 단계 발전해 나가야만 합니다. 한번 연습해 볼까요?

1단계 : 두 집안의 이런 모습이 헉에게는 약간 이상하게 생각된다. (weird)
　　　　Huck thinks it's _____.

2단계 : 헉에게는 두 집안의 오래된 불화가 중요하지 않다. (between)
　　　　To Huck, _____ is not important.

3단계 : 그에게 보다 중요한 것은 따뜻한 마음(warm-heartedness)이다. (what)
　　　　_____.

결론 문장 : 그는 그레인저포드 사람들과 하니 셰퍼드슨조차 좋은 사람들이라고 생각한다. 이것이 바로 벅의 시체를 발견하고 덮어 주면서 헉이 눈물을 흘린 이유이다. (the reason why)

He thinks the Grangerfords and even Harney Shepherdson _____
_____
_____
_____.

이제는 모든 문장들을 연결하여 오늘의 일기를 써 보세요.

이제, 다음의 본문과 비교해 볼까요?

Monday, April 2

The Grangerfords with whom Huck came to live and the Shepherdsons are two grand families of aristocracy in the town. However, the feud handed down from the far past makes them kill each other. The present Grangerford family members including young Buck still fight without knowing the reasons exactly. The feud becomes so old and natural that they can't feel guilty for killing the other family members. Even when they go to church every Sunday and listen to the pastor's sermons about brotherly love and free grace, they carry guns. Huck thinks it's a little weird. To Huck, the old feud between the two families is not important. What is more important to him is warm-heartedness. Huck thinks the Grangerfords and even Harney Shepherdson are good people. That's the reason why Huck cries while finding and covering Buck's dead body.

03 한 걸음 더 나아가기
― 셰익스피어의 『로미오와 줄리엣』과 비교해서 읽기

◎ **Warming Up** 알아두면 좋은 영어 문장 패턴들

(1) 명사 + who(that) + 동사 : ~하는 사람(사람)
   명사 + which(that) + 동사 : ~하는 것(사물)

관계사절의 주격으로 관계대명사가 주어 역할을 하고 그 주어가 사람일 때는 who(that), 사물일 때는 which(that)을 사용합니다.

He talked to the woman who was sitting next to him.
그는 그 옆에 앉아 있던 여성에게 말을 걸었다.
→ He talked to the woman. / <u>She</u> was sitting next to him.
　　　　　　　　　　　　　　　주어 : 사람

I like to read books which have good plots. 난 좋은 구성을 가진 책을 읽기 좋아한다.
→ I like to read <u>books</u>. / <u>They</u> have good plots.
　　　　　　　　　　　　　주어 : 사물

(2) To 동사원형(부정사) + (명사) + 동사 : ~하는 것은 ~하다

<u>To learn a second language</u> is difficult. 제 2외국어를 배우는 것은 어렵다.
주어
→ difficult처럼 보어가 형용사일 때는 주어가 너무 길기 때문에 가주어 it을 사용합니다.
→ It is difficult to learn a second language.

(3) It is(was) + 강조하고 싶은 단어 + that 주어 + 동사 : ~가 바로 ~한 것이다

　　<u>It is</u> Paris <u>that</u> I want to visit.　파리가 바로 내가 방문하고 싶은 도시이다.

　　→ 내가 방문하고 싶은 도시가 다름 아닌 바로 '파리'라는 것을 강조하고 싶을 때 사용합니다.

(4) 주어 + 동사 + how 형용사 + 주어 + 동사 : 얼마나 ~한지 ~한다

　　I wondered how smart she was.　난 그녀가 얼마나 똑똑한지 놀라웠다.
　　How smart was she!
　　→ I wondered와 함께 쓰여 간접화법으로 쓰일 때는 how smart she(주어) was(동사)!의 순서로 됩니다.

(5) 주어 + cannot + 동사 + without + 명사 또는 동사 + ing
　　: ~하지 않고는 ~하지 않을 수 없다(부정의 부정이므로 '긍정' → ~해야만 ~할 수 있다)

　　I cannot sleep without drinking a cup of milk.
　　우유 한 잔을 마시지 않고는 잠을 잘 수 없다.(우유 한잔을 마셔야만 잠을 잘 수 있다.)

　　You cannot get in without a membership card.
　　회원증 없이는 들어갈 수 없습니다.

영작 연습하기

1. 지난 세계 챔피언 대회에서 세계기록을 깬 남자는 내 친척이다.
   (break, world record, last World Championships, relative)

   →

2. 시간을 신중하게 쓰도록 계획하는 것이 성공하는 최선의 길이다.
   (budget our time carefully, the best way)

   →

3. 그 MP3가 바로 내가 사고 싶어 했던 MP3이다. (want, buy)

   →

4. 사람들이 줄을 길게 선 모습은 그 영화가 얼마나 유명한지를 보여 준다.
   (stand in long line, show, that movie, famous)

   →

5. 각 가족의 식구들은 피를 흘리거나 죽이지 않고는 서로를 만날 수 없다.
   (member, each family, bloodshed, killing)

   →

논술일기 쓰기

윌리엄 셰익스피어(William Shakespeare, 1564~1616)는 영국의 위대한 극작가이자 배우로 현재까지 존경받고 있는 인물입니다. 그는 희극, 비극, 희비극, 역사극 등 수많은 극작품을 남겼을 뿐 아니라 많은 시들도 썼습니다. 『햄릿』(Hamlet), 『오셀로』(Othello), 『맥베스』(Macbeth), 『리어왕』(King Lear)은 우리 인간 세계의 영원한 본질인 가족 간의 불화와 화해, 진실한 의미의 사랑, 야망, 질투를 다뤘다는 점에서 셰익스피어의 4대 비극이라 불리며 위대한 작품으로 평가받고 있습니다. 웅장함에 있어 이들 4대 비극보다는 못하지만 죽음으로 끝난 남녀 간의 애절하고도 아름다운 사랑을 그린 셰익스피어의 『로미오와 줄리엣』(Romeo and Juliet) 역시 많은 이들의 사랑을 여전히 받고 있는 작품입니다.

『허클베리 핀의 모험』에 등장하는 그레인저포드 집안과 셰퍼드슨 집안의 이야기는 셰익스피어의 『로미오와 줄리엣』의 줄거리를 기본으로 삼았습니다. 캐퓰렛(Capulet) 집안은 그레인저포드 집안으로, 몬태규(Montague) 집안은 셰퍼드슨 집안으로, 줄리엣은 소피아로, 로미오는 하니로 그려져, 서로 만나기만 하면 죽이는 오래된 불화를 가진 두 집안의 아들과 딸이 사랑한다는 줄거리가 똑같이 전개됩니다. 하지만 이 두 작품이 강조하는 주제는 약간 다릅니다. 작가마다 강조하고 싶은 부분이 다르기 때문입니다. 작품을 이해하는 데 있어 이 차이를 알아보는 것도 매우 재미있는 일입니다. 그러면 이를 알아보기 전에 먼저 셰익스피어의 『로미오와 줄리엣』의 간단한 줄거리를 살펴볼까요? 다음 본문은 영국의 유명한 수필가 찰스 램(Charles Lamb)이 어린이를 위해 쓴 『셰익스피어 이야기』(Tales from Shakespeare)에서 발췌한 부분입니다.

캐퓰릿 가문과 몬태규 가문은 베로나를 대표하는 가문이지만 이들 사이에는 깊은 불화가 있어 이들 가문의 사람들은 만나기만 하면 서로 싸웁니다.

The two chief families in Verona were the rich Capulets and the Montagues. There had been an old quarrel between these families, which was grown to such a height, and so deadly was the enmity between them, that it extended to the remotest kindred, to the followers and retainers of both sides. Even a servant of the house of Montague could not meet a servant of the house of Capulet, nor Capulet encounter with a Montague by chance, without fierce words and sometimes bloodshed ensued.

- **chief** most important
- **quarrel** an angry argument or disagreement between people, often about a personal matter
- **enmity** feelings of hatred toward somebody
- **extend** to make something longer and larger
- **remote** far away from places where other people live
- **kindred** family and relatives
- **retainer** a servant, especially one who has been with a family for a long time
- **encounter** to meet somebody, or discover or experience something, especially somebody/something new, unusual, unexpected
- **fierce** angry and aggressive in a way that is frightening
- **bloodshed** violence in which people are killed or wounded
- **ensue** to happen after or as a result of another event

해석

　베로나의 두 최고 가문은 부유한 캐플릿 집안과 몬태규 집안이었다. 이들 두 가족 사이에는 오래된 불화가 있었는데, 이 불화는 최고조에 달했고, 또 가족 간의 적대감이 대단해서 아주 먼 친척이나 양 편의 추종자와 하인들 사이까지 그 불화가 전파되었다. 흉악한 말과 때때로 유혈이 일어나지 않고서는 몬태규 집안의 하인들조차 캐플릿 집안의 하인을 만날 수 없었고 캐플릿 사람들과 몬태규 사람들은 만날 수 없었다.

캐플릿 집안에서 대규모의 연회를 열고 몬태규 가문의 아들인 로미오와 친구들은 가면을 쓰고 이 연회에 참석한다. 이 연회에서 로미오는 캐플릿 집안의 딸 줄리엣과 첫눈에 사랑에 빠지고 이들은 마침내 비밀 결혼을 하기로 결정을 내린다.

Old lord Capulet made a great supper, to which many fair ladies and many noble guests were invited. To this feast of Capulets, young Romeo, son to the old lord Montague, and their friends went masked. Romeo was suddenly struck with the exceeding beauty of a lady and he discovered that she was young Juliet, daughter and heir to the lord Capulet, the great enemy of the Montagues. Juliet was also smit with the same passion for Romeo after talking with him.

That night, Romeo and Juliet exchanged their love confessions at Juliet's window. Juliet said that if Romeo's love was indeed honourable, and his purpose marriage, she would send a messenger to him tomorrow, to appoint a time for their marriage. Next day with the help of Friar Lawrence, their hands were joined in holy marriage. The good friar prayed the heavens to smile upon that act, and in the union of this young Montague and young Capulet to bury the old strife and long dissensions of their families.

- **exceeding** extreme
- **heir** a person who has the legal right to receive somebody's property, money or title when that person dies
- **smit** to hit somebody/something hard
- **exchange** to give something to somebody and at the same time receive the same type of thing from them
- **confession** a statement that a person makes, admitting that they are guilty of a crime
- **friar** a member of one of several Roman Catholic religious communities of men who in the past travelled around teaching people about Christianity
- **union** the act of joining two or more things together
- **bury** to place a dead body in a grave
- **strife** angry or violent disagreement between two people or groups of people
- **dissension** disagreement between people or within a group

해석

캐플릿의 노영주는 만찬을 열어 많은 아름다운 숙녀와 귀족들을 초청했다. 이 캐플릿 가의 축제에 몬태규의 노영주 아들인 젊은 로미오가 가면을 쓴 채로 친구들과 함께 참석했다. 로미오는 일순간에 매우 아름다운 숙녀에게 반했고 그녀가 캐플릿 영주의 딸이자 상속자인 줄리엣이라는 걸 알게 되었다. 줄리엣 역시 그와 대화를 나눈 후 로미오에 대한 열정으로 불타올랐다.

그날 밤 로미오와 줄리엣은 줄리엣의 창문에서 서로의 사랑 고백을 주고받았다. 줄리엣은 만약 로미오의 사랑이 명예로운 것이라면 그리고 그의 의도가 결혼이라면 내일 그에게 전령을 보내 결혼 날짜를 잡을 것이라고 말했다. 다음날 수도사 로렌스의 도움으로 그들의 손은 신성한 결혼에 묶였다. 선한 수도사는 이 행동에 하늘이 미소를 내려주기를, 그리고 젊은 몬태규와 젊은 캐플릿 사이의 결합 안에 이들 가족의 오래된 갈등과 긴 불화를 묻어 주기를 기원했다.

하지만 로미오가 캐플릿 가의 티볼트를 사소한 싸움 끝에 죽이게 되고 이로 인해 그는 베로나에서 추방당한다. 딸의 비밀 결혼을 모르는 아버지는 딸에게 결혼을 강요한다. 공포에 질린 줄리엣은 수도사에게 도움을 청하고 수도사는 마시면 죽는 것처럼 잠이 드는 약을 줄리엣에게 권한다. 무덤에서 잠이 깨면 자신을 기다리는 로미오와 함께 도망을 가서 행복하게 살 수 있다는 기대를 걸고 줄리엣은 이에 동의한다.

That same day, about noon, Tybalt, a kinsman of Lady Capulet came to kill Mercutio, Romeo's friend. This made Romeo kill Tybalt as well. The prince, who thought the peace of his government was often disturbed by these brawls of Montagues and Capulets, pronounced his sentence that Romeo was banished from Verona. This was just the beginning of the tragedy of this pair of star-crossed lovers. Romeo had not been gone many days, before the old lord Capulet proposed a match for Juliet. The husband he had chosen for her was count Paris, a gallant, young, and noble gentleman, no unworthy suitor to the young Juliet, if she had never seen Romeo.

The terrified Juliet applied to the friendly friar and asked his help. He directed her to go home, and appear merry, and give her consent to marry Paris, according to her father's desire, and on the night before the marriage, to drink off the contents of a phial which he then gave her, the effect of which would be that for two-and-forty hours after drinking it she should appear cold and lifeless; and when the bridegroom came to fetch her in the morning, he would find her in appearance dead; that then she would be borne, uncovered on a bier, to be buried in the family vault; that she would be sure to awake as from a dream in forty-two hours after swallowing the liquid; and before she should awake, he would let her husband know their drift, and he should come in the night, and bear her thence to Mantua. Love, and the dread of marrying Paris, gave young Juliet strength to undertake this horrible adventure.

- **kinsman** a relative
- **disturb** to interrupt somebody when they are trying to work, sleep, etc
- **brawl** a noisy and violent fight involving a group of people, usually in a pubic place
- **sentence** the punishment given by a court of law
- **banish** to order somebody to leave a place especially a country as a punishment
- **star-crossed** not able to be happy because of bad luck or fate
- **count** a nobleman of high rank, similar to an earl in Briton
- **suitor** a man who wants to marry a particular woman
- **phial** a small tube-shaped glass bottle used to hole medicine
- **fetch** to go to where somebody/something is and bring them back
- **bear** to carry somebody/something, especially while moving
- **vault** a room with thick walls and a strong door
- **bier** a frame on which the dead body or the coffin is placed or carried at a funeral drift: a gradual change or development from one situation to another
- **undertake** to make yourself responsible for something and start doing it

해석

　바로 같은 날, 정오에 캐플릿 가문 귀부인의 친척인 티밸트가 로미오의 친구인 머큐시오를 죽이게 되었다. 이 때문에 로미오 역시 티밸트를 죽였다. 자신의 정부의 평화가 가끔 몬태규 사람들과 캐플릿 사람들에 의해 혼란스러워진다고 생각했던 왕자는 로미오가 베로나에서 추방되어야 한다는 선고를 공표했다. 이것은 두 명의 불행한 연인들의 비극의 시작이었다. 로미오가 추방된 지 얼마 지나지 않아, 캐플릿의 노영주는 줄리엣의 신랑감을 추천했다. 그가 그녀를 위해 선택한 신랑감은 패리스 백작으로, 쾌활하고 젊은 귀족 신사로 만약 그녀가 로미오를 만나지 않았다면 젊은 줄리엣의 신랑감으로 전혀 손색이 없는 사람이었다.

　두려움에 싸인 줄리엣은 호의적인 수도사에게 달려가 도움을 청했다. 수도사는 그녀에게 집으로 가서 즐거운 듯이 행동하고 아버지의 소원대로 패리스와의 결혼에 동의하라고 말했다. 그리고 결혼식 전날 밤 자신이 그녀에게 준 병에 들어 있는 약을 마시라고 지시했다. 이 약의 효과는 24시간 동안 그녀가 차고 죽은 듯이 보이는 것이라고 그는 말했다. 아침에 신랑이 그녀를 데리러 왔을 때 그는 외관상 죽어 있는 그녀를 발견할 것이며, 그러면 그녀는 관을 완전히 덮지 않은 채 옮겨져 가족 묘지에 묻힐 것이라고 말했다. 또 그녀는 그 약을 먹은 지 24시간 후 꿈에서 깨듯이 분명히 깨어날 것이며 자신은 그녀의 남편에게 이런 동향을 말하고 밤에 와서 그녀를 맨투아로 데려가게 할 것이라고 말했다. 사랑과 패리스와 결혼해야 한다는 두려움으로 줄리엣은 기운을 내어 이 무시무시한 모험을 받아들였다.

　그러나 적절한 시간에 로미오에게 전령이 도착하지 않아 로미오는 진짜 줄리엣이 죽었다고 생각하고는 독약을 먹고 자살한다. 잠에서 깨어난 줄리엣은 죽은 로미오를 보고 그의 칼을 뽑아 자결한다.

On the Wednesday night Juliet drank off the potion. When young Paris came early in the morning with music to awaken his bride, instead of a living Juliet, her chamber presented the dreary spectacle of a lifeless corset. Bad news, which always travel faster than good, now brought the dismal story of his Juliet's death to Romeo, at Mantua, before the messenger sent from friar Lawrence could arrive.

Romeo set out for Verona, to have a sight of his dear lady in her tomb. He brought the poison, meaning to swallow it and be buried by her side when he satisfied his sight. He reached Verona at midnight, and found the churchyard, in the midst of which was situated the ancient tomb of Capulets. Here he happened to meet and kill Paris who wept over the grave of Juliet.

Romeo opened Juliet's grave and found that she lay yet fresh and blooming, as she had fallen to sleep when she swallowed that benumbing potion. Here Romeo kissed his lady's lips, swallowed that poison whose operation was fatal and real, and died.

For now the hour was arrived at which the friar had promised that she should awake; and he, having learned that his letters which he had sent to Mantua, by some unlucky detention of the messenger, had never reached Romeo, came himself to deliver the lady from her confinement; but he was surprised to see swords and blood near it, and Romeo and Paris lying breathless by the monument.

But Juliet awoke out of her trance. When she saw the cup closed in her true love's hand, she guessed that poison had been the cause of his end, and she would have swallowed the dregs if any had been left. She kissed his still warm lips to try if any poison yet did hang upon them, then hearing a nearer noise of people coming, she quickly unsheathed a dagger which she wore, and stabbing herself, died by her true Romeo's side.

- **potion** a drink of medicine or poison
- **corset** a piece of underwear, fitting the body tightly worn especially in the past to make the waist look smaller
- **dismal** causing or showing sadness
- **situate** to place in a certain position, context or set of circumstances
- **benumb** to make someone or something numb
- **fatal** causing or ending in death
- **detention** the state of being kept in a place, especially prison, and preventing from leaving
- **confinement** the state of being forced to stay in a closed space, prison, etc
- **monument** a building, column, statue, etc. built to remind people of a famous person or event
- **trance** a state in which somebody seems to be asleep but is aware of what is said to them
- **dregs** the last drops left at the bottom of a container
- **unsheath** draw the sword(knife) out from the sheath(cover)
- **stab** to push a sharp, pointed object, especially knife, into somebody, killing or injuring them

해석

수요일 밤 줄리엣은 약을 마셨다. 젊은 패리스가 아침에 신부를 깨우려고 음악을 들려주면서 아침에 왔을 때 그녀의 방에는 살아 있는 줄리엣이 아닌 생명 없는 코르셋의 음울한 광경만이 있었다. 항상 좋은 소식보다 빠른 나쁜 소식은 수도사 로렌스가 보낸 전령이 도착하기 전에 줄리엣의 죽음에 관한 불행한 이야기를 맨투아에 있는 로미오에게 전했다.

로미오는 무덤에 묻힌 사랑하는 여인을 보기 위해 베로나로 출발했다. 자신의 눈으로 확인한 후 독을 삼켜 그녀의 옆에 묻힐 생각으로 로미오는 독을 갖고 갔다. 그는 한밤중에 베로나에 도착했고 캐플릿 가문의 오래된 무덤이 위치한 교회 마당에 갔다. 그곳에서 로미오는 줄리엣의 무덤에 애도를 표하는 패리스를 우연히 만나 그를 죽이게 되었다.

로미오는 줄리엣의 무덤을 열고 누워 있는 줄리엣을 보았다. 그녀는 정신을 잃게 하는 약을 삼켰을 때 잠에 빠졌기 때문에 생생하고 활기찬 채로 누워 있었다. 그곳에서 로미오는 자신의 여인에게 입맞춤을 하고는 그 효과가 치명적이고 대단한 독을 마시고 죽었다.

줄리엣이 깨어나야 한다고 수도사가 약속했던 시간이 되었다. 전령이 불행하게도 지체하게 되어 맨투아에 보냈던 편지가 로미오에게 전달되지 않았다는 사실을 알게 된 수도사는 무덤에 갖힌 숙녀를 구하기 위해 왔다. 그러나 그는 검과 피가 주변에 널려 있고, 로미오와 패리스가 무덤 옆에 숨진 채 있는 걸 보고는 놀랐다.

줄리엣은 마비 상태에서 깨어났다. 진실한 연인의 손에 컵이 있는 걸 보곤 줄리엣은 독이 그의 죽음의 원인이라고 생각했다. 그녀는 남아 있는 독약의 찌꺼기라도 마시려고 했다. 그녀는 독이 조금이라도 남아 있는지 보려고 아직 따뜻한 그의 입술에 입맞춤했다. 그리고는 사람들이 다가오는 소리를 듣고 재빨리 자신이 들고 있던 검을 칼집에서 뽑아 자신을 찌르고는 그녀의 진실한 사랑인 로미오 곁에 쓰러졌다.

무덤에 모인 양 가문의 사람들은 로미오와 줄리엣의 죽음을 보게 되고 이들의 결혼을 인정하고 또 서로 한 가족처럼 지낼 것을 결의한다.

A great multitude being assembled at the Capulet's monument, and there, in the presence of the old lords Montague and Capulet, the friar related the story of their children's fatal love, in the hope in that union to end the long quarrels between their families. The prince rebuked them for their brutal and irrational enmities, and showed them what a scourge Heaven had laid upon such offences. And these old rivals, no longer enemies, agreed to bury their long strife in their children's grave. While so deadly had been their rage and enmity in past times, that nothing but the fearful overthrow of their children(poor sacrifices to their quarrels and dissensions) could remove the rooted hates and jealousies of the noble families.

- **assemble** to come together as a group
- **relate** to give a spoken or written report of something
- **rebuke** to speak severely to somebody because they have done something wrong
- **brutal** violent and cruel
- **scourge** something that causes a lot of trouble or suffering to a group of people
- **offence** an illegal act
- **overthrow** the act of taking power by force from a leader or government

해석

많은 사람들이 캐플릿의 무덤에 모였다. 몬태규와 캐플릿의 노영주들 앞에서 수도사는 자식들의 사랑을 이야기하면서 이들 가문 사이의 오래된 다툼이 끝나기를 희망했다. 왕자는 두 가문의 야만적이고 비이성적인 적의를 비난했고 그들에게 하늘이 어떤 천벌을 내렸는지 보여 주었다. 더 이상 적이 아닌 나이 많은 경쟁자 영주들은 자신들의 오래된 갈등을 자식들의 무덤에 묻는 것에 동의했다. 과거에 그렇게 심한 분노와 적의가 있었던 동안 자신들의 자식들(이들의 싸움과 불화에 의한 불쌍한 희생자들)의 무시무시한 죽음을 제외하곤 어떤 것도 이 귀족 가문의 뿌리 깊은 증오와 질투를 제거할 수 없었다.

이제 두 작품을 비교해 볼까요? 다음의 도표를 채워 보세요.

	로미오와 줄리엣	하니와 소피아
마을에서 집안의 위치		
불화의 정도		
연인의 지위		
연인이 사랑을 이루는 과정		
싸움에서 죽은 사람		
결말 화해의 가능성		

위의 표를 근거로 하여 공통점과 차이점을 찾아보세요.

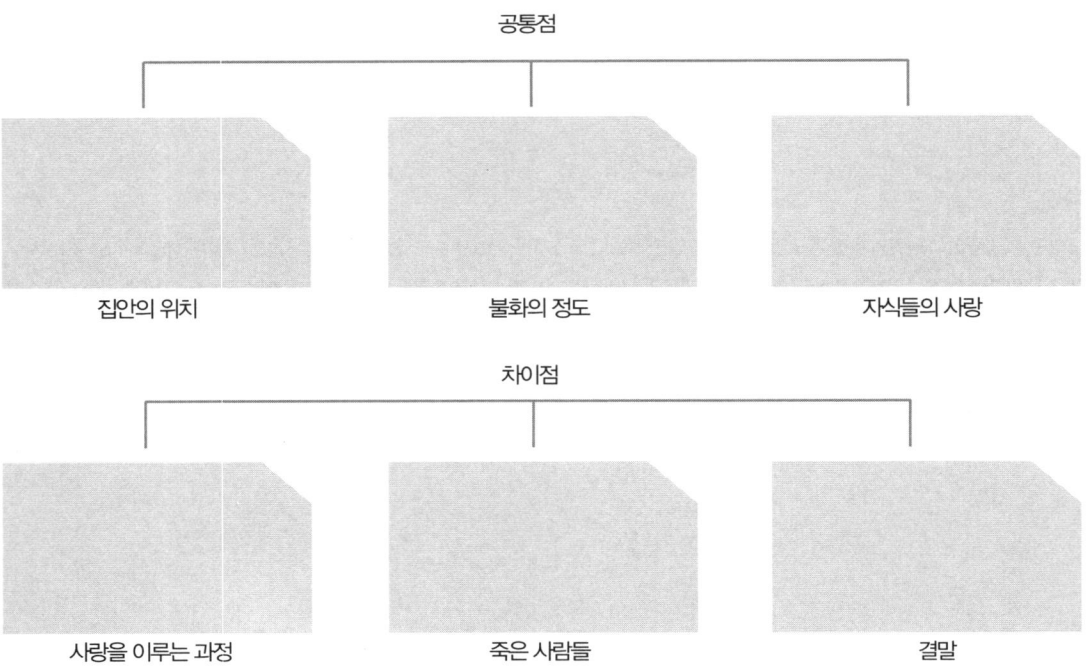

공통점은 오래전부터 내려온 불화로 인해 만나면 싸우고 서로 죽이려 하는 두 가문의 아들, 딸들의 사랑 이야기라는 기본 구조(plot)라는 걸 여러분도 파악했으리라 생각합니다. 그러면 이 공통점에 대해 먼저 글을 써 볼까요? 주제 문장은 앞으로 할 이야기를 간단하게 설명하는 부분이라는 걸 모두 기억하시고 다음의 주어진 단어로 주제 문장을 만들어 보세요.

* 구조(plot) : 문학 작품에서 표현상의 소재를 독자적인 수법으로 조립, 배열시키는 일

(Mark Twain, Shakespeare, the same plot, story, the Grangerfords and the Shepherdsons, have, of, as Romeo and Juliet)

> **Writing Tips**
>
> 우리가 쓰려고 하는 글은 셰익스피어의 로미오와 줄리엣에 관한 것이 아니라 마크 트웨인의 그레인저포드 사람과 셰퍼드슨 사람의 이야기입니다. 따라서 주어는 마크 트웨인의 그레인저포드 사람과 셰퍼드슨 사람이 되어야 합니다.

이제는 구체적으로 어떤 사건들이 공통적인지 써야 합니다. 한마디로 말해 살을 붙여야 합니다. 두 이야기에는 모두 '마을에서 대단한 위치를 차지하는 두 가문이 오래된 불화로 싸운다는 것', '불화가 심해 만날 때마다 서로 싸우고 상대방을 죽인다는 것', 그리고 '이 두 가문의 아들과 딸이 사랑해서 이 사랑을 이루려고 한다는 점'이 공통으로 들어 있습니다.

⚽ 그럼 이제 다음의 문장들을 여러분이 직접 영작해 보세요.

(1) 각 이야기에는 마을에 오래된 불화를 지닌 대단한 두 가문이 있다.
    (each, have, chief family, old feud)

---

*관계대명사 주격을 사용해 보세요.

(2) 한 가문의 아들이 다른 가문의 딸과 사랑에 빠진다. (one, the other, fall in love)

---

(3) 젊은 연인은 이 지상에서 그들의 사랑을 성취하기를 원한다. (couple, fulfil, this earth)

----

*want to 동사원형 : ~하기를 원한다

(4) 두 연인들, 로미오와 줄리엣, 하니와 소피아는 자신들의 사랑을 이루려고 노력함에도 불구하고, 이 두 연인들의 노력의 결과는 다르다. (try, fulfil, result, trial)

----

*접속사 even though를 사용하세요.

위의 4문장은 글의 뼈대입니다. 그리고 다음의 두 문장은 이 뼈대를 설명하는 문장입니다. 다음의 두 문장과 Nevertheless, So라는 두 연결사를 적절한 자리에 넣어 완결된 본문으로 만들어 보세요.

The enmity between these two families is so deadly that the members of each family cannot meet each other without bloodshed and killing.
The couple in *Romeo and Juliet* get married secretly while the couple in *The Adventures of Huckleberry Finn* elope in the middle of the night.
Nevertheless
So

⚽ 이제 다음의 본문과 비교해 볼까요?

    Mark Twain's story of the Grangerfords and the Shepherdsons has (1) <u>the same</u> plot as *Romeo and Juliet*. (2) <u>Each story</u> has two chief families in the town, which have an old feud. The enmity between these two families is so deadly that the members of each family cannot meet each other without bloodshed or killing. Nevertheless, one family's son falls in love with the other family's daughter. The two young couples want to fulfill their love on this earth. So the couple in *Romeo and Juliet* get married secretly while the couple in *The Adventures of Huckleberry Finn* elope in the middle of the night. Even though (3) <u>the two couples, Romeo and Juliet, and Harney and Sophia</u>, try to fulfil their love, the results of the two couples' trials are different.

> **Writing Tips**
> (1) same은 거의 the와 함께 씀.
> (2) each + 단수명사 + 단수동사 : each는 항상 단수임.
> (3) 동격을 쓸 때는 단어나 구 앞뒤로 콤마 사용함.

    이제는 다른 점에 대해 글을 써 볼 차례입니다. 다른 점은 가장 먼저 두 연인의 사랑을 성취해 나가는 과정과 그 결과입니다. 『로미오와 줄리엣』의 경우 비밀 결혼을 합니다. 하지만 불행하게도 전령이 늦게 도착함으로써 수사의 계획을 모르고 두 사람 모두 자살하게 됩니다. 그러나 죽은 두 사람의 시체들 앞에서 자식들의 진실한 사랑을 들은 두 집안은 마침내 화해하고 두 남녀의 결혼을 인정합니다. 이 점에 있어서 이들의 이야기는 '행복한 결말'입니다. 반면에 『허클베리 핀의 모험』의 경우, 젊은 두 남녀는 한밤중에 무사히 다리를 건너 도피합니다. 하지만 이들을 추격하는 양가 가족 모두는 거의 서로를 죽입니다. 따라서 이들의 이야기는 '비극적 결말'입니다. 이제 이런 차이점에 대해서 영작해 볼까요? 문장 중간에 나오는 In this respect(이 점에서), 그리고 마지막 문장에서 나오는 this gloomy prospect(이 우울한 예견)가 무엇인지 생각해 보고 그 앞의 문장을 채워 보세요.

* 문학 용어 : 비극적 결말(tragic ending) – 결말이 죽음이나 파멸처럼 슬프거나 비참할 때
               행복한 결말(happy ending) – 결혼이나 화해처럼 즐겁고 축하할 만한 일로 끝날 때
               비극(tragedy) – 죽음이나 파멸처럼 슬프거나 비참한 결말을 지닌 극

In *Romeo and Juliet* the young couple come to kill themselves because of a messenger's unlucky delay. But through their deaths, _____. In this respect this story has a happy ending. In *The Adventures of Huck Finn*, the young couple are safe, while the other family members are killed. Even though _____. And this gloomy prospect gives a story a tragic ending.

이제 다음의 글과 비교해 볼까요? 물론 다음의 문장들이 정답은 아닙니다. 첫 번째 밑줄에는 서로 화해했다는 의미의 글, 두 번째는 남아 있는 사람들이 앞으로 계속 싸울 것이라는 의미의 문장이 들어가기만 하면 됩니다.

In *Romeo and Juliet*, the young couple come to kill themselves because of a messenger's unlucky delay. But through their deaths, the feuding families reconcile. They bury their old enmity in their children's tombs and become a family after accepting their children's marriage. In this respect this story has a happy ending. In *The Adventures of Huck Finn*, the young couple are safe, while the other family members are killed. Even though it is not written, we can assume that the survivors will continue to fight. And this gloomy prospect gives a story a tragic ending.

지금까지 우리는 두 이야기의 공통점과 차이점에 대해 그냥 기술했습니다. 이제 우리의 생각을 조금만 더 전개해서 좀 더 논지가 있는 글을 첨가해 볼까요? 바로 앞의 이야기의 끝이 결말에 대한 것이므로 결말에 대해 좀 더 집중적으로 글을 써 봅시다. 글을 쓰기 전 먼저 두 작가의 서로 다른 결말을 도표로 그려 볼까요?

```
┌─────────────────┐           ┌─────────────────┐
│    셰익스피어    │           │   마크 트웨인   │
└────────┬────────┘           └────────┬────────┘
         ↓                             ↓
┌─────────────────┐           ┌─────────────────┐
│로미오와 줄리엣의 │           │ 하니와 소피아의 │
│  죽음(비극적 결말)│           │   안전한 도피   │
└────────┬────────┘           └────────┬────────┘
         ↓                             ↓
┌─────────────────┐           ┌─────────────────┐
│적대적인 두 집안의│           │두 집안의 다른   │
│      화해       │           │ 구성원들의 죽음 │
└────────┬────────┘           └────────┬────────┘
         ↓                             ↓
┌─────────────────┐           ┌─────────────────┐
│   행복한 결말   │           │    비극적 결말   │
│(두 주인공이 죽었다│          │(하니와 소피아가 결혼할 │
│는 점에서는 비극이│          │것이라는 점에서 미래의  │
│지만 두 집안이 화해)│         │행복한 결말에 대한 잠재적│
│                 │           │      인 가능성)      │
└────────┬────────┘           └────────┬────────┘
         ↓                             ↓
┌─────────────────┐           ┌─────────────────┐
│   화합의 중요성 │           │이유 없이 서로를 │
│                 │           │죽이는 것에 대한 무상함│
└─────────────────┘           └─────────────────┘
```

❂ 본격적인 글을 쓰기 전에 다음의 문장들을 영작해 보세요.

(1) 로미오와 줄리엣의 경우 화합이 가장 중요한 것으로 간주된다. (harmony, consider as)

＊간주되는 것은 수동형

(2) 젊은 연인들의 사랑과 죽음으로 인해 두 가족의 적대감이 사라지고 화해가 이루어지는 것이 셰익스피어가 최우선으로 생각한 것이다. (remove, enmities, reconcile, what, consider)

＊to 부정사를 주어로 사용하기

(3) 소피아와 하니의 사랑은 적대적인 두 가문의 화합의 자극제가 된 로미오와 줄리엣의 사랑과 달리 결실이 없다. (fruitless, unlike, become, incentive, hostile, reconciliation)

＊관계대명사 주격을 사용하기

(4) 그들이 결혼할 것이고 한 가족이 될 것이라는 사실 때문에 이야기는 완전한 비극이 되지 않는다.
　　(marry, make, a complete tragedy)

---

*the fact that 주어 + 동사

(5) 몇 세대가 지나면 이들의 갈등과 불화는 사라질 것이다. 왜냐하면 적대적인 두 가문이 하니와 소피아의 결혼으로 하나가 될 것이기 때문이다.
　　(a few generations, old feud, enmity, disappear, through)

---

*시제는 미래

(6) 우리가 희망을 찾을 수 있는 것은 바로 이 점에서이다. (at this point, find, hope)

☸ 위의 문장과 다음의 주어진 연결사를 주어진 문장들 사이에 적절하게 넣어 완전한 글을 만들어 보세요. (In contrast, Accordingly, Nevertheless)

Considering these different endings, it seems that the dramatist and the novelist want to express different issues. Mark Twain emphasizes the meaninglessness of the feud rather than two families' reconciliation. Especially, the last scene in which Huck cries over young Buck's dead body shows how meaningless their deaths are. It does not bring forgiveness and reconciliation to each family. After a few generations pass, their old feud and enmity will disappear because two hostile families become one through Harney and Sophia's marriage. And this hope makes us think that their story is not tragic.

자, 이제 지금까지 우리가 공부한 문장을 전체 문장으로 연결해서 오늘의 논술일기를 써 봅시다. 그런데 이 문장을 모두 한꺼번에 쓰면 문장이 너무 길어집니다. 이렇게 긴 문장을 쓸 때는 문단을 나누어야 합니다. 어떤 때 문단을 나누어야 하는지 잠깐 이야기해 볼까요?

일반적으로 이야기의 주제가 바뀔 때 문단을 나눕니다. 또 결말 부분을 집중적으로 이야기하는 것처럼 강조하는 점이 달라졌을 때도 문단을 나눕니다. 그리고 각 문단을 시작할 때는 네 칸이나 다섯 칸부터 시작한다는 것도 잊지 마시고 일기장에 오늘의 논술일기를 써 보세요.

이제는 다음의 본문과 비교해 볼까요?

Tuesday, April 15

Mark Twain's story of the Grangerfords and the Shepherdsons has the same plot as Shakespeare's *Romeo and Juliet*. Each story has two chief families in the town, which have an old feud. The enmity between both two families is so deadly that the members of each family cannot meet each other without bloodshed and killing. Nevertheless, one family's son falls in love with the other family's daughter. The young couple want to fulfill their love on this earth. So the couple in *Romeo and Juliet* get married secretly while the couple in *The Adventures of Huck Finn* elope in the middle of the night. Even though two couples, Romeo and Juliet, and Harney and Sophia, try to fulfil their love, the results of two couples' trials are different.

In *Romeo and Juliet*, the young couple come to kill themselves because of a messenger's unlucky delay. But through their deaths, the feuding families reconcile. They bury their old enmity in their children's tombs and become a family after accepting their children's marriage. In this respect this story has a happy ending. In *The Adventures of Huck Finn*, the young couple are safe, while the other family members are killed. Even though it is not written, we can assume that the survivors will continue to fight. And this gloomy prospect gives a story a tragic ending.

Considering these different endings, it seems that the dramatist and the novelist want to express different issues. In the case of *Romeo and Juliet*, harmony is considered the most important thing. To remove two families' enmities and reconcile them through the young couple's love and deaths is what Shakespeare considers the most important. In contrast, Mark Twain emphasizes the meaninglessness of the feud rather than two families' reconciliation. Especially, the last scene in which Huck cries over young Buck's dead body shows how meaningless their deaths are. Accordingly, Sophia and Harney's love is fruitless unlike Romeo and Juliet's love that becomes an incentive of two hostile families' reconciliation. It does not bring forgiveness and reconciliation to each family. Nevertheless, the fact that they will marry and become one family does not make the story a complete tragedy. After a few generations pass, their old feud and enmity will disappear because two hostile families become one through Harney and Sophia's marriage. It is at this point that we can find hope. And this hope makes us think that their story is not tragic.

04 생각의 폭을 확 넓히기
– 남북전쟁(Civil War)과 연결해 논술일기 쓰기

마크 트웨인이 『허클베리 핀의 모험』이 처음으로 출간된 해는 1876년입니다. 1876년은 남북전쟁(1861~1865)을 겪은 후 미국의 재건 시대로 이 소설을 출간할 당시 마크 트웨인 역시 남북전쟁에 직접 참여했을 뿐 아니라 그 실상을 목격했습니다. 『허클베리 핀의 모험』 곳곳에서 남북전쟁 및 재건 시대의 실상 그리고 이에 대한 비판을 찾아볼 수 있습니다. 이 중에서 특히 그레인저포드 집안과 세퍼드슨 집안 사이의 싸움은 미국의 남북전쟁을 은근히 비판하는 에피소드입니다. 그러면 이에 대한 논술일기를 쓰기 전에 남북전쟁에 대해 좀 더 알아볼까요?

> **알아두기**
>
> **미국의 남북전쟁(American Civil War)**
>
> 1850년대에 남부의 경제는 노예 노동이 꼭 필요한 대농장을 근거로 하는 반면, 북부의 경제는 자유민의 노동을 근간으로 하는 작은 농장들과 제조업이었다. 이 당시 몇몇 북부인들이 노예제도의 완전한 폐지를 요구하였으며 이에 맞서 남부의 몇몇 주들은 노예를 소유할 권리를 지키기 위해 연방을 탈퇴하겠다고 큰 소리쳤다. 노예제를 반대하는 공화당 후보 에이브러햄 링컨이 1860년 말 대통령으로 당선되자 남부의 11개주(사우스캐롤라이나, 미시시피, 플로리다, 앨라배마, 조지아, 루이지애나, 텍사스, 버지니아, 아칸소, 테네시, 노스캐롤라이나)들은 연방에서 탈퇴하여 제퍼슨 데이비스 대통령이 이끄는 남부 연합(Confederate States of America) 정부를 세웠다. 1861년 4월 12일 사우스캐롤라이나 주 찰스턴에 있는 섬터 요새를 남부 연합 정부가 공격함으로써 전쟁이 시작되었다. 초기에 유리한 고지에 위치하였던 남부 연합군은 게티즈버그 전쟁에서 패배한 이래로, 물자와 인력이 부족하여 결국 1865년 남부 연합의 존스턴 장군의 항복으로 끝을 맺게 된다. 남북전쟁에서 북부가 승리한 결과 연방은 존속되었고 아울러 노예제가 폐지되고 해방 노예에게 시민권이 주어졌다. 또한 전쟁으로 급속하게 공업화되고 점점 도시화되고 있던 북부의 주들이 정치적, 경제적으로 새롭게 등장하였다.

마크 트웨인의 눈으로 볼 때 노예 해방이라는 거대한 슬로건을 건 남북전쟁도 그냥 의미 없이 상대방을 서로 죽이는 전쟁이었습니다. 하지만 전쟁하는 당사자들은 자신들이 정말로 용감하다고 생각했고, 상대방을 죽이거나 싸워서 상대방의 총에 죽는 게 매우 훌륭한 일이라고 생각했습니다. 이들은 또 자신이 싸우는 이유가 정당하다고 생각했기 때문에 교회에서 기도하고 목사의 설교를 들을 때조차 죄의식을 전혀 느끼지 못했습니다. 전쟁의 명분을 당당하게 생각하고 자신이 옳다고 생각하는 사람들의 모습은 첫 번째 지문에서 보이는 벅의 말에서 찾아볼 수 있습니다. 두 번째 지문은 두 집안의 싸움을 목격한 헉의 생각을 표현한 글입니다.

"Has anybody been killed this year, Buck?"

"Yes, we got one and they got one. About three months ago, my cousin Bud, fourteen years old, was riding through the woods, on the other side of the river, and didn't have no weapon with him, which was foolishness, and in a lonesome place he hears a horse coming behind him, and sees old Baldy Shepherdson linking after him with his gun in his hand and his white hair flying in the wind; and instead of jumping off and taking to the brush, Bud allowed he could outrun him; so they had it, nip and tuck, for five miles or more, the old man gaining all the time; so at last Bud saw it wasn't any use, so he stopped and faced around so as to have the bullet-holes in front, you know, and the old man he rode up and shot him down. But he didn't get much chance to enjoy his luck, for inside of a week our folks laid him out."

"I reckon that old man was a coward, Buck."

"I reckon he wasn't a coward. Not by a sight. There isn't a coward among them Sheperdsons — not a one. And there isn't no coward among the Grangerfods, either. Why, that old man kept up his end in a fight one day, for a half an hour, against three Grangerfords, and come out winner. They were all horseback; he lit off his horse and got behind a little wood-pile, and kept his horse before him to stop the bullets; but the Grangerfords stayed on their horses and capered around the old man, and peppered away at him, and he peppered away at them. He and his horse both went home pretty leaky and crippled, but the Grangerfords had to be fetched home — and one of them was dead, and another died the next day. No, sir, if a body's out hunting for cowards, he doesn't want to fool away any time among the Sheperdsons, because they don't breed any of that kind."

(Chapter 18)

- **lonesome** unhappy because you are alone
- **link after** to join two things by putting one through the other
- **brush** land covered by small trees or bushes
- **nip and tuck** nothing better and nothing worse, well-matched
- **gain** to gradually get more of something
- **lay out** kill, fall senseless
- **keep up** continue, go on
- **caper** to run or jump around in a happy and excited way
- **pepper** to hit a lot of things on somebody/something
- **leaky** having holes or cracks that allow liquid or gas to escape
- **cripple** to damage somebody's body so that they are no longer able to walk or move normally
- **breed** to produce young

해석

"올해 사람이 죽었어, 벅?"

"물론이야. 우리 편에서 한 사람, 저 편에서 한 사람이 죽었지. 세달 전쯤에 14살인 내 사촌 버드가 강의 저쪽에서 숲 속을 말을 타고 달리고 있었어. 사촌은 글쎄 바보같이 총을 가지고 있지 않았어. 한적한 곳에서 말소리가 들려 그는 뒤돌아보았고 나이든 볼디 세퍼드슨이 백발을 휘날리고 한 손에 총을 들곤 자신을 뒤쫓아오는 걸 보았어. 사촌은 말에서 내려 덤불 속으로 뛰어드는 대신에 자신이 그를 물리칠 수 있다고 생각했어. 그래서 그들은 5마일 이상 막상막하로 달렸지. 하지만 그 노인이 그를 따라잡았어. 결국 버드는 아무 소용이 없다고 생각하고는 멈춰 서서 앞쪽으로 총알을 받으려고 얼굴을 돌렸어. 그런데 그 노인이 말을 달려와 버드를 쏴 죽였어. 하지만 그 노인도 행운을 그렇게 오래 즐기지는 못했어. 1주일도 못 되어 우리 집사람들이 그를 죽였거든."

"난 그 노인이 비겁자라고 생각해, 벅."

"그 노인은 비겁자가 아니야. 절대 아니야. 세퍼드슨 집안에는 비겁자가 없어. 그레인저포드 집안에도 비겁자는 없지. 있잖아, 언젠가는 그 노인이 그레인저포드 집안 세 사람과 끝까지 삼십 분 동안이나 끝까지 싸워 마침내 이기고 말았어. 모두 말을 타고 있었는데 그 노인은 말에서 내려 조그마한 장작더미 뒤로 들어가 말을 앞에다 세우고는 총알을 막았어. 하지만 그레인저포드 집안사람들은 그냥 말을 탄 채 그 노인 주변을 뛰어다니며 총알을 퍼부었고 그 노인도 그들에게 총알을 퍼부었지. 노인과 말은 모두 피를 줄줄 흘리곤 다리를 절면서 집으로 돌아왔어. 하지만 그레인저포드 사람들은 집으로 데려와야만 했지. 한 사람은 죽었고 다른 사람은 다음 날 죽었어. 정말이야. 만약 비겁자를 찾고 싶다면 세퍼드슨 집안을 어슬렁거리기를 원하지는 않을 거야. 그 집엔 비겁자는 하나도 태어나지 않으니까."

All of a sudden, bang! bang! bang! goes three or four guns — the men had slipped around through the woods and come in from behind without their horses! The boys jumped for the river — both of them hurt — and as they swum down the current the men run along the bank shooting at them and singing out, 'Kill them, kill them!' It made me so sick — I most fell out of the tree. I am not going to tell all that happened — it would make me sick again if I was to do that. I wished I hadn't ever come ashore that night, to see such things. I am not ever going to get shut of them — lots of times I dream about them.

I stayed in the tree till it began to get dark afraid to come down. Sometimes I heard guns away off in the woods; and twice I seen little gangs of men gallop past the log-store with guns; so I reckoned the trouble was still going on. I was mighty down-hearted; so I made up my mind I wouldn't ever go near that house again, because I reckoned I was to blame, somehow. I judged that that piece of paper meant that Miss Sophia was to meet Harney somewheres at half past two and run off; and I judged I ought to told her father about that paper and the curious way she acted, and then maybe he would a locked her up and this awful mess wouldn't ever happened.

When I got down out of the tree, I crept along down the river bank a piece, and found the two bodies laying in the edge of the water, and tugged at them till I got them ashore; then I covered up their faces, and got away as quick as I could. I cried a little when I was covering up Buck's face, for he was mighty good to me.

It was dark, now. I never went near the house, but struck through the woods and made for the swamp... I was powerful glad to get away from the feuds, and so was Jim to get away from the swamp. We said there wasn't no home like a raft, after all. Other places do seem so cramped up and smothery, but a raft doesn't. You feel mighty free and easy and comfortable on a raft. (Chapter 18)

- **shut** closed
- **down-hearted** feeling depressed or sad
- **judge** to form an opinion about somebody/something, based on the information you have
- **was to meet** was supposed to meet
- **lock up** close and lock a house, store, etc.
- **creep** to move with your body close to the ground
- **swamp** an area of ground that is very wet or covered with water
- **raft** a flat structure made of pieces of wood tied together and used as a boat

- **cramped** not to have enough space for the people in it
- **smothery** not to be able to breathe by covering somebody's face

해석

갑자기 탕! 탕! 탕! 세 발 내지 네 발의 총소리가 났다. – 남자들은 말을 타지 않고 걸어서 몰래 숲 속에서 나왔다! 소년들은 강으로 뛰어들었다. 두 명 다 다쳤다. 이들이 물살을 따라 헤엄을 치자 남자들은 그들을 쏘면서 "죽여라, 죽여라"라고 소리치며 강가로 달려갔다. 이 광경을 보고 속이 메스꺼워 난 나무에서 떨어질 뻔했다. 그때 일어난 일을 모두 말하지 않을 것이다. – 그렇게 하다가는 속이 다시 메스꺼워질 것이기 때문이다. 이런 일을 보다니, 난 그날 밤 강둑에 가지 않았으면 좋았을 것이라는 생각이 들었다. 그때의 모습을 결코 잊을 수 없을 것이다. – 여러 번이나 꿈속에서 나타났다.

난 내려오기가 무서워 어두워질 때까지 그곳에 있었다. 때때로 숲 속에서 총소리가 들려왔고 두 번이나 난 총을 든 남자 몇 사람이 목재 가게를 쏜살같이 지나는 걸 보았다. 그래서 난 아직도 싸움이 계속되고 있다고 생각했다. 정말로 마음이 무거워 난 다시는 그 집 가까이 가지 않겠다고 결심했다. 내게도 약간의 책임이 있다고 생각했기 때문이었다. 난 그 종이 쪽지가 소피아 양이 하니를 2시 반에 어느 곳에서 만나 도망갈 것이라는 내용이 들어 있었다는 생각이 들었다. 소피아 양의 아버지에게 그 쪽지와 그녀가 했던 이상한 행동에 대해 이야기를 했어야만 했다는 생각도 들었다. 그러면 아마도 그녀의 아버지는 그녀를 방에 가두었을 것이고 이런 무서운 소동은 일어나지 않았을 것이다.

나는 나무에서 내려와 강둑으로 기어가다시피 갔다. 물가에 두 구의 시체가 떠 있는 걸 발견하고는 그것을 강가로 끌어올렸다. 그런 후 그들의 얼굴을 덮어 주고는 빨리 그곳을 빠져나왔다. 벅의 얼굴을 덮어 줄 때 약간 울었다. 벅은 내게 참으로 잘해 주었기 때문이다.

이제 어두워졌다. 난 집 근처에는 가지도 않았고 곧장 숲을 빠져나가 늪지로 향했다……. 난 싸움에서 벗어난 것이 정말로 기뻤고 집이 늪지에서 빠져나온 것이 정말로 기뻤다. 우리는 뭐니 뭐니 해도 뗏목보다 더 좋은 집은 없다고 말했다. 다른 곳들은 정말로 갑갑하고 숨이 막힐 것 같지만 뗏목은 그렇지 않다. 뗏목 위에 있으면 모든 게 자유롭고 마음이 놓이며 편안하기 그지없다.

위의 지문을 보면 헉이 자신도 책임을 조금 느낀다고 했습니다. 그 이유는 일요일 예배가 끝난 후 소피아 양이 헉에게 교회에 성경책을 두고 왔으니 갖다 달라고 했고, 헉은 성경책 안에 쪽지가 있는 것을 알면서도 그냥 전해 주었기 때문에 소피아 양과 하니가 약속 시간을 정해 도망갈 수 있었기 때문입니다. 자, 이제 생각의 폭을 확 넓혀 남북전쟁과 관련하여 논술일기를 써 볼까요?

✿ 앞에서 공부한 대로 서론, 본론, 결론의 틀을 갖춘 글을 써 봅시다.

서론(도입부) : 본인이 이야기하는 관점을 간략하게 소개하는 부분으로 그레인저포드 집안과 셰퍼드슨 집안의 불화가 남북전쟁을 상징하는 이야기라고 서론을 시작하면 좋을 것 같네요.

본론 : 왜 그렇게 생각하는지에 대해 쓰면 되겠죠? 스토리나 마크 트웨인이 이 소설을 쓴 시기에 대한 글을 쓴 후에(문단을 하나로 하세요), 마크 트웨인이 남북전쟁을 어떻게 보는지 헉의 시각을 예문으로 들면서 설명하면 어떨까요?

결론 : 본론에서 이야기한 내용을 종합적으로 표현하는 부분입니다. 남북전쟁에 대한 헉의 생각을 간단하게 표현한 후 여러분의 의견을 써 보세요. 할 수 있다면 같은 동족의 비극적인 전쟁이라는 점에서 비슷한 한국전쟁에 대한 생각까지 덧붙인다면 한층 더 깊이 있는 글이 됩니다.

자, 이제는 글쓰기의 형식에 맞춰 오늘의 논술일기를 써 보세요. 문단 나누기 하는 것 꼭 잊지 마세요.

다음은 한 번도 영어권에서 공부한 적이 없는 필자가 가르치는 학생의 글입니다. 이 학생이 어떻게 미국의 남북전쟁을 한국전쟁과 연결시켜서 썼는지 주의 깊게 보세요. 논지의 흐름이 좋은 글입니다.

Wednesday, April 30

The Grangerfords and the Shepherdsons are rich and decent families. However, both families have quarreled and killed each other whenever they meet since a longtime ago. Nobody knows when the feud had begun. They only know to kill each other when they meet, and they do so to defend themselves. Through the story of these families, Mark Twain, who wrote the novel *The Adventures of Huckleberry Finn*, tried to represent the meaninglessness of the Civil War.

The Adventures of Huckleberry Finn was written in 1876 during the postwar Reconstruction Era. Mark Twain, a participant of the Civil War, witnessed the actual circumstances of the war. The Civil War which was caused by slavery divided the United States into the North and the South, and it lasted for four years. It was natural for them to kill each other because they sought their own profits. Twain satirizes this through the enmity and bloodshed between two families' feud. Both families thought winning the quarrel is the way to keep their families at peace and to achieve justice. Nevertheless, the quarrel was not only threatening the peace, but also killing people in the end.

The story expresses the novelist's point of view about the Civil War from Huck's angle. Huck heard the feud of both families, and experienced the fighting between Buck and Harney Shepherdson. Moreover, Huck saw that both families always carried guns with them, even when they went to church. After worship, Huck said, "It was pretty ornery preaching — all about brotherly love, and such-like tiresomeness." Huck thought the sermon was meaningless for them. Huck could see that the Grangerfords said the preaching was good, and they talked about the faith and good conducts. He knew the dark side of them, because the Grangerfords worshiped not in truth but in the dark side. Both of families started the life-and-death fights when Sophia eloped with Harney Shepherdson. However, though Huck lived in the Grangerford's house, he did not participate in the quarrel. When he saw the corpse of Buck, he felt pity for Buck. However, this gave Huck the chance to free himself from the conflicts of two families.

Even though the title of the Civil War was called "The Emancipation of Slaves," to Mark Twain, it was only a meaningless war between the North and the South where they killed each other for their own profits. Huck thinks nothing which brought about the war can justify itself from his standpoints. Through the story and the war, I think our mother country experienced the tragedy of a fratricidal war. Even though we fought for "democracy," our country was divided into two parts; North Korea and South Korea. In addition, the violent pain still remains in our mind presently. Before I read this novel, I thought that the Korean War was justifiable because it brought us freedom. However, the story made me reconsider my feelings about the Korean War and Korean history.

위의 글을 읽고 어떤 생각이 드나요? 한번 적어 보세요. 영어로 가능하다면 영어로 써도 좋고요.

 ## 쉬어가는 페이지

미국의 문호 마크 트웨인은 1885년 2월 18일 『허클베리 핀의 모험』을 출간했습니다. 이 소설은 문학 비평가들이 미국 최초의 걸작으로 꼽는 소설로 어니스트 헤밍웨이는 "미국의 문학은 이 소설에서 시작했다."고 극찬했습니다. 그는 『톰 소여의 모험』, 『왕자와 거지』등의 작품으로도 잘 알려져 있으며 특히 유머, 해학, 비평을 두루 갖춘 세계의 지성인이었습니다. 그의 삶을 통해서 보면 위대한 인물은 역경과 극복, 광범위한 독서와 사색, 여행과 경험이 만드는 것 같습니다. 위인은 한 가지 특징이 더 있는데, 그것은 긍정적인 사고와 여유로움이 삶 속에 녹아 있다는 것입니다. 그래서 유독 위인에게는 유머와 명언이 많이 있습니다. 여러분들도 자신만의 유머와 명언이 있나요? 오늘 하나쯤 만들어 보세요. 다음은 마크 트웨인의 명언들입니다. 한번 읽어 보고 그의 생각을 느껴 보세요.

20년 뒤를 상상해 보라. 당신은 지금 한 일보다 하지 않은 일때문에 더 후회하고 있을 것이다.

나는 천국이 어떻고 지옥이 어떻다는 등 말하고 싶지 않다. 양쪽에 다 내 친구들이 있다.

미국을 발견한 것은 멋진 일이었는데, 그 옆을 그냥 지나쳐 갔더라면 더욱 멋졌을 것이다.

좋은 칭찬 한 마디에 두 달은 살 수 있다.

유머는 기쁨이 아니라 슬픔에서 나온다. 따라서 천국에는 유머가 없다.

인간은 달과 같아서 어느 누구에게도 보이지 않는 어두운 면이 있다.

잊지 못하는 것이 기억하지 못하는 것보다 훨씬 위험하다.

교육은 알지 못하는 것을 가르치는 것이 아니라, 사람들이 행동하지 않을 때 행동하도록 가르치는 것이다.

사람들은 남에게 호감을 받기 위해 많은 일을 하지만, 시샘을 받기 위해서는 무슨 일이라도 저지른다.

슬픔은 혼자서 간직할 수 있다. 그러나 기쁨이 충분한 가치를 얻으려면 누군가와 나눠야 한다.

장의사마저도 죽음을 슬퍼해 줄 만큼 훌륭한 삶을 살아라.

좋은 책을 갖고 있으면서 읽지 않는 사람은 그 책을 읽지 못하는 문맹이나 다를 바가 없다.

고전은 누구나 한 번은 읽었다고 생각하지만, 사실은 제대로 읽은 사람이 별로 없는 책이다.

침대는 세상에서 가장 위험한 장소다. 80% 이상의 사람들이 그곳에서 생을 마감한다.

환희의 감정을 말로 표현할 수는 없다. 단지 음악처럼 느낄 수 있다.

3장

>> 문학 작품으로 이해하는 논술일기 쓰기

1. 성장소설(Bildungs-roman)로 논술일기 쓰기
2. 혼자 힘으로 논술일기 쓰기: 피카레스크 소설(Picaresque novel)의 시각으로
   (1) 주인공 허클베리 핀에 대해
   (2) 사회에 대한 풍자
   (3) 인간성에 대한 풍자
   (4) 종교에 대한 풍자

01 성장소설(Bildungs-roman)로 논술일기 쓰기
— 진실한 인간성을 찾는 문제에 대해

Warming Up 알아두면 좋은 영어 문장 패턴들

(1) such as + 명사 : ~과 같은(for example)

such as는 그 다음에 꼭 명사가 나오면, 주로 예를 들어 '~과 같은'의 뜻으로 사용된다.

Some summer sports, such as parasailing, can be dangerous.
　　　　　　　　　　　　　　　　　　명사

패러세일링 같은 일부 여름 스포츠는 위험할 수도 있다.

(2) 주어 + have been 과거분사형 : 현재완료 수동태

현재완료 시제는 과거의 어떤 한 지점으로부터 지금까지 어떤 일이 계속되고 있을 때 사용한다. 수동형(be + 동사의 과거분사형)은 주어가 직접 행동을 하는 것이 아니라 다른 것에 의해 수동적으로 어떤 행동을 하게 되었을 때 사용한다.

In this book from the beginning, Jim has been drawn as a man who is searching for freedom.
　　　　　　　　　　　　　　　　　　　저자 마크 트웨인이 짐을 그린 것이므로 수동형
　　　　　　　　　　　　　　　　　　　→ 처음부터 계속 그랬으므로 현재완료

이 책의 1장부터 짐은 자유를 찾는 한 인간으로 그려져 왔다.

(3) yet과 still

　　yet : 과거로부터 현재까지 지속적 의미이지만 주로 부정형이나 의문형에서 사용
　　still : '여전히'로 과거로부터 현재까지의 지속적 의미

　　I've known Myung-su for five years, but I haven't met his mother yet.
　　→ 과거로부터 5년간 알았지만 아직 명수의 어머니를 만나지 못함(부정)
　　나는 명수를 5년 동안 알았지만 아직 그의 어머니를 만나지 못했다.

　　Myung-sun's family is still living in the same house. 명선의 가족은 아직도 같은 집에서 살고 있다.
　　→ 과거에도 그 집에 살았지만 지금도 여전히 그 집에서 살고 있다는 의미

(4) This is why(what) : 이것이 바로 ~의 이유(~것)

　　→ why나 what 이하의 문장을 강조하고 싶을 때 주로 사용하는 구문

　　This is why she got so angry. 이것이 바로 그녀가 매우 화가 난 이유이다.
　　This is what he thinks. 이것이 바로 그가 생각하는 것이다.

(5) 주어 + prevent A from 동사원형 + ing : A가 ~하는 걸 막다

　　주어가 어떤 동작의 대상이 될 때에 주로 쓰이는 문형으로 주어를 강조할 때 쓰인다.

　　Rain prevented us from going for a walk yesterday. 어제 비가 와서 우리는 산책을 하지 못했다.
　　　　　　　　　A

영작 연습하기

1. 그 영화를 본 후 난 파리, 로마, 런던 같은 유럽의 환상적인 도시를 방문하고 싶었다.
   (see, the movie, visit, fantastic, European, Paris, Rome, London)

   →

2. 우리는 모든 사람들이 평등하다고 교육받아 왔다. (teach, equal)

   →

3. 난 아직 수학 숙제를 끝내지 못했다. 여전히 그것을 하고 있다.
   (finish, math homework, do)

   →

4. 이것이 바로 내가 그 책을 읽고 깨달은 것이다. (realize, after, read)

   →

5. 아파서 명선이는 일을 할 수 없었다. (illness, Myung-sun, do her work)

   →

논술일기 쓰기

'성장소설' 또는 '교양소설'로 해석되는 'Bildungs-roman'은 원래 독일어에서 유래된 어휘로 '주인공의 정신적, 정서적 성장을 다룬 소설'을 지칭합니다. 마크 트웨인의 『허클베리 핀의 모험』도 이런 맥락에서 이해할 수 있습니다. 이 소설의 배경이 되는 시대는 노예제도에 관한 문제가 첨예하게 대립되었던 시대입니다. 이는 곧 노예가 과연 인간인가, 아닌가 하는 문제와 연결됩니다. 만약 노예가 그 당시의 백인과 같은 인간이 아니라 소유할 수 있는 그냥 생물체에 불과하다면 노예를 소유하는 데 어떤 죄의식도 느끼지 못할 것입니다. 하지만 노예가 우리와 같은 인간, 즉 우리와 같은 감정을 가지고 행동하는 동등한 인간이라고 생각한다면 이런 인간을 소유하는 건 바로 나쁜 행동일 것입니다. 이 소설의 가장 주된 모티브는 흑인 노예 짐도 바로 백인과 같은 인간이라는 사실을 헉이 깨닫게 되는 과정입니다. 바로 이 점에서 이 소설은 '성장소설'이라고 할 수 있습니다. 다음은 노예도 인간이라는 사실을 깨닫게 되는 헉의 변화된 모습을 제시한 예문들입니다.

첫 번째 예문은 짐과 함께 뗏목을 타고 함께 미시시피 강을 따라 자유주 카이로를 찾아가던 헉과 짐은 급한 물살을 만나 서로 헤어지게 됩니다. 물살에 휩쓸린 헉을 본 짐은 그를 찾아 헤매다가 잠이 듭니다. 이 때 무사히 뗏목으로 돌아온 헉은 짐을 깨우고는 모든 일이 꿈이었다고, 자신은 뗏목 위에서 줄곧 잠을 잤다고 말합니다. 짐은 처음에 이 말을 믿었지만 뗏목 주변의 쓰레기를 보고는 헉이 자신에게 장난친 사실을 알게 되었고 이 때문에 매우 분노하여 다음의 지문처럼 말을 합니다.

> Jim looked at the trash, and then looked at me, and back at the trash again. He had got the dream fixed so strong in his head that he couldn't seem to shake it loose and get the facts back into its place again, right away. But when he did get the thing straightened around, he looked at me steady, without ever smiling.
>
> "What do they stand for? I am going to tell you. When I got all worn out with work, and with the calling for you, and went to sleep, my heart was almost broken because you were lost. and I didn't care no more what became me and the raft. And when I woke up and found you back again, all safe and sound, the tears came before I got down on my knees and kissed your foot. I was so thankful. And you all were thinking about was how you could make a fool of

old Jim with a lie. That truck there is trash; and trash is what people put dirt on the head of their friends and make them ashamed."

Then he got up slow, and walked to the wigwam, and went in there, without saying anything but that. But that was enough. It made me feel so mean I could almost kiss his foot to get him to take it back.

It was fifteen minutes before I could work myself up to go and humble myself to a nigger — but I did it, and I wasn't ever sorry for it afterward, neither. I didn't do him no more mean tricks, and I wouldn't do that one if I'd known it would make him feel that way. (Chapter 15)

- **trash** things that you throw away because you no longer want or need them
- **get the thing straightened** reconfirm the thing
- **steadily** without change
- **stand for** mean, signify
- **worn** looking very tired
- **sound** in good condition, not damaged
- **make a fool of** play a joke on
- **dirt** any substance that makes something dirty
- **wigwam** a type of tent, shaped like a dome or cone, used by Native Americans in the past
- **but** except
- **mean** unkind
- **take it back** retract

해석

짐은 그 쓰레기를 보고 나를 보았다. 그리곤 다시 쓰레기를 보았다. 짐의 머리는 온통 꿈으로 가득 차서 그 생각을 떨쳐 버리고 사실을 똑바로 볼 수 없는 듯이 보였다. 하지만 모든 것이 정리되자 그는 미소 짓지도 않은 채 나를 뚫어지게 바라보았다.

"이것은 무엇을 의미하는 거지? 내 말 들어 봐. 일을 하고 또 너를 소리쳐 찾다가 지친 채 잠이 들었을 때 내 가슴은 거의 찢어졌어. 너를 잃어버렸기 때문이지. 그래서 나도, 뗏목도 어떻게 되는지 상관하지 않았어. 하지만 일어나서 네가 안전하고 무사히 돌아온 것을 발견했을 때 나는 눈물이 왈칵 쏟아져 나왔어. 그래서 무릎으로 기어가 네 발에 입을 맞추었지. 난 정말로 감사했어. 그런데 넌 거짓말로 어떻게 늙은 짐을 골려줄 것인지만을 생각했어. 저기 있는 저 잡동사니들은 쓰레기야. 쓰레기란 사람들이 친구의 머리에 진창을 발라 놓아 그 친구를 부끄럽게 만드는 것이지."

그리고 나서 짐은 천천히 일어나 한마디도 하지 않고 인디언 오두막 안으로 걸어서 들어갔다. 그러나 그것으로 충분했다. 이 일은 나를 너무나 비참하게 만들어서 짐이 그 말을 취소한다면 거의 그의 발에 입맞춤을 할 수 있을 것 같았다.

일어나 검둥이 앞에 가서 머리를 숙이는 데 15분이 걸렸다. 그러나 난 그 일을 했다. 그리고 나중에 가서도 그 일을 한 것을 후회하지 않았다. 그 후 난 그에게 더 이상 비열한 장난을 하지 않았다. 만약 이런 장난이 짐을 그렇게 상심하게 했다는 걸 알았다면 난 그런 행동을 하지 않았을 것이다.

I went to sleep, and Jim didn't call me when it was my turn. He often did that. When I woke up, just at daybreak, he was sitting there with his head down between his knees, moaning and mourning to himself. I didn't take notice, nor let on. I knew what it was about. He was thinking about his wife and his children, away up yonder, and he was low and homesick; because he hadn't ever been away from home before in his life; and I do believe he cared just as much for his people as white folks does for theirs. It doesn't seem natural, but I reckon it's so. He was often moaning and mourning that way, nights, when he judged I was asleep, and saying, "Poor little Elizabeth! poor little Johnny! it's mighty hard; I think I am never going to see you any more! no more!" He was a mighty good nigger, Jim was. (Chapter 23)

- **daybreak** the time of day when light first appears
- **moan** to make a long deep sound, usually expressing unhappiness, suffering
- **mourn** to feel sad because something no longer exits or is no longer the same
- **take notice** pay attention
- **let on** pretend
- **low** weak or depressed
- **homesick** sad because you are away from home
- **as much as** alike

해석

　난 잠이 들었고 짐은 내 당직 차례가 와도 나를 부르지 않았다. 짐은 가끔 그렇게 했다. 바로 새벽에 잠이 깨서 보면 짐은 머리를 무릎 사이에 끼고 앉은 채 혼자서 신음 소리를 내며 흐느껴 울고 있었다. 나는 주의를 기울이지도 또 그런 내색도 하지 않았다. 왜 그런지 난 알고 있었다. 짐은 저편에 두고 온 부인과 아이들을 생각하고 있었다. 그는 침울하여 향수병에 걸렸다. 그는 지금까지 한 번도 가족과 떨어져 본 적이 없기 때문이었다. 난 그가 백인들이 가족을 생각하는 것처럼 자기 가족을 생각한다고 믿는다. 이것은 당연한 일같이 보이지는 않지만 난 당연하다고 생각했다. 그는 가끔 밤마다 내가 잔다고 생각할 때는 그렇게 신음 소리를 내며 흐느껴 울었다. 그리곤 '불쌍한 아이 엘리자베스, 불쌍한 아이 조니! 너희는 정말로 고생이 심하구나. 너희들을 다시는 보지 못할 것이라는 생각이 들어! 더 이상!' 그는 정말로 좋은 검둥이였다. 짐은.

So I was full of trouble, full as I could be; and didn't know what to do. At last I had an idea; and I says, I'll go and write the letter — and then see if I can pray. Why, it was astonishing the way I felt as light as a feather, right straight off, and my troubles all gone. So I got a piece of paper and a pencil, all glad and excited, and sat down and wrote:

Miss Watson your runaway nigger Jim is down here two miles below Pikesville and Mr. Phelps has got him and he will give him up for the reward if you send.
HUCK FINN

I felt good and all washed clean of sin for the first time I had ever felt so in my life, and I knew I could pray now. But I didn't do it straight off, but laid the paper down and sat there thinking — thinking how good it was all this happened so, and how near I come to being lost and going to hell. And went on thinking. And got to thinking over our trip down the river; and I see Jim before me, all the time, in the day, and in the night-time, sometimes moonlight, sometimes storms, and we a-floating along, talking, and singing, and laughing. But somehow I couldn't seem to strike no places to harden me against him, but only the other kind. I'd see him standing my watch on top of his instead of calling me, so I could go on sleeping; and see him how glad he was when I come back out of the fog; and when I come to him again in the swamp, up there where the feud was; and such-like times; and would always call me honey, and pet me, and do everything he could think of for me, and how good he always was; and at last I struck the time I saved him by telling the men we had smallpox abroad, and he was so grateful, and said I was the best friend old Jim ever had in the world, and the only one he's got now; and then I happened to look around, and see the paper.

It was a close place. I took it up, and held it in my hand. I was a-trembling, because I'd got to decide, forever, betwixt two things, and I knew it. I studied a minute sort of holding my breath, and then says to myself:

"All right, then, I'll go to hell and tore it up."

It was awful thoughts, and awful words, but they were said. And I let them stay said; and never thought no more about reforming. I shoved the whole thing out of my head and said I would take up wickedness again, which was in my line, being brought up to it, and the other wasn't. And for a starter, I would go to work and steal Jim out of slavery again; and if I could think up anything worse, I would do that too; because as long as I was in, and in for good, I might as well go the whole hog. (Chapter 31)

- **pray** to speak to God, especially to ask for help
- **astonishing** very surprising
- **feather** one of the many soft light parts covering a bird's body
- **right straight off** at once, without delay
- **runaway** a person who has suddenly left or escaped from somebody/something
- **reward** an amount of money that is offered to somebody for helping the police to find a criminal or for finding something that is lost
- **go on** continue
- **float** to move slowly on water or in the air
- **harden against** to make somebody less kind or less affected by extreme situations
- **watch** the act of watching somebody/something carefully in case of possible danger or problems
- **smallpox** a serious infectious disease that causes fever, leaves permanent marks on the skin
- **look around** examine or search for somebody or something
- **tremble** to shake in a way that you cannot control
- **reform** to improve a system, an organization, a law, etc. by making changes to it
- **shove** to push somebody/something in a rough way
- **bring up** raise
- **take up** begin
- **for good** forever
- **go the whole hog** do something completely or throughly

해석

그래서 나는 정말로 고민에 빠졌다. 그리곤 어떻게 해야 할지 몰랐다. 마침내 생각이 났다. 그래, 가서 편지를 쓰자. — 그러면 난 기도 할 수 있을지 보자. 그러자 놀랍게도 난 곧바로 깃털처럼 가볍게 느껴졌고 모든 근심이 사라졌다. 곧바로 난 기쁘고 흥분되어 종이와 연필을 꺼내 자리에 앉아 편지를 썼다.

왓츤 아줌마: 아줌마의 도망간 노예는 파익스빌의 하류 2마일 있는 곳에 있습니다. 펠프스 씨가 그를 붙잡고 만약 아줌마가 상금을 보내면 그를 풀어 줄 것입니다.

나는 기분이 좋았고 난생 처음으로 죄가 완전히 씻겨 나간 느낌이었다. 이제 난 기도할 수 있었다. 하지만 난 곧바로 편지를 보낼 수 없어 편지를 내려놓고 생각했다. — 이런 일이 일어나서 얼마나 좋은지 생각했고 또 내가 길을 잃어 얼마나 지옥에 가까이 갔는지 생각했다. 그리고 또 생각했다. 강을 따라 한 우리의 여행을 생각했다. 그리고 낮이나 밤이나, 때로는 달빛 아래에서, 때로는 폭풍우에서 항상 짐이 내 앞에 있었던 것을 생각했다. 우리가 함께 떠다니고, 이야기하고, 노래하고 웃었던 것이 생각이 났다. 그러자 짐에 대해 나쁘게 생각할 것들이 떠오르지 않고 그 반대의 것이 생각났다. 짐이 당직을 선 후, 나를 부르는 대신에 내 당직을 서서 내가 잠을 잘 수 있도록 해 준 모습이 생각났고; 안개를 헤치고 내가 다시 돌아왔을 때 그가 얼마나 기뻐했는지 생각이 났고; 불화가 있었던 그곳, 늪지에서 내가 다시 돌아왔을 때; 또 그와 같은 시간들; 그리곤 짐이 항상 나를 귀염둥이라고 부르면서 나를 귀여워해 주었고 나를 위해 그가 생각할 수 있는 모든 것을 해 주었던, 또 그가 항상 얼마나 좋았는가가 생각이 났다; 마침내 내가 사람들에게 뗏목에 천연두가 걸린 환자가 있다고 말하면서 그를 구해 주었던 일, 또 그가 그 일에 얼마나 고마워했는지, 그리고 내가 늙은 짐에게 이 세상에서 가장 좋은 친구, 지금 그에게 있는 가장 최고의 친구라고 말했던 일이 생각이 났다. 그때 나는 우연히 주변을 둘러보았고 그 종이를 보았다.

아슬아슬한 고비였다. 나는 그것을 집어 들곤 내 손에 쥐고 있었다. 난 영원히 두 가지 일 사이에서 결정을 내려야만 했고 또 어떻게 결정할지를 알았기에 몸을 부들부들 떨었다. 나는 잠시 동안 숨을 죽이고는 혼잣말로 중얼거렸다.

"좋아, 그러면 난 지옥으로 갈 거야." 그리고는 종이를 찢었다.

그것은 무시무시한 생각이었고 말이었다. 하지만 이미 내뱉었다. 그리곤 그 말을 취소하지 않고 그냥 내버려 두었다. 난 모든 생각을 말끔히 머리에서 씻어 버리고 항상 그랬던 것처럼 다시 나쁜 짓을 하겠다고 말했다. 난 그렇게 자랐고 착한 일은 맞지 않는다고 말했다. 처음으로 난 짐을 노예상태에서 풀어줄 일을 하겠다고 말했다. 내가 이보다 더 나쁜 일을 생각할 수 있다면 그것도 할 수 있을 것이다. 내가 나쁜 짓을 하기로 한 이상, 무슨 일이 있어도 하기로 한 이상, 난 철저하게 할 것이다.

자, 이제 헉의 성장 과정에 대해 일기로 한번 써 볼까요? 원래 성장이란 어떤 단계에서 어떤 단계로의 발전이 있어야 합니다. 이 과정에서 전환점(turning point)이 되는 어떤 일이 있어야 하며, 이 전환점을 겪으면서 주인공은 중요한 사실을 깨닫게 되어야 합니다. 도표로 그리면 다음과 같습니다.

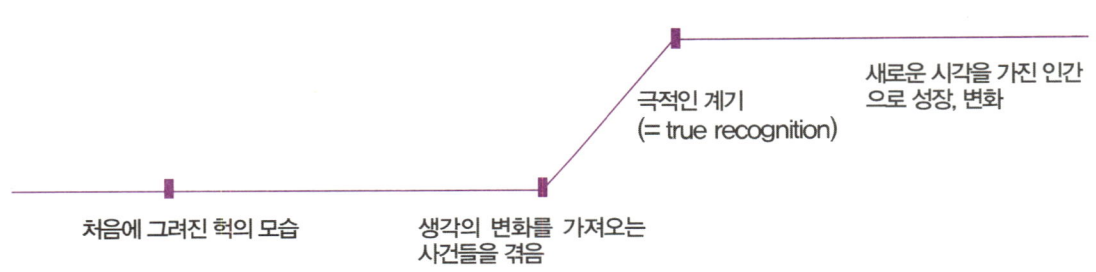

〈성장소설의 패턴〉

위에서 제시한 지문은 주로 헉과 짐의 관계를 다루고 있습니다. 짐은 도망간 노예로 헉이 살았던 시절에는 노예가 사람이 아니라 소유물로 간주되었던 시대입니다. 사회의 관습이나 규율을 따르지 않는 성향이 있는 헉은 짐이 자유주로 가기 위해 자신의 뗏목을 타고 함께 여행하는 것을 받아들이지만 그렇다고 해서 노예에 대한 일반적인 남부인의 고정된 생각에서 완전히 벗어난 것은 아닙니다. 헉에게 있어 짐은 원래 소유주에게 돌려주어야만 하는 물건입니다. 그러나 이런 생각은 짐과 함께 여행하면서 점점 변화합니다. 폭풍우 때문에 헤어지게 되었다가 다시 뗏목으로 돌아왔을 때 진심으로 걱정하고 반가워하는 짐에게 '모든 것이 꿈이었다'고 놀렸다가 '쓰레기란 친구의 머리에 진창을 발라 놓아 그 친구를 부끄럽게 만드는 것이지'라면서 화를 내는 짐의 반응을 보고 미안하다는 감정을 느끼게 됩니다. 짐이 마음의 상처를 입었다는 사실을 처음으로 발견하게 된 것입니다. 헉은 또 짐이 딸 엘리자베스의 귀가 들리지 않는 것을 모르고 때렸다는 사실을 이야기하면서 가슴이 아파 우는 모습을 보고는 짐에게도 가족이 있다는 사실, 다시 말하면 그도 여느 백인들과 마찬가지로 하나의 가정을 꾸렸고 그들을 돌보고 있다는 점을 알게 됩니다. 이렇게 헉은 짐이 자신과 같은 감정을 가진 보통 인간이자 한 가정의 가장, 또 자신의 친구라는 사실을 어렴풋이 알면서도 자신이 도망간 노예를 방조하고 있다는 사실에 여전히 죄의식을 느낍니다. 결국 그는 이런 죄의식에서 벗어나기 위해, 책의 표현에 따르자면 지옥에 가지 않기 위해 미스 왓츤에게 짐이 펠프스 집에 잡혀 있다는 편지를 보내려고 합니다. 그러나 이는 짐을 다시 노예로 만드는 것이기 때문에 헉은 '지옥에 가겠다'라고 말하며 편지를 찢고 짐의 탈출을 도와주기로 마음을 먹습니다.

✺ 이제 앞 장에서 공부했던 도표에 맞추어 다음에 주어진 사건들을 분류해서 적어 보세요.

(1) After hearing Jim's moaning and mourning as a father, Huck begins to understand him as a human who has feelings.

(2) When Huck tries to write a letter to Miss Watson, a lot of moments that he has spent with Jim prevent him from sending it.

(3) Even though Huck is beginning to see Jim as a human being, he does not get free from the brainwashed idea that a slave is not a human, yet.

(4) Huck thinks that he can make a fool of Jim whenever he wants because it seems to him that Jim has no human feeling.

(5) Huck is afraid of going to hell because to help Jim get freedom means he does not return the thing to the right owner.

(6) Huck agrees to live with Jim on the raft and even accepts his efforts to get freedom.

(7) Huck becomes a person who can see Jim as a human, not a slave owned by Miss Watson.

(8) To Jim, Huck is a person to whom he can talk about his family, especially his guilty conscience as a father who did not take care of his children.

(9) Huck has been oriented to think that Jim is not a human but a slave.

(10) To Jim, Huck is a true friend because Huck lied to white people to give Jim a chance to search for freedom.

- 짐과의 관계에 있어 헉의 처음 모습 _____
- 변화를 겪게 되는 사건들 _____
- 짐을 진실한 인간으로 이해하게 되는 모습을 보여 주는 결정적 사건 _____
- 성장, 변화된 헉의 모습 _____

여러분이 분류한 사건들을 하나의 글로 연결해 볼까요?

이제 본인이 쓴 글을 다시 한 번 읽어 보세요. 어떤 느낌이 드나요? 뭔가 부족하다는 생각이 들죠? 이는 아마도 설명해 주는 구체적인 문장들이 없어서 일 것입니다. 그러면 설명하는 문장을 어떻게 써야 할까요?

위에서 제시한 4단계는 문단을 나누기에 적합합니다. 〈짐과의 관계에 있어 헉의 처음 모습 → 변화를 겪게 되는 사건들 → 짐을 진실한 인간으로 이해하게 되는 모습을 보여 주는 결정적 사건 및 헉의 변화된 모습〉의 세 문단으로 나누면 좋은 문단 나누기가 됩니다.(헉의 변화된 모습은 한 문장이므로 이를 마지막 문단에 함께 썼습니다.)

글 전체에 주제 문장이 있지만 각 문단에도 주제 문장(topic sentence)이 있습니다. 주제 문장은 그 문단의 전체 주제를 아우르는 문장으로 처음에 쓰기도 하고 또 나중에 쓰기도 합니다. 먼저 각 문단의 주제 문장을 찾아볼까요?

★ 첫 번째 문단

(1) _____
_____ Huck agrees to live with Jim on the raft and even accepts his efforts to get freedom. (2) _____
_____
Huck has been oriented to think that Jim is not a human but a slave. Huck thinks that he can make a fool of Jim whenever he wants because it seems to him that Jim has no human feeling. (3) _____
_____

(1) 주제 문장 쓰기

위의 부분은 헉의 처음 모습을 설명하는 부분입니다. 이 문단에서 이야기하고자 하는 것은 헉이 인종 편견을 지니지 않는 인물로 그려져 있다는 점입니다. 따라서 문단의 시작을 '처음부터 헉은 인종적 편견이 없는 사람으로 그려졌다.'로 시작하면 됩니다.

_____
_____

＊그려진 것은 수동형 / ＊처음부터 계속 그려진 것이므로 시제는 현재완료 / ＊without ~이 없는

(2) 문장의 전후 맥락 이해하기

A: '그는 뗏목 위에서 짐과 함께 살고 짐이 자유를 찾으려는 노력을 받아들이기까지 한다.'
B: '그는 짐이 인간이 아니라 노예라고 교육받았다.'
　→ 전후 맥락이 반대되는 이야기 → 따라서 연결사 필요
　(그럼에도 불구하고 A와 같은 행동이 그가 노예제도 폐지론자라는 것을 의미하지는 않는다.)

_____

＊an abolitionist of slavery 노예제도 폐지론자

(3) 예문에 제시된 문장을 이용해 글을 쓰기

예문이 제시되었을 때 자신의 의견을 예문 중의 한 문장이나 두 문장을 이용하여 글을 쓰는 것은 매우 효과적인 방법입니다. 위에서 우리가 글을 쓰고자 하는 방향은 '짐도 역시 인간이다.'라는 사실을

헉이 깨닫는 과정이므로 짐이 자신의 의견을 강하게 보인 부분을 인용해서 글을 쓰면 보다 효과적입니다.

이것이 바로 짐이 화가 나서 '인용 부분'이라고 자신의 의견을 말할 때 헉이 진실로 놀란 이유이다.

---"trash is what people put dirt on the head of their friends and make them ashamed."

★ 두 번째 문단

To Jim, Huck is a true friend because Huck lied to white people to give Jim a chance to search for freedom. To Jim, Huck is a person to whom he can talk about his family, especially his guilty conscience as a father who did not take care of his children. After hearing Jim's moaning and mourning as a father, Huck begins to understand him as a human who has feelings. ----------------
----

위의 문단에서 앞의 두 문장은 구체적인 설명입니다. 짐에게 헉은 어떤 의미를 지닌 사람인가를 구체적으로 설명해 주는 부분입니다. After로 시작하는 문장을 보면 헉이 짐도 감정을 지닌 사람으로 이해하기 시작했다는 문장이 나옵니다. 따라서 마지막 문장은 "He was a mighty good nigger. Jim was."라는 인용 문구를 사용하여 헉의 변화를 읽을 수 있다로 쓰면 이 문장이 곧 주제 문장이 됩니다.

우리는 그의 말 '인용 문장'에서 헉의 변화를 읽을 수 있다.

-------------------------------------, "He was a mighty good nigger. Jim was."

★ 세 번째 문단

(1) _____
_____ Even though Huck is beginning to see Jim as a human being, he does not get free from the brainwashed idea that a slave is not a human, yet. (2) _____
_____ Huck is afraid of going to hell because to help Jim get freedom means he does not return the thing to the right owner. When Huck tries to write a letter to Miss Watson, a lot of moments that he has spent with Jim prevent him from sending it. (3) _____
_____
Huck becomes a person who can see Jim as a human, not a slave owned by Miss Watson. (4) _____
_____

(1) 위의 문단은 헉이 짐도 자신과 똑같은 감정을 지닌 인간이라는 사실을 결정적으로 깨닫는 순간과 그 이후의 변화를 동시에 다루고 있습니다. 따라서 문학적 용어 'Huck's true recognition scene comes ~'로 시작하는 주제 문장을 맨 처음에 시작하는 것이 좋습니다.

헉의 진실한 깨달음의 장면은 그가 지옥에 가는지 아닌지 생각하고 있을 때 일어난다.

Huck's true recognition scene comes when _____
_____

*whether ~ or ~인지 아닌지

(2) '노예는 인간이 아니라고 세뇌받은 생각에서 완전히 자유롭지 못하다'는 생각을 강조하기 위해 다시 한 번 썼습니다.

그는 여전히 짐은 미스 왓츤의 소유라고 생각한다.

He _____
_____

*짐을 주격으로 하여 수동형 쓰기

(3) '짐과 보낸 시간'이 앞 문장에서 나왔습니다. 어떤 시간, 그의 어떤 특성이 그를 어떻게 만들었는지 보다 구체적으로 쓰는 게 작문을 보다 풍성하게 만듭니다.

친구로서 짐의 사랑, 따뜻한 마음과 친절함이 그로 하여금 편지를 찢게 했다. 이 순간 그는 뿌리 깊게 박힌 인종 편견을 극복한다.

----
*tear the letter 편지를 찢다

(4) 이 부분은 짐이 성장, 변화한 바로 그 순간이므로 다시 한번 강조하는 것이 좋습니다.
   짐이 헉의 마음에 진실한 친구가 되는 것은 바로 이 순간이다.

----
*It is 강조하는 문구 that 주어 + 동사

자, 이제 완결된 글을 써 보세요. 각 문단을 시작할 때 4칸 띄어 쓴다는 것 기억하세요.

위의 글은 우리가 쓰고자 하는 '헉의 성장과 발전 과정'에서 본문 부분입니다. 여기서는 실제로 어떻게 헉이 변화하였는지 그 과정을 보여 주고 있습니다. 따라서 이 글에는 서론 부분과 결론 부분이 있어야 합니다.

★ 서론 쓰기

서론은 쓸 때는 앞에서 설명한 대로 두 가지 방법이 있습니다. 하나는 일반적인 언급에서 구체적인 자신의 주제로 좁혀가는 것이고, 또 다른 하나는 구체적인 예시에서 일반적인 언급으로 나아가는 것입니다. 위의 경우에는 '일반적인 언급'에서 구체적인 자신의 주제로 연결하는 것이 좋습니다.

일반적인 언급 : 책의 일반적인 주제들에 대해
『허클베리 핀의 모험』을 읽고 난 노예제도, 남북전쟁, 자유 등과 같은 흥미로운 주제들을 발견했다.

----
*after ~후에 / subject 주제 / such as ~같은

구체적인 언급 : 이런 주제들 중 특히 헉의 성장 과정
이 주제들 중에 내가 생각하기에 가장 흥미로운 주제는 헉이 억압받는 자로서 짐의 감정을 이해하게 되고, 그를 인종적 편견 없이 진실한 인간으로 받아들이면서 성장한다는 것이다.

★ 결론 쓰기

결론은 앞에서 이야기한 것을 다시 한 번 간결하게 요약한 후 자신의 의견을 간단하게 말하는 부분입니다. 본문에서 우리는 헉이 인종적 편견을 극복하는 과정에 대해 썼습니다. 결론 부분에서 이를 우리 사회와 연결해 보면 보다 문제의식이 있는 글이 됩니다. 다시 말해서, '우리 사회에서 편견이 발생하는 원인 → 이에 대한 해결책 → 이 점이 바로 이 책을 읽은 후 논자가 얻은 결론'의 순서로 글을 쓴다면 훨씬 짜임새가 좋은 글이 될 것입니다.

(1) 우리 사회에서 편견이 발생하는 원인 : 사람들이 자신의 관점으로만 생각하고 자신이 생각하는 것이 언제나 옳다고 생각함

(2) 이에 대한 해결책 : 우리가 다른 사람의 의견을 받아들이고 다른 사람을 우리와 같은 위엄을 지닌 사람으로 간주한다면 우리의 사회는 지금보다 나아질 것임
(3) 이 점이 바로 이 책을 읽은 후 내가 배운 것

이제 직접 영어 문장으로 써 볼까요?

인종적 편견을 극복한 사람으로서 헉의 발전은 우리에게 좋은 도덕적 예증이다.

----

* as ~로서 / development 발전 / moral example 도덕적 예증

이 사회에는 우리가 극복해야만 하는 많은 편견이 있다.

----

* there be / overcome 극복하다 / 관계대명사 목적격 이용

이것은 우리가 모든 것을 우리의 관점에서, 그리고 우리가 생각하는 것이 항상 옳다고 믿을 때 발생한다.

This happens when we --------

----

* point of view 관점

만약 우리가 다른 사람의 의견을 받아들이고 다른 사람도 우리와 똑같은 위엄을 지닌 사람으로 간주한다면 우리 사회는 지금보다 나아질 것이다.

If --------

----

* the same dignity 똑같은 위엄 / better than now 지금보다 좋은

이것이 바로 내가 『허클베리 핀의 모험』을 읽은 후에 배운 것이다.

이제 오늘의 일기로 서론, 본론, 결론을 지닌 완결된 문장으로 써 볼까요? 본문의 문형을 익힌다는 생각으로 다시 한 번 써 보세요. 그리고 문단 나누기를 할 때 4칸 들여 쓴다는 점 꼭 잊지 마세요.

이제 필자의 일기와 비교해 볼까요? 다음의 일기를 읽으면서 밑줄 친 부분을 주의해서 보세요.

Monday, June 2

　　As I read *The Adventures of Huckleberry Finn*, I found <u>some interesting subjects</u> such as slavery, the American Civil War and freedom, etc. Among <u>these</u>, I think the most interesting subject is Huck's spiritual growth as a man who comes to understand the feelings of the oppressed man, Jim, and see him as a true human <u>without any racial prejudice</u>.

In this book from the beginning, Huck has been drawn as a man without racial prejudice. He agrees to live with Jim on the raft and even accepts his efforts to get freedom. Nevertheless, this act does not mean he is an abolitionist of slavery. He also has been oriented to think that Jim is not a human but a slave. He thinks that he can make a fool of Jim whenever he wants because it seems to him that Jim has no human feeling. This is why Huck was really surprised when Jim got angry and expressed his opinion, "trash is what people put dirt on the head of their friends and make them ashamed."

To Jim, Huck is a true friend because Huck lied to White people to give Jim a chance to search for freedom. And to Jim, Huck is also a person to whom he can talk about his family, especially his guilty conscience as a father who did not take care of his children, Elizabeth and Johnny. After hearing Jim's moaning and mourning as a father, Huck begins to understand him as a human who has feelings. We can see Huck's change from his words, "He was a mighty good nigger. Jim was."

Huck's true recognition scene comes when he is thinking about whether he is going to hell or not. Even though he is beginning to see Jim as a human being, he does not get free from the brainwashed idea that a slave is not a human, yet. He still thinks that Jim is owned by old Miss Watson. So he is afraid of going to hell because to help Jim get freedom means he does not return the thing to the right owner. But when he tries to write a letter to Miss Watson, a lot of moments that he has spent with Jim prevent him from sending it. Jim's love, warm-heartedness and kindness as a friend make him tear the letter. At this moment, Huck overcomes deep-rooted racial prejudice. He becomes a person who can see Jim as a human, not a slave owned by Miss Watson. It is at this moment that Jim becomes a true friend in Huck's mind.

Huck's development as a person who overcomes racial prejudice can be a good moral example to us. In this society, there is a lot of prejudice that we have to overcome. This happens when we think of everything from our own points of view, and believe what we think is always right. If we accept the other's opinion and consider the other person as one who has the same dignity as we do, our society will become better than now. This is what I have learned after I read *The Adventures of Huckleberry Finn*.

🔅 밑줄 친 단어들을 적어 볼까요?

문단 1 : 서론

After I read *The Adventures of Huckleberry Finn*
some interesting subjects — among these
without any racial prejudice

문단 2 : 본론

without having racial prejudice
this act(앞 문장의 행동을 지칭)
when Jim got angry and expressed his opinion

문단 3 : 본론

To Jim, (전 문장에서 Jim에 대한 이야기를 끝냈으므로 Jim을 주어로 설정)
also
as a father — a father
Huck's change

문단 4 : 본론

Huck's true recognition scene(변화이므로 깨닫는 장면과 연결)
yet — still(완전히 벗어난 것은 아니므로)
a lot of moments — Jim's love, warm-heartedness and kindness(같은 것을 지칭)
at this moment(깨닫는 장면이므로 순간이란 단어와 연결해서 글을 씀)

문단 5 : 결론

development   overcomes racial prejudice
this society   our society
a lot of prejudice   this
After I read *The Adventures of Huckleberry Finn*

🌸 앞의 단어들을 보면 다음과 같은 결론이 나옵니다.

1. 서론에서 나온 중심 단어, After I read *The Adventures of Huckleberry Finn*, racial prejudice가 결론에서 다시 나옵니다. 결론의 경우에는 논자의 생각을 사회에 적용하였으므로 사회에 대한 단어가 두 번 나옵니다.

2. 일반적으로 바로 앞 문장에서 나온 단어나 의미가 다음 문장에 나와 자연스러운 문장으로 연결됩니다.

    some interesting subjects → among these

    헉이 짐과 함께 뗏목에서 생활하고 그가 자유를 찾은 것을 받아들이는 것 → this act

    yet — still(같은 의미의 단어를 다른 단어로 변화시켜 씀)

    a lot of moments → Jim's love, warm-heartedness and kindness

    극복해야 할 편견이 있는 것 → this

    다른 사람의 의견을 받아들이면 우리 사회는 좋아질 것이다 → this

3. 한 문단의 끝에 나온 인물이나 생각, 단어들이 다음 문단의 처음에 다시 나온다.

    1문단 : without any racial prejudice

    　　　→ without having racial prejudice(2문단 처음)

    2문단 : when Jim got angry and expressed his opinion → To Jim(3문단 처음)

    3문단 : Huck's change → Huck's true recognition(4문단 처음)

    　　　유사한 의미로 쓰임

    4문단 : at this moment → Huck's development as a person(결론 처음)

    　　　깨닫는 순간을 겪은 것을 헉이 성장하는 것으로 간주

    1문단의 문구 : After I read *The Adventures of Huckleberry Finn*

    　　　→ after I read *The Adventures of Huckleberry Finn*(결론의 마지막 문구)

동일한 문장일 필요는 없지만 서론의 처음과 결론의 마지막은 일반적으로 같은 생각이나 의미를 지닌 말로 써 주는 것이 글의 구성상 좋습니다.

02 혼자 힘으로 논술일기 쓰기
― 피카레스크 소설(Picaresque novel)의 시각으로

지금까지 여러분은 필자의 안내를 받아 모범 문장을 따라가며 작문 쓰기를 공부했습니다. 이번 장부터는 여러분이 혼자 힘으로 논술일기를 쓰는 연습을 하겠습니다. 자유롭게 여러분의 생각을 논리적으로 써 보고 다른 학생들이 어떤 관점에서 글을 썼는지 자신의 글과 비교해 보세요.

이 장에서는 특히 소설의 또 다른 기법인 '피카레스크 소설'의 시각에서 『허클베리 핀의 모험』을 이해하도록 하겠습니다. 실제적인 글쓰기에 앞서 잠깐 '피카레스크 소설'이 무엇인지 알아볼까요?

'피카레스크 소설'이란 악당 소설, 악한 소설이라고도 불리며, 풍자 문학의 하나입니다. 16세기 스페인에서 '피카로'라 불리던 무직자, 불량배 등 하층 계급 출신을 주인공으로 하여 이들이 여러 곳을 돌아다니면서 다른 계층 사람들과 접하면서 자기 자신과 상대방의 생활을 풍자 대상으로 삼는 줄거리의 소설이 매우 유행했습니다. 이후 이를 모방한 소설이 많이 쓰였는데 이와 같은 양식을 가진 소설들을 피카레스크 소설이라고 부릅니다.

The picaresque novel (Spanish: "picaresca", from "picaro", for "rogue" or "rascal") is a popular subgenre of prose fiction which is usually satirical and depicts in realistic and often humorous and it details the adventures of roguish hero of low social class who lives by his or her wits in a corrupt society. This style of novel originated in Spain and flourished in Europe in the 17th and 18th centuries and continues to influence modern literature.

주인공 허클베리 핀에 대해

『허클베리 핀의 모험』은 전형적인 피카레스크 소설의 기법을 따르고 있습니다. 먼저 헉을 보면 결코 귀족층이나 모범생이 아닙니다. 헉의 아버지는 술주정뱅이이자 아들을 학대하는 사람입니다. 헉은 담배도 피우고, 욕도 하며, 규율을 잘 지키지 않는 그 마을의 문제아이고 모든 엄마들이 싫어하는 아이입니다. 헉의 이런 모습은 『허클베리 핀의 모험』의 자매 소설인 『톰 소여의 모험』에서 자세하게 묘사되어 있습니다.

> Shortly Tom came upon the juvenile pariah of the village, Huckleberry Finn, son of the town drunkard. Huckleberry was cordially hated and dreaded by all the mothers of the town, because he was idle and lawless and vulgar and bad—and because all their children admired him so, and delighted in his forbidden society, and wished they dared to be like him. Tom was like the rest of the respectable boys, in that he envied Huckleberry his gaudy outcast condition, and was under strict orders not to play with him. So he played with him every time he got a chance. Huckleberry was always dressed in the cast-off clothes of full-grown men, and they were all in perennial bloom and fluttering with rags. His hat was a vast ruin with a wide crescent lopped out of its brim; his coat, when he wore on, hung nearly to his heels and had the rearward buttons far down the back; but one suspender supported his trousers; the seat of the trousers bagged low and contained nothing, the fringed legs dragged in the dirt when not rolled up.
>
> Huckleberry came and went, at his own free will. He slept on doorsteps in fine weather and in empty hogsheads in wet; he did not have to go to school or to church, or call any being master or obey anybody; he could go fishing or swimming when and where he chose, and stay as long as it suited him, nobody forbade him to flight; he could sit up as late as he please; he was always the first boy that went barefoot in the spring and the last to resume leather in the fall; he never had to wash, nor put on clean clothes; he could swear wonderfully. In a word, everything that goes to make life precious that boy had. So thought every harassed, hampered, respectable boy in St. Petersburg. (Chapter 6)

- **juvenile** connected with young people who are not yet adults, childish
- **pariah** a person who is not acceptable to society and is avoided by everyone, castout
- **drunkard** a person who gets drunk very often, alcoholic
- **cordially** (used with verbs showing dislike) very much
- **dread** a feeling of great fear about something that might or will happen in the future
- **vulgar** not polite, elegant or well behaved
- **delight** a feeling of great pleasure
- **forbidden** not allowed
- **dare** to be brave enough to do something
- **respectable** considered by society to be acceptable, good or correct
- **gaudy** too brightly coloured in a way that lack taste
- **outcast** a person who is not accepted by other people
- **strict** demanding that rules, especially rules about behaviour, should be obeyed
- **order** instruction
- **cast-off** a piece of clothing that the original owner no longer wants to wear
- **perennial** continuing for a very long time
- **fluttering** moving lightly and quickly
- **rag** a piece of old, often torn cloth
- **crescent** a curved shape that is wide in the middle and pointed at each end
- **lop** to cut down a tree or cut some large branches off
- **brim** the flat edge around the bottom of a hat that sticks out
- **rearward** at or near the back of something
- **suspender** a short elastic fastening for holding up a sock or STOCKING
- **fringe** to form a border around something
- **drag** to move, or make something move, partly touching the ground
- **suit(v)** to be convenient or useful for somebody
- **resume** to begin again or continue after an interruption
- **swear** to use rude or offensive language, usually because you are angry
- **precious** valuable or important and not to be wasted
- **harassed** tired and anxious because you have too much to do
- **hamper** to prevent somebody from easily doing or achieving something

해석

　　곧바로 톰은 마을의 소년 부랑자이자, 읍내 주정뱅이의 아들 허클베리 핀을 만났다. 읍내 모든 엄마들은 진정으로 허클베리를 싫어하고 두려워했다. 그건 허클베리가 게으르고, 무지막지하고, 상스럽고 나쁜데다 모든 아이들이 그를 매우 존경하고 그의 금지된 사회에서 기쁨을 느끼고 감히 그와 같이 되기를 원했기 때문이었다. 톰도 헉의 저속한 부랑자 상태를 부러워한다는 점에서 다른 행실이 바른 소년들과 같았고 헉과 함께 놀면 안 된다는 엄한 명령을 받고 있었다. 그래서 그는 기회가 있을 때마다 헉과 함께 놀았다. 허클베리는 항상 어른들이 입다 버린 옷을 입었고 그것들은 사철 누더기로 펄럭거렸다. 모자는 가장자리가 너덜너덜한 넓은 초승달 모양의 낡은 것이었다. 코트를 입고 있을 때면 코트가 거의 발꿈치까지 오고 뒷단추가 등 저 밑까지 달린 것이었다. 멜빵으로 매달고 있는 바지는 엉덩이 부분이 밑으로 축 쳐져서 그 속에는 엉덩이가 없었고, 술이 달린 바짓가랑이는 말아서 올려놓지 않을 때는 흙에 질질 끌렸다.

허클베리는 마음대로 오갔다. 헉은 날씨가 좋으면 문간에서 잤고 비가 오면 커다란 통 속에서 잤으며 학교고 교회고 안 가도 되었고 누구를 주인이라고 부르거나 누구에게도 복종할 필요가 없었다. 어디든, 언제든 가고 싶은 대로 낚시고 수영이고 갈 수 있었고, 있고 싶은 만큼 오래 있을 수 있었다. 아무도 그에게 가라고 명령하지 않았다. 그는 원하는 만큼 늦게까지 깨어 있을 수 있었다. 그는 항상 봄에 맨발로 나오는 첫 번째 소년이었고 가을에 가죽옷을 입는 마지막 소년이었다. 그는 결코 씻을 필요도 또 깨끗한 옷을 입을 필요도 없었다. 그는 놀라울 정도로 욕을 잘했다. 한마디로 인생을 소중하게 만들어 주는 모든 것을 그 아이는 가지고 있었다. 몹시 시달리고 구속받고 행실이 바른 세인트 피터스버그의 모든 아이들이 그렇게 생각했다.

톰과 함께 숨겨진 보물을 찾아 부자가 된 헉은 폴리 아줌마의 집에서 살면서 규범과 예절을 배우게 됩니다. 학교도 다니고 식사 때마다 기도도 해야 하고 깨끗한 옷을 입고 씻어야 합니다. 하지만 헉에게는 이런 생활이 감옥과 같아서 결국 견디지 못하고 도망가서 장작더미 아래 살게 됩니다. 이런 헉을 찾아간 톰은 폴리 아줌마에게 돌아가서 함께 살자고 하지만 헉은 모든 것을 시간에 맞추고, 규율에 맞춰 하는 것이 정말로 싫고 힘들다고 대답합니다.

"Don't talk about it, Tom. I've tried it, and it doesn't work, Tom. It isn't for me. I am not used to it. The widow is good to me, and friendly; but I can't stand those ways. She makes me get up just at the same time every morning; she makes me wash, they comb me all to thunder; she won't let me sleep in the woodshed; I got to wear them blamed clothes that just smothers me, Tom; they don't seem to any air get through them, somehow; and they're so rotten nice that I can't sit down, nor lay down, nor roll around anywhere; I haven't slide on a cellar-door for — well, it appears to be years; I got to go to church and sweat and sweat — I hate them ornery sermons! I can't catch a fly there, I can't chew. I got to wear shoes all Sunday. The window eats by a bell; she goes to bed by a bell; she gets up by a bell — everything's so awful regular. A body can't stand it."

"Well, everybody does that way, Huck."

"Tom, it doesn't make no difference. I am not everybody, and I can't STAND it. It's awful to be tied up so. And grub comes too easy — I don't take no interest in victuals, that way. I got to ask to go a-fishing; I got to ask to go in a-swimming — damn'd if I haven't got to ask to do everything. Well, I'd got to talk so nice it wasn't no comfort — I'd got to go up in the attic and rip out awhile, everyday, to get a taste in my mouth, or I'd died, Tom. The widow wouldn't let me smoke; she wouldn't let me yell, she wouldn't let me gape, nor

scratch, before folks. She prayed all the time! I never see such a woman! I HAD to shove, Tom — I just had to. And besides, that school's going to open, and I'd had to go to it — well, I wouldn't stand THAT, Tom. Look here, Tom, being rich isn't what it's cracked up to be. It's just worry and worry, and sweat and sweat, and a-wishing you were dead all the time. Now these clothes suit me, and this barrel suits me, and I am never going to shake them any more, Tom, I wouldn't have ever got into all this trouble if it hadn't been for that money; now you just take my share of it along with yours, and give me ten cents sometimes — not many times... and you go and beg off for me with the widow."
(Chapter 35)

- **woodshed** a small building for storing wood in, especially for fuel
- **smother** to prevent something from developing or being expressed
- **stand** to be strong enough to experience it without being damaged or harmed
- **cellar** an underground room often used for storing things
- **sweat** drops of liquid that appear on the surface of your skin when you are hot, ill/sick or afraid
- **ornery** bad-tempered and difficult to deal with
- **regular** following a pattern, especially with the same time and space in between each thing and the next
- **grub** food
- **victuals** food and drink
- **rip out** to remove something quickly or violently, often by pulling it
- **yell** to shout loudly
- **gape** to stare at somebody/something with your mouth open because you are shocked or surprised
- **stretch** to make something longer, wider or looser by pulling it
- **scratch** to rub your skin with your nails, usually because it is itching
- **shove** to put something somewhere roughly or carelessly
- **not all cracked up to be** not as good as other people have said it is
- **barrel** a large round container, usually made of wood or metal
- **shake** to bring (it) into that place or state by moving it quickly up and down or from side to side

해석

"돌아가란 말은 하지 마, 톰. 난 노력해 봤지만 소용 없었어, 톰. 그건 내게 맞는 일이 아니야. 난 그런 생활에 익숙하지 않아. 부인은 내게 잘 대해 줬고 친절했어. 하지만 난 그런 식으로는 견디지 못해. 부인은 매일 아침 내게 같은 시간에 일어나게 했어. 씻기기도 했고 야단을 치며 머리를 빗겼어. 부인은 내가 장작더미에서 잠자는 걸 허락하지 않아. 난 항상 그놈의 숨 막히는 옷을 입어야만 했어, 톰. 그 옷은 도무지 공기가 통하지 않는 것 같았어. 옷이 너무 훌륭하니 앉을 수가 있나 드러누울 수가 있나 아무데서나 뒹굴 수가 있나. 지하실 문에 기댄지도 몇 년이나 된 듯해. 교회에 가서는 땀을 흘리고 또 흘려. 그놈의 고약한 설교, 그곳에서는 파리도 잡을 수 없어. 담배도 씹지 못하지. 또 일요일 내내 신발을 신어야 해. 미망인은 종소리를 듣고 먹고 자고 일어나지. 모든 것이 정말로 규칙적이라 사람이 견딜 수 없어."

"모두 그런 식으로 살아, 헉."

"톰, 그래도 상관없어. 난 모든 사람이 아니야. 난 그걸 못 견디겠어. 그렇게 묶이는 것은 정말로 끔찍해. 음식이 너무 쉽게 나와 — 난 그런 식의 음식에는 관심이 없어. 낚시도 허락받고 가야 되고, 허락받지 않으면 아무것도 할 수 없어. 말도 아주 점잖게 해야 하니 아무 재미가 없어. 난 입을 즐겁게 하려고 매일 다락방에 가서 욕을 해. 그렇지 않으면 난 죽을 거야, 톰. 부인은 내게 담배를 피워도 안 되고, 소리를 질러도 안 되고, 사람들 앞에서 입을 크게 벌리고 하품을 해서도 안 되고, 기지개도 안 되고, 긁어서도 안 된다고 해……. 그리고 항상 기도를 하지! 난 그런 여자를 본 적이 없어! 난 엉망으로 해야만 했어, 톰. 난 단지 그래야만 했어. 게다가 학교는 곧 시작되려고 하지, 난 학교에도 가야만 할 텐데 난 그것을 견뎌낼 수가 없어, 톰. 이것 봐, 톰. 부자가 되는 것은 듣던 대로가 아니야. 그건 걱정, 또 걱정, 그리고 땀, 또 땀이고 항상 죽었으면 하고 바라게 되지. 지금 이 옷들이 나에게 맞지, 이 통이 어울리지, 난 더 이상 그것에 흔들리지 않을 거야. 톰, 그 돈이 없었더라면 그런 고통 속에 들어가지 않았을 거야. 이제 내 몫을 네가 다 가져. 그리고 가끔씩, 아주 가끔 10센트짜리 하나만 줘. 그리고 네가 부인에게 가서 내 대신 핑계를 대고 거절해 줘."

헉에게는 돈도 필요 없습니다. 돈이란 도리어 사람을 고통스럽게 만드는 것이므로 톰에게 가지라고 합니다. 헉의 이와 같은 특성을 상징하는 것이 바로 뗏목입니다. 사회적인 규율이나 간섭하는 사람 하나 없이 이리저리 떠다니는 뗏목이 바로 자유롭게 다니려는 헉을 상징합니다.

> We said there was no home like a raft, after all. Other places do seem so cramped up and smothery, but a raft doesn't. You feel mighty free and easy and comfortable on a raft. (Chapter 18)

- **cramped** not having room to move freely
- **smothery** killing somebody by covering their face so that they cannot breathe

해석

우리는 뭐라고 해도 뗏목보다 더 좋은 집은 없다고 말했다. 다른 곳은 그야말로 갑갑하고 숨이 막힐 것 같았지만 뗏목은 그렇지 않았다. 뗏목 위에 있으면 자유롭고, 편안하고 안락함을 느꼈다.

헉은 학교를 싫어하고, 담배를 피우고, 규율에 맞춰 살아가기를 싫어하는 문제아로서 전형적인 피카레스크 소설의 주인공이지만 우리가 완전히 혐오하거나 미워하게 되는 나쁜 아이는 아닙니다. 헉은 마음이 따뜻한 아이입니다. 장난을 좋아하지만 그 장난으로 인해 상대방이 정말로 가슴 아파하면 매우 미안함을 느끼고 자신의 행동에 대해 죄책감을 느낍니다. 폭풍우로 짐과 헤어지게 되었다가 돌아온 헉이 짐에게 모든 일이 꿈이라고 말한 적이 있습니다. 처음에는 헉의 말을 믿었던 짐이 주변의 쓰레기들을 보고 헉이 자신에게 거짓말을 한 사실을 알게 됩니다. 짐이 헉에게 '친구의 마음을 아프게 하는 것이 쓰레기'라고 말을 하면서 화를 내었을 때 헉은 그의 발을 씻겨 주고 싶을 정도로 미안해하고 다시는 짐에게 이런 장난을 치지 않겠다고 맹세했습니다. 또 톰과 함께 짐을 구하기 위해 샐리 아줌마에게 갱들이 곧 들이닥칠 것이라는 협박 편지를 보냈을 때에는 아줌마가 밤새 집을 지키다가 잠들자 그 모습을 보고 매우 미안해하며 다시는 이런 짓을 안 하겠다고 맹세합니다.

> But she was on my mind, and Tom was on my mind; so I slept very restless. And twice I went down the rod, away in the night, and slipped around front, and see her sitting there by her candle in the window with her eyes towards the road and the tears in them; and I wished I could do something for her, but I couldn't, only to swear that I wouldn't never do nothing to grieve her any more. And the third time, I waked up at dawn, and slid down, and she was there yet, and her candle was most out, and her old grey head was resting on her hand, and she was asleep. (Chapter 41)

- **restless** without real rest or sleep
- **rod** a long straight piece of wood, metal or glass
- **slip** to slide a short distance accidentally
- **grieve** to feel very sad, especially because somebody has died
- **rest on** to support something by putting it on or against something

해석
　　그러나 아줌마의 일도 마음에 걸리고 톰의 일도 마음에 걸렸다. 그래서 난 편히 잠을 잘 수 없었다. 한밤중에 난 두 번이나 피뢰침을 타고 몰래 현관 쪽으로 갔다. 그리곤 아줌마가 창가에 양초를 켜 놓고 그 옆에 앉아서 눈물이 글썽한 눈으로 길을 바라보고 있는 것을 보았다. 난 아줌마를 위해서 무슨 일을 해 주고 싶었지만, 아무것도 할 수 없었다. 단지 난 아줌마를 더 이상 슬프게 하지 않겠다고 맹세하기만 했다. 세 번째로 새벽녘에 눈을 떴을 때 아래로 미끄러져 내려가 보니 아줌마는 아직 거기에 있었다. 촛불은 거의 꺼졌고 아줌마는 희끗희끗한 머리를 손에 고이고 잠들어 있었다.

사기꾼인 공작(Duke)과 왕(King)이 죽은 피터 윌크스의 형과 동생인 척하면서 메리 제인 양(Miss Mary Jane)을 속여 돈을 훔치고 이들의 집을 팔 때 헉의 마음을 움직인 건 바로 팔려나가는 노예들이었습니다. 부모와 자식들이 다른 곳에 팔려나가면서 우는 모습을 목격한 헉은 마음이 아팠고, 이 때문에 우는 메리 제인 양을 본 순간 모든 일을 바로 잡아야겠다는 결심을 합니다.

> So the next day after the funeral, along about noon time, the girls' joy got the first jolt; a couple of nigger traders come along, and the king sold them the niggers reasonable, for three day drafts, as they called it, and away they went, the two sons up the river to Memphis, and their mother down the river to Orleans. I thought the poor girls and the niggers would break their hearts for grief; they cried around each other, and took on so it most made me down sick to see it. The girls said they hadn't ever dreamed of seeing the family separated or sold away from the town. I can't ever get it out of my memory, the sight of the poor miserable girls and niggers hanging around each other's necks and crying; and I reckon I couldn't stand it all but I would have to bust out and tell on our gang if I hadn't known the sale wasn't no account and the niggers would be back home in a week or two. (Chapter 27)

- **funeral** a ceremony usually a religious one, for burying a dead person
- **jolt** a sudden strong feeling, especially of shock or surprise
- **trader** a person to buy and sell things
- **draft** a written order to a bank to pay money to somebody
- **separate** to make people or things move apart
- **miserable** very unhappy or uncomfortable
- **reckon** to think something or have an opinion about something
- **bust out** to break something
- **tell on** to give information about (them) to someone in authority, especially if they have done something wrong

해석
　　장례식 다음 날 정오쯤. 처녀들의 기쁨은 처음으로 충격을 받았다. 검둥이 상인 두 명이 와서 왕이 이른바 '3일 후 지불'을 받고 검둥이들을 상당한 가격에 팔았다고 말했다. 그래서 노예들이 아들 둘은 강 위쪽 멤피스로, 어머니는 강 아래쪽 뉴올리언스로 팔려갔다. 불쌍한 처녀들과 검둥이들은 슬픔으로 가슴이 터져 버리지 않았을까 하는 생각이 들었다. 이들은 서로를 껴안고 울어댔고 난 이 모습을 차마 볼 수가 없었다. 처녀들은 검둥이 가족이 헤어져서 마을에서 팔려나가는 걸 목격하리라고는 꿈에도 생각하지 못했다고 말했다. 비탄에 젖은 불쌍한 처녀들과 검둥이 둘이 서로의 목을 부둥켜안고 우는 광경을 결코 잊을 수가 없었다. 이 매매가 무효가 되어 일주일이나 이주일 후 검둥이들이 다시 돌아올 것이라는 사실을 몰랐다면 이 광경을 참지 못해 악당들을 일러바치고 말았을 것이다.

검둥이 가족이 뿔뿔이 흩어져 경매로 팔려나가는 것을 본 다음 날 아침 헉은 처녀들의 방을 지나가다가 우연히 울고 있는 메리 제인을 보게 됩니다.

By-and-by it was getting up time; so I come down the ladder and started for downstairs, but as I come to the girls' room, the door was open, and I see Mary Jane sitting by her old hair trunk, which was open, and she'd been packing things in it — getting ready to go to England. But she had stopped now, with a folded gown in her lap, and had her face in her hands, crying. I felt awful bad to see it; of course, anybody would. I went in there and says:

"Miss Mary Jane, you can't bear to see people in trouble, and I can't — most always. Tell me about it."

So she did it. And it was the niggers — I just expected it. She said the beautiful trip to England was most about spoiled for her; she didn't know how she was ever going to be happy there, knowing the mother and the children weren't ever going to see each other no more — and then busted out bitterer than ever, and flung up her hands, and says:

"Oh, dear, dear, to think they aren't ever going to see each other any more!"

"But they will — and inside of two weeks — and I know it!" says I. (Chapter 28)

- **ladder** a piece of equipment for climbing up and down a wall
- **pack** to put clothes, etc, into a bag in preparation for a trip away from home
- **fold** bend something, especially paper of fabric, so that one part lies on top of another part
- **lap** the top part of your legs that forms a flat surface when you are sitting down
- **can't bear** to dislike somebody/something very much
- **spoiled for** very eager for something to happen
- **bitter** feeling angry and unhappy
- **fling** to move yourself or part of your body suddenly and with a lot of force

해석

마침내 일어날 시간이 되었다. 난 사다리를 타고 내려가 아래층으로 갔다. 하지만 처녀들의 방으로 갔을 때 방문은 열려 있었고 메리 제인이 오래된 털 가방 옆에 앉아 있는 것을 보았다. 털 가방은 열려 있었고 메리 제인은 그 안에 짐을 싸고 있는 중이었다. 그녀는 영국으로 떠날 준비를 하고 있었다. 하지만 지금은 무릎에 접은 옷을 올려놓고는 멈추고 있었다. 그녀는 손에 얼굴을 묻고 울고 있었다. 그 모습을 보고 견딜 수 없었다. 물론 누구나 그러했으리라. 난 방 안으로 들어가 말했다.

"메리 제인 양. 사람들이 괴로워하는 것을 볼 수 없는 것이지요. 저도 그래요. 항상 그랬죠. 제게 말씀해 보세요."

그러자 메리 제인은 말해 주었다. 검둥이 때문이었다. 난 그러리라고 짐작했었다. 그녀에게 영국으로 가는 환상적인 여행은 매우 바라던 것이었다. 메리 제인은 어머니와 아이들이 더 이상 서로 만나지 못할 것이라는 걸 알면서 영국에서 행복하게 지낼 수 없다고 말했다. 그리곤 이전보다 더 슬피 울면서 두 손을 올리면서 말했다.

"아. 아. 어쩌면 좋지. 저들이 서로를 더 이상 만나지 못할 것을 생각하면!"

"하지만 저들은 만날 거예요 — 두 주일 안에요 — 전 그것을 알아요!"라고 내가 말했다.

결국 헉은 메리 제인에게 왕과 공작이 어떻게 그녀를 속였는지 설명해 주고 다시 돈을 찾을 계략을 세웁니다. 공작과 왕이 메리 제인을 속여서 상속금과 노예를 판 돈을 관에 숨기고 메리 제인 자매를 다른 곳으로 가도록 설득했다고 말합니다. 피터 윌크스의 진짜 형과 동생이 나타나 모든 일이 잘 해결되었습니다. 결정적인 순간에 헉의 도움으로 착한 메리 제인은 사기당하지 않게 된 것입니다.

자, 이제 피카레스크 소설에 등장하는 '피카로'로서 헉에 대한 논술일기를 써 볼까요? 먼저 헉이 어떤 면에서 피카레스크 소설의 주인공인지 생각해 볼까요? 피카레스크 소설의 주인공을 '부패한 사회에서 자신의 기지로 살아가는 낮은 계층의 건달'(roguish hero of low social class who lives by his or her wits in a corrupt society)이라고 정의하였습니다. 이런 점에서 본다면 헉은 전형적인 피카레스크 소설에 등장하는 인물입니다. 담배를 피우고 학교에 다니기를 싫어하며 사회적 규범을 혐오하는 전형적인 부랑아이자 악한입니다. 하지만 이 소설은 완전히 피카레스크 소설의 분류에 넣기에는 헉에게서 많은 긍정적인 요소들을 찾을 수 있습니다. 무엇보다도 헉은 따뜻한 인간애를 지닌 소년입니다. 또 헉은 돈을 버릴 정도로 이 세상에 물들지 않은 순수한 인물입니다. 이제 이런 도식 하에 논술일기를 한번 써 볼까요? 먼저 본문을 써 볼까요? 우리가 지금까지 읽었던 본문을 중심으로 헉의 부정적인 성격과 긍정적인 성격을 써 보세요.

피카레스크 소설의 주인공으로서 악한의 모습(부정적인 측면)

악한이자 부랑아이지만 긍정적인 측면

여러분들은 위에 간단히 헉의 부정적인 면과 긍정적인 측면을 썼을 것입니다. 아마도 가장 기본적인 측면만을 썼을 것입니다. 이제는 살을 붙이는 작업을 해 봅시다. 간단한 에피소드나 위에서 나온 문장을 예로 덧붙인다면 내용이 보다 풍부한 글이 됩니다. 또 긍정적인 면과 부정적인 면은 분명히 문단 나누기를 해야 합니다. 이제 다시 한번 써 볼까요?

본문은 완성되었으니 이제 서론을 써 봅시다. 서론에서는 어떤 말을 써야 할까요? 먼저 '피카레스크 소설'이 어떤 것인지에 대한 간단한 정의를 쓰고 그리고 다음과 같은 면에서 헉은 이 소설의 주인공에 적합하다고 하면 무난하지 않을까요?

*as follows 다음과 같은 / as following reasons 다음과 같은 이유로

결론에서는 앞에서 한 이야기를 정리해서 간단히 이야기하고 자신의 의견을 덧붙이면 좋습니다. 결론을 쓸 때는 바로 전의 문단에서 제시한 시각이나 이야기를 연결해서 써야 합니다. 바로 앞 문단에서 비록 부랑아 같은 특성이 있지만 마음이 따뜻한 인물이라는 긍정적인 면을 제시했다면 '헉의 이와 같은 긍정적인 측면이 우리가 헉을 미워할 수 없는 요소이다'처럼 계속 긍정적인 시각으로 글을 맺는 게 좋습니다. 이제 결론을 써 볼까요?

이제는 서론, 본론, 결론을 모두 모아 하나의 완결된 일기로 써 보세요. 글이 길어질 경우, 이야기가 나뉘는 부분에서는 꼭 문단 나누기를 해야 하고 문단 처음은 4칸 들여 써야 합니다. 그리고 일기를 다 쓴 후에는 틀린 철자가 없는지, 문장의 맨 처음은 대문자로 썼는지, 구두점을 제대로 찍었는지, 그리고 연결사를 제대로 사용했는지 다시 한 번 점검해 보세요.

이 글을 쓴 친구는 필리핀에 6개월 정도 있다 온 친구입니다. 필리핀에 있었던 경험이 실제로 영어 작문을 향상시키는 데는 많은 도움을 주지 못했습니다. 하지만 본인이 TOEFL 시험을 볼 예정으로 영어 글쓰기를 열심히 하고 있습니다. 이 글은 피카레스크 소설 주인공의 가장 큰 특징인 '자유'를 중심 주제로 삼아 글을 썼습니다. 우리가 앞에서 공부한「주인공의 부정 → 긍정적인 면으로 시작하기」공식으로 서론을 쓰지는 않았지만 '자유'에 대한 문제를 서론부터 제시하며 일관되게 주제를 이끌었다는 점에서 잘된 글입니다. 이 글은 특히 결론 부분이 재미있습니다. 어떤 면에서 재미있는지 여러분이 한번 생각해 보세요.

Friday, June 10

After I read the famous novel, *The Adventures of Huckleberry Finn*, I cannot help envying Huck because his travel on the Mississippi River seems to be full of freedom and happiness. He has real freedom to go wherever he wants, and choose whatever he wants. While I was reading this novel, I thought about, "What gave him real freedom?"

The first one is his free way of life to refuse all the rules and choose what he wants. When he was adopted by Miss Watson, he wanted to escape from her house. She tried to teach him some manners and rules to live well in a society, but Huck who enjoyed the free way of life didn't like to accept them. Rather this situation made him unhappy. So when Huck's father brought and imprisoned him in his house, he rather liked it. And the Mississippi River that had no rules, was the place where he could feel free and happy.

The second one is Huck's earning for living in nature. In a human society, Huck could not take a rest because there were a lot of rules and prejudice. It brought him some danger, sadness and pain while nature, especially the Mississippi River, gave him peace, rest and pleasure. In this novel, Huck traveled with Jim, a black-man. At that time, many people considered a black-man was not a human but a white's property, a slave. But Huck and Jim could be friends while traveling in nature, the Mississippi River. Nature gave chances to see each other without prejudices, so they could see each other with sincere heart.

Nowadays, we are proud of our advanced civilization. Many people say that this advanced civilization gives us more freedom than before. However, I think this gives us more limited freedom. It asks us more rules, laws, and things to do. It also makes us have a lot of prejudice. As a result, we come to lose our innocent sights even though our chances to meet the other people are increasing. If Huck were here, he would tell us like this: "Hey, Why do you live like that? Come out of there and go to the Mississippi River." I hope I can throw out some restrict rules which society gives to us, and see other people without prejudice like Huck traveling on the Mississippi River.

이제 이 글을 읽은 후 여러분의 느낌을 써 볼까요? 이번에는 무엇이 잘되고, 무엇이 부족하다고 생각하는지 한번 써 보세요. 이렇게 쓰는 게 어려우면 그냥 생각나는 대로 쓰세요. 영어로 쓰면 더 좋고요.

사회에 대한 풍자

앞 장에서 피카레스크 소설의 정의에서 '타락한 사회'라는 어휘가 들어갔던 것을 여러분도 기억하실 것입니다. 이 어휘가 설명해 주듯이 피카레스크 소설의 가장 주된 기능 중의 하나가 바로 사회 비판입니다. 작가가 살고 있는 사회의 경제, 제도, 사상, 교육, 종교 등 사회 전반의 문제에 대해 비판적이고 풍자적인 시각을 볼 수 있습니다. 『허클베리 핀의 모험』에서도 마찬가지입니다. 이 소설에서는 마크 트웨인이 살았던 19세기 말, 특히 남북전쟁을 겪은 후의 미국 사회에 대한 많은 풍자가 들어 있습니다.

풍자의 가장 대표적인 대상은 1장에서 공부했던 노예제도입니다. 남부 출신이지만 형을 따라 북부군에 입대한 경험이 있었던 마크 트웨인은 노예제도에 대해 부정적인 시각을 지녔습니다. 그는 노예 역시 감정을 지닌 인간으로 봐야 한다고 생각했습니다.

풍자의 또 다른 대상은 남북전쟁입니다. 미국의 남북전쟁은 그야말로 동족상잔의 비극입니다. 여러 가지 이유가 있지만 전쟁을 일으킨 대표적인 대의명분은 노예제도입니다. 하지만 마크 트웨인의 눈에는 2장에서 우리가 공부했듯이 그것도 역시 공허한 대의명분일 뿐입니다.

또한 남북전쟁이 끝난 후 국가 재건 과정에서 생겨난 많은 일들도 풍자의 대상입니다. 특히 그는 남부 재건 당시 문제가 되었던 '낭인들(carpetbaggers)'을 매우 비판했습니다. '낭인들'은 대부분 북부군의 퇴역 군인들로 서부보다 남부를 더 유망한 개척지로 여기고 전쟁이 끝나자 농장주, 사업가 혹은 전문직업인의 희망을 품고 남부에 정착하였습니다. 이들이 남부로 이동할 때 갖고 온 값싼 여행가방 명칭을 따서 이들을 '낭인들'이라고 불렀습니다. 이 '낭인들'은 돈에 눈이 어두운 사람들이었습니다. 돈이 되는 것이면 어떤 수단이나 방법도 가리지 않고 많은 남부인들에게 사기를 치고 돈을 벌고자 하였습니다. 『허클베리 핀의 모험』에 등장하는 왕(king)과 공작(duke)이 바로 이런 '낭인들'을 상징하는 인물들입니다. 1876년 초판에서 등장하는 왕과 공작의 삽화에서 볼 수 있는 커다란 가방은 바로 이들의 이와 같은 특성을 잘 보여 줍니다.

『허클베리 핀의 모험』에서 우연히 헉의 뗏목에 탄 이들은 자신들을 스스로 왕과 공작이라고 부르면서 헉과 짐의 대접을 받기를 원합니다. 이들은 연극 공연, 순회 목사 등 돈이 되는 일은 모두 하는 사기꾼들입니다. 마을 사람들에게 서커스를 한다고 선전을 해 표를 팔고는 엉터리 서커스를 짧게 보여 주거나, 셰익스피어의 로미오와 줄리엣을 공연한다고 하고는 엉터리로 연극을 하면서 돈을 법니다. 이들은 우연히 비교적 재산이 부유한 피터 윌크스의 사망 소식을 듣고 그 상속 재산을 윌크스의 딸들에게서 빼앗기 위해 윌크스의 가짜 형제 노릇을 합니다. 마치 자신들이 진짜 형제나 되는 듯이 통곡하면서 연기하는 이들의 행동을 보고 헉은 이들이 진짜로 나쁜 사람들이라고 생각합니다.

"Can any of you gentlemen tell me where Mr. Peter Wilks lives?" They gave a glance at one another, and nodded their heads, as much as to say, "What did I tell you?" Then one of them says, kind of soft and gentle:

"I'm sorry, sir, but the best we can do is to tell you where he did live yesterday evening."

Suddenly as winking, the ornery old creature went all to smash, and fell up against the man, and put his chin on his shoulder, and cried down his back, and says:

"Alas, alas! our poor brother—gone, and we never got to see him; oh, it's too, too hard!"

Then he turned around, blubbering, and made a lot of idiotic signs to the duke on his hands, and blamed if he dropped a carpet-bag and bust out crying. They were the most beaten lot, them two frauds, that ever I stuck.

Well, the men gathered around, and sympathized with them, and said all sorts of kind things to them, and carried their carpet-bags up the hill for them, and let them lean on them and cry, and told the king all about his brother's last moments, and the king he told it all over again on his hands to the duke, and both of them took on about that dead tanner like they'd lost the twelve disciples. Well, if ever I struck anything like it, I'm a nigger. It was enough to make a body ashamed of the human race.

- **glance** to look quickly at something/somebody
- **nod** to move one's head down and up once to greet somebody or to give them a sign to do something
- **wink** to close one eye and open it again quickly, especially as a private signal to somebody, or to show something is a joke as(like) winking: very quickly
- **blubber** to cry noisily
- **idiotic** very stupidly
- **beaten** in bad condition
- **fraud** a person who pretends to have qualities, abilities, etc. that they do not really have in order to deceive other people
- **tanner** a person whose job is to tan animal skins to make leather
- **disciple** a person who believes in and follows the teachings of a religious or political leader

해석

"여러분들 중 어느 분이 피터 윌크스 씨가 살고 계시는 데를 가르쳐 주시지 않겠습니까?" 그러자 사람들은 서로를 쳐다보면서 "뭐라고 말했지?"라고 하는 것처럼 머리를 끄덕였다. 그리곤 그들 중 한 사람이 부드럽고 친절하게 말했다.

"죄송합니다만 우리가 할 수 있는 최선이란 그분이 어제 저녁에 살아 계셨던 곳을 말씀드리는 것입니다."

갑자기 순식간에 그 야비한 늙은이는 넋을 잃고는 그 사나이에게 쓰러져 그의 어깨에 얼굴을 얹고는 등에 대고 말했다.

"아이고, 아이고, 불쌍한 내 동생 — 세상을 떠나다니, 결코 다시 만나지도 못하는구나. 아아, 이건 너무, 너무 가혹하구나!"

이렇게 말하곤 그는 엉엉 울면서 몸을 돌려 두 손으로 공작에게 바보 짓거리를 한참 했다. 그리곤 여행 가방을 떨어뜨리곤 울음을 터뜨렸다. 정말 이 두 사람처럼 그렇게 지독한 사기꾼을 본 적이 없었다.

그러자 사람들이 그들 주변에 모여들어 그들에게 동정을 표하고 여러 가지의 친절한 말을 그에게 해 주었다. 그들의 여행 가방을 언덕까지 날라 주었고 그들에게 기대어 울도록 그냥 놔두었다. 그리곤 왕에게 동생의 임종 이야기를 자세히 들려 주었고 왕은 공작에게 다시 한 번 손짓으로 이야기해 주었다. 두 사람은 마치 열두 제자를 잃은 무두질장이 같았다. 전에도 이런 꼴을 본 적이 있다면 난 검둥이다. 인간의 탈을 쓰고 있다는 걸 정말로 부끄러워할 일이다.

돈을 위해 무엇이든지 하는 이들의 모습은 짐을 팔 때 잘 나타납니다. 이들 연극이 가짜라는 소문을 듣고 마을 사람들이 복수를 하려고 손에 야채 및 오물을 들고 이들을 기다립니다. 이런 기미를 알아챈 왕과 공작은 도망가고 연극 이외에 다른 것을 하면서 돈을 벌려고 하지만 마음대로 되지 않습니다. 그러자 그들은 짐을 팔 계획을 세웁니다. 왓츤 아줌마는 원래 짐에게 현상금을 붙이지 않았습니다. 공작과 왕이 밤에만 뗏목을 운행하는 짐과 헉이 낮에도 운행할 수 있도록 현상금 수배 사진을 만든 것입니다. 현상금이 걸린 노예를 잡아 데리고 간다는 명분이라면 낮에도 짐이 뗏목을 타고 다니는 게 하나도 이상하지 않기 때문입니다. 이런 짐을 왕과 공작은 현상금 받을 권리라는 이름으로 40불에 팝니다. 그리고 왕은 혼자 이 돈으로 모두 술을 마십니다. 또 이 때문에 서로 싸우는 공작과 왕의 모습을 본 헉은 이들에게 정말로 환멸을 느낍니다.

> I went to the raft, and sat down in the wigwam to think. But I couldn't come to nothing. I thought till I wore my head sore, but I couldn't see any way out of the trouble. After all this long journey, and after all we'd done for them scoundrels, here was it all came to nothing, everything all busted up and ruined, because they could have the heart to serve Jim such a trick as that, and make him a slave again all his life, and amongst strangers, too, for forty dirty dollars. (Chapter 31)

- **wigwam** a type of tent, shaped like a dome or cone used by Native Americans in the past
- **sore** upset and angry especially because you have been treated unfairly
- **scoundrel** a man who treats other people badly, especially by being dishonest or immoral
- **bust up** to break something

해석

나는 뗏목으로 가서 오두막집에 앉아 생각을 했다. 하지만 난 아무것도 생각할 수 없었다. 나는 머리에 쥐가 나도록 생각했지만 이 문제를 해결할 방법을 찾을 수 없었다. 이 오랜 여행 끝에, 또 그 악한들을 그렇게 섬겼는데 모든 것이 허사로 돌아갔고 엉망이 되었다. 그놈들이 인정머리 없이 그 더러운 40달러 때문에 짐을 그렇게 속여 또다시 일생을 낯선 사람들 사이에서 노예가 되도록 만들었기 때문이다.

그렇게 도와주었는데 짐까지 팔아버릴 정도로 형편없는 사람이라는 사실을 깨닫게 된 헉은 이들과는 다시는 만나지 않을 것이라는 결론을 내립니다.

I didn't want to trouble with their kind. I'd seen all I wanted to of them, and wanted to get entirely shut of them. (Chapter 31)

shut not open

해석

난 이런 놈들과 귀찮은 일을 만들기 싫었다. 난 그놈들에 대해서는 알고 싶은 모든 것을 알고 있고 정말 그놈들과 완전히 손을 끊고 싶었다.

자, 이제 『허클베리 핀의 모험』에 나타난 사회 풍자적인 면에 대해서 써 볼까요? 여러 가지가 있겠지만 앞에서 우리가 공부한 점들을 중심으로 써 봅시다. 전쟁의 발단이 된 노예제도, 그러나 같은 민족을 무차별하게 죽일 정도의 그렇게 큰 대의명분이 아닌 노예제도, 그리고 전쟁 후 피폐화된 남부를 돕겠다는 명분하에 사기를 치는 낭인들, 이 세 가지를 중심으로 하면 좋은 글이 될 것입니다. 아래에 먼저 본문을 써 볼까요?

이제 서론을 붙여 볼까요? 서론은 이 소설을 읽고 사회 풍자적인 측면에 관심을 가지게 되었다는 일반적인 이야기를 쓰는 게 좋겠죠? 다음의 네모 안에 서론을 써 보세요.

결론은 간단하게 본론에서 한 이야기를 정리하고 자신의 생각을 덧붙이면 됩니다.

이제는 완결된 논술일기로 써 볼까요? 문장과 문장을 자연스럽게 연결하는 연결사를 적절하게 사용하는 것 잊지 마세요.

이제 여러분의 친구가 어떻게 썼는지 볼까요? 다음은 국내에서 1년 동안 영어만을 아주 열심히 공부한 학생의 글입니다. 가능하면 외국인과도 접촉을 많이 하고요. 이 글은 책에서 비평한 것들을 구체적으로 기록했고 또 소설의 시대를 현대 시대와 연결해서 결론 부분에서 다루고 있는 흐름이 무척 좋은 글입니다. 읽고나서 여러분의 느낌을 적어 보세요.

Monday, June 23

When I was an elementary school student, I read this novel, *The Adventures of Huckleberry Finn*, for the first time. Last month I read this novel one more time. Amazingly I found "There are many meaningful things in it," and I want to write about those. Huck, the main character in this novel, was not only a poor guy but also a low level person in the society. He started to travel along the Mississippi River and he experienced several events during this journey. I can find some social issues in this little boy's sights. I want to share these problems and to find the meaning of this novel.

First of all, I can find crazy men who just wanted to gain money. There were two guys, a self-styled king and a duke. I couldn't know where they were from and who they were, reading this novel because they always told lies to people. An old man said, "The religion is business. I can gain much money through this business." They only believed money and leaned on nothing except it. Jim was a black slave, and helped them, a self-styled king and a duke, eagerly but they sold Jim in cheap price in order to drink. I couldn't find humanity from them. They even evaluated men by money. These days, people do everything to gain money without having a guilty conscience like these two dirty guys in this novel. Mark Twain, the writer of this novel, prosecuted hypocrisy and money-centered mind. He also showed us "How much we become a dirty and sneaking man through money." These days many guys make a compromise with money and their conscience is fading away their own colors.

Second, I can find a senseless and meaningless war between two old clans. When they met each other, they tried to kill eagerly except staying in church. In church they sat face to face and listened to a pastor's speech about the faith, trust, fraternal love, large-heartedness and so forth, but they didn't practice them. They really didn't know when they started to fight, why they fought each other, and which side started to shoot the gun toward the other side. They just killed together with their own best. How meaningless this war was!

Third, Huck and Jim, a black slave, traveled along the Mississippi River and indeed they had a hope: "We can be freed from distorted social systems." Especially, this journey was the way entering into freedom for Jim. Mark Twain tried to describe "Harmony of the White and Black race": what people never thought about at that time. The southern part of America agreed on the slavery. The more the white race treated the black unkindly, violently, and inhumanly as if they were animals, the more the White also became like beasts. Beyond social systems, custom and cognition, Jim was actually freed. He met a new world after getting over the difference of skin color.

To sum up, through this novel, *The Adventures of Huckleberry Finn*, the writer criticized money-centered minds, wrong social morality and twisted ethics; also he pursued real freedom, equality and love, and these things became high ideals of democracy in the USA. I can find many things in Huck's sights and I think we have to realize rightful and proper mind through it as a prophet in this twisted generation. The more we think about the instructive things given us by this novel, the more we can find the right self-consciousness needed in this world.

아래에 여러분의 느낌을 적어 보세요. 영어로 할 수 있으면 영어로 써 보는 것도 좋은 생각이네요.

인간성에 대한 풍자

모든 고전이 다루고 있는 가장 기본적인 주제는 바로 인간입니다. 악한 사람, 선한 사람, 따뜻한 사람, 불쌍한 사람, 부자, 가난한 사람 등 궁극적으로 볼 때 모든 소설의 주제는 시대와 장소에 상관없이 인간이고, 『허클베리 핀의 모험』 역시 마찬가지입니다. 노예제도, 무의미한 전쟁, 전쟁을 복구하는 주체에 대한 비판 등 사회에 대한 비판 및 풍자가 이 소설을 이루고 있지만 이에 못지않게 인간의 특성 및 인간에 대한 비판과 그런 부족한 인간이라도 결국은 이들을 포용하고 사랑해야 한다는 따뜻한 시각이 이 소설에서 드러납니다.

먼저 이 소설은 인간의 군중심리에 대해 강하게 비판하고 있습니다. 이 소설의 21장에서는 보그스에 대한 이야기가 나옵니다. 보그스는 사람은 좋지만 술만 취하면 매우 험하게 행동합니다. 셔번에게 욕을 하고 항상 결투를 하자고 소리칩니다. 셔번은 항상 이 주정을 받아 주었지만 결국에는 진짜로 총으로 보그스를 죽입니다. 그러자 사람들은 보그스를 죽인 셔번을 사형에 처해야 한다고 무리지어 그의 집으로 가 난동을 부립니다. 그러나 셔번이 총으로 이들을 위협하자 이들은 언제 그랬냐는 듯이 도망을 갑니다.

"You didn't want to come. The average man doesn't like trouble and danger. You don't like trouble and danger. But if only half a man — like Buck Harkness, there — shouts 'Lynch him, lynch him!' you're afraid to back down — afraid you'll be found out to be what you are — cowards — and so you raise a yell, and hang yourselves on to that half-a-man's coat-tail and come raging up here, swearing what big things you're going to do. The most pitiful thing is a mob; that's what an army is — a mob; they don't fight with courage that's born in them but with courage that's borrowed from their mass, and from their officers. But a mob without any man at the head of it, is beneath pitifulness. Now the thing for you to do, is to droop your tails and go home and crawl in a hole. If any real lynching's going to be done, it will be done in the dark, Southern fashion; and when they come they'll bring their masks, and fetch a man along. Now leave and take your half-a-man with you." —

tossing his gun up across his left arm and cocking it, when he says this. The crowd washed back suddenly, and then broke all apart and went tearing off every which way, and Buck Harkness, he heeled it after them, looking tolerable cheap. I could have stayed, if I'd want to, but I didn't want to. (Chapter 22)

- **lynch** if a crowd of people consider somebody guilty of a crime, they kill that person by hanging him, without letting him have a trail
- **coward** a person who is not brave or who does not have the courage to do things that other people do not think are especially difficult
- **rage up** to show that you are very angry about something or somebody, especially by shouting
- **mob** a large crowd of people, especially one that may become violent or cause trouble
- **droop** to bend, hang or move downwards, especially because of being weak or tired
- **crawl** to move forward on your hands and knees, with your body close to the ground
- **fetch** to go to where somebody/something is and bring them/it back
- **cock** to raise the hammer on a gun so that it is ready to fire

해석

 "너희들은 여기에 오고 싶지 않았을 거야. 평범한 인간은 귀찮은 일과 위험한 일을 하기를 원하지 않아. 너희들도 그런 것을 싫어하지만 저기 벅 하니스 같은 인간이 '놈을 사형에 처하라, 놈을 사형에 처하라!'라고 외치면 너희들은 뒤로 물러나기를 두려워해 – 너희들의 본색이 겁쟁이라는 것이 탄로 날까 봐 두려워하지 – 그래서 너희들은 소리를 지르고, 그 절반짜리 사나이 윗저고리 꼬리에 매달려 대단히 큰 일을 했다고 큰 소리를 치는 대단한 기세로 여기로 몰려오지. 가장 불쌍한 건 떼 지어 다니는 무리들이야. 군대가 바로 그렇지 – 떼 지어 다니는 무리. 그들은 타고난 용기로 싸우는 것이 아니라 그들의 집단과 상사한테서 빌려온 용기로 싸워. 하지만 선두에 사나이가 없는 무리는 불쌍하기 이를 데가 없어. 이제 너희들이 할 일은 꼬리를 낮추고 집으로 돌아가 쥐구멍 속으로 기어 들어가는 거야. 진짜 사형을 할 작정이라면 남부의 방식으로 어둠 속에서 해. 올 때는 반드시 복면을 가지고 올 것, 사나이다운 사나이를 데려올 것. 이제 가라. 너희들 그 반쪽짜리 작자도 데리고 가라." – 이렇게 말하면서 셔번은 왼쪽 팔 위에 총을 겨누고는 공이치기를 집아당겼다.
 그러자 군중들은 갑자기 뒤로 물러서 사방으로 뿔뿔이 흩어져 버렸고 벅 하니스도 꽤나 비겁한 꼴로 슬금슬금 그 뒤를 따라 도망쳤다. 나는 그대로 있고 싶다면 그대로 있을 수 있었지만 그럴 생각이 들지 않았다.

마크 트웨인에게 있어 군대 역시 떼 지어 다니는 무리일 뿐입니다. 진실한 용기를 갖고 싸우는 것이 아니라 대중심리와 상사의 지휘하에 생각 없이 싸우는 무리입니다. 또한 인간은 상황에 따라 잔인해질 수 있습니다. 왕이나 공작처럼 천성적으로 사악한 사람들은 물론 자신의 이익을 위해 항상 잔인해질 수 있지만 이 사악한 사람을 응징하는 무리 역시 또한 잔인해질 수 있습니다. 연극을 한다고 마을 사람들을 속여 돈을 벌려고 했던 왕과 공작은 짐의 폭로로 마을 사람들에게 사로잡힙니다. 왕과 공작이 온몸에 타르를 바르고 깃털로 덮혀 가로장 위에 올려 앉혀진 것을 본 헉은 '인간들은 다른 인간에게 정말로 잔인해질 수 있다.'는 사실을 깨닫게 됩니다.

... it was as much as half-after eight, then — here comes a raging rush of people, with torches, and an awful whooping and yelling, and banging tin pans and blowing horns; and we jumped to one side to let them go by; and as they went by, I see they had the king and the duke astraddle of a rail — that is, I knew it was the king and the duke, though they were all over tar and feathers, and looked like a couple of monstrous big soldier-plums. Well, it made me sick to see it; and I was sorry for them poor pitiful rascals, it seemed like I couldn't ever fell any hardness against them any more in the world. It was a dreadful thing to see. Human beings can be awful cruel to one another.

We see we were too late — couldn't do no good. We asked some stragglers about it, and they said everybody went to the show looking very innocent; and laid low and kept dark till the poor old king was in the middle of his cavortings on the stage; then somebody give a signal, and the house rose up and went for them.

So we poked along back home, and I wasn't feeling so brash I was before, but kind of ornery, and humble, and to blame, somehow — though I hadn't done nothing. But that's always the way; it doesn't make no difference whether you do right or wrong, a person's conscience hasn't got no sense, and just goes for him anyway. If I had a yellow dog that didn't know no more than a person's conscience does, I would poison him. It takes up more room than all the rest of a person's insides, and yet isn't no good, now. Tom Sawyer he says the same.

(Chapter 33)

- **torch** a small electric lamp that uses batteries and that you can hold in your hand
- **whoop** to shout loudly because you are happy or excited
- **bang** to hit something in a way that makes a loud noise
- **astraddle** sitting with one of your legs on either side of something/somebody
- **rail** to complain about something/somebody in a very angry way
- **straggler** a person or an animal that is among the last or the slowest in a group to do something
- **cavorting** jumping or moving around in a noisy, excited and often sexual way
- **poke** to push something somewhere or move it in a particular direction with a small quick movement
- **brash** confident in an aggressive way
- **get sense** get knowledge of what is sensible or practical behaviour

해석

그 때는 거의 여덟 시 반경이 되었다. 저쪽에서 횃불을 든 사람들이 고래고래 소리 지르고 외치면서 또 양철 냄비를 두드리고 호각을 불면서 돌진해 왔다. 우리는 한쪽으로 비켜 그 행렬이 지나가도록 했다. 그들이 지나갈 때 난 마을 사람들이 왕과 공작을 가로장 위에 올려 태우고 지나가는 것을 보았다. 난 비록 온몸에 타르가 칠해지고 깃털로 덮여 있어 도대체 사람으로 보이지 않지만 그들이 왕과 공작이라는 것을 알아보았다. – 정말로 한 쌍의 커다란 군인 모자의 깃털 같았다. 정말로 그 모습을 보는 건 메스꺼웠다. 이 가엾은 악당들이 불쌍하게 생각되었다. 아무리 해도 이 두 사람을 더 이상 미워할 것 같지 않다는 생각이 들었다. 그것을 보는 것은 끔찍했다. 인간이란 다른 인간에게 이렇게 잔인해질 수가 있다.

우리들이 너무 늦게 도착해서 어떻게 할 도리가 없다는 걸 알았다. 우리는 뒤처진 사람들에게 무슨 일이 있냐고 물었더니 모두들 순진한 얼굴로 연극에 갔다고 답했다. 그 불쌍한 늙은 왕이 무대 위에서 나와 이리저리 날뛸 때까지 모두들 조용하게 앉아 있다가 누군가가 신호를 보내자 구경꾼들은 일어나 두 사람에게 몰려갔다는 것이다.

우리들은 어슬렁거리며 집으로 돌아왔다. 나는 지금까지의 건방진 생각이 없어지고, 오히려 천박하고 비열하며, 어느 정도는 내 책임이라고 느껴졌다. – 비록 난 아무 것도 하지는 않았지만. 하지만 늘 이런 식이었다. 옳은 일을 하든 그른 일을 하든 매한가지였다. 인간의 양심이란 판별력이 전혀 없고 인간을 따라갈 뿐이다. 만일 인간의 양심이 아는 것만큼 알지 못하는 똥개가 있다면 난 그놈을 잡아 독살할 것이다. 양심이란 인간의 어떤 내장보다 많은 자리를 차지하면서 아무 소용에 닿지 않는다. 톰 소여도 그렇게 말했다.

인간의 양심이 올바른 판단을 제대로 하지 못하고 도리어 인간에게 휘둘리는 상황에 대해 헉은 비판합니다. 또한 인간의 잔인성에 대해 혀를 내두르지만 이 때문에 인간을 완전히 혐오하는 것은 아닙니다. 남의 뗏목을 타고는 주인인 짐과 헉을 시종처럼 부리고, 온갖 사기를 치고 결국에는 짐을 단돈 40불에 팔아넘겼던 왕과 귀족 같은 악당들도 마을 사람들에게 집단 박해를 당하는 모습을 본 헉은 이들이 불쌍하다고 생각합니다. 헉은 그들을 도와주기에 시간이 너무 늦은 것을 안타까워하고 심지어 자신이 책임감을 느끼기도 합니다. 이처럼 헉은 사악한 행동에 대해서는 몸서리를 치지만 인간 자체에 대한 연민과 사랑은 그 누구보다도 깊습니다. 바로 이 점이 사회에 적응 못하는 부랑아로 그려진 헉을 미워할 수 없고 도리어 사랑하게 만드는 요소입니다.

헉은 꿈을 가진 소년입니다. 비록 남북전쟁으로 인해 사회가 피폐화되고 돈만 추구하는 사람들로 가득 차있지만 메리 제인, 왓츤 아줌마, 짐처럼 따뜻한 마음을 지닌 인간이 여전히 이 사회에 존재함을 믿고 있는 소년이고 또 따뜻하고 이상적인 사회를 찾아 뗏목을 타고 여행하는 소년입니다. 이 점에서 헉은 문학적인 용어로 '미국의 아담(American Adam)'이라고 불립니다. 그러면 '미국의 아담'에 대해 잠시 알아볼까요?

청교도 인들이 종교의 자유를 찾아 1620년에 메이플라워(Mayflower)호를 타고 아메리카로 이주해 올 때 이들은 종교를 자유롭게 믿을 수 있다는 꿈이 있었습니다. 또 미국의 개척 시절에는 무한히 넓은 땅을 개척하면 자신의 소유가 된다는 꿈도 있었습니다. 금광을 찾아 많은 이들이 서부로 이주했던 서부 개척 시절에도 사람들이 부자가 될 것이라는 희망을 지녔습니다. 이렇게 자신도 노력하면 잘 살 수 있다는 꿈을 사람들은 '미국의 꿈(American Dream)'이라고 불렀습니다. 그러나 이렇게 순수하던 초기 '미국의 꿈'은 사회가 발전함에 따라 변화되었습니다. 물질만 추구하는 물질지상주의가 된 것입니다. 이런 풍조에 반대해 순수한 꿈을 찾아 나서는 이들의 모습이 소설에서 등장하기 시작했는데 이들을 '미국의 아담(American Adam)'이라고 불렀습니다. 아담은 하나님이 창조하신 최초의 인간으로 '초기의 미국의 꿈을 찾는 자'라는 의미가 있습니다. 여러분이 알고 있는 『호밀밭의 파수꾼』의 홀덴도 바로 이런 종류의 인물에 속합니다.

✿ 자, 이제 이런 관점에서 논술일기를 써 볼까요? 위의 글을 읽고 생각나는 단어나 느낌을 써 보세요.

이제 적어 본 단어들을 종류별로 구분해 볼까요? 중심 단어는 큰 동그라미에 쓰고, 여기서 파생된 생각들은 작은 동그라미로 연결해 보세요.

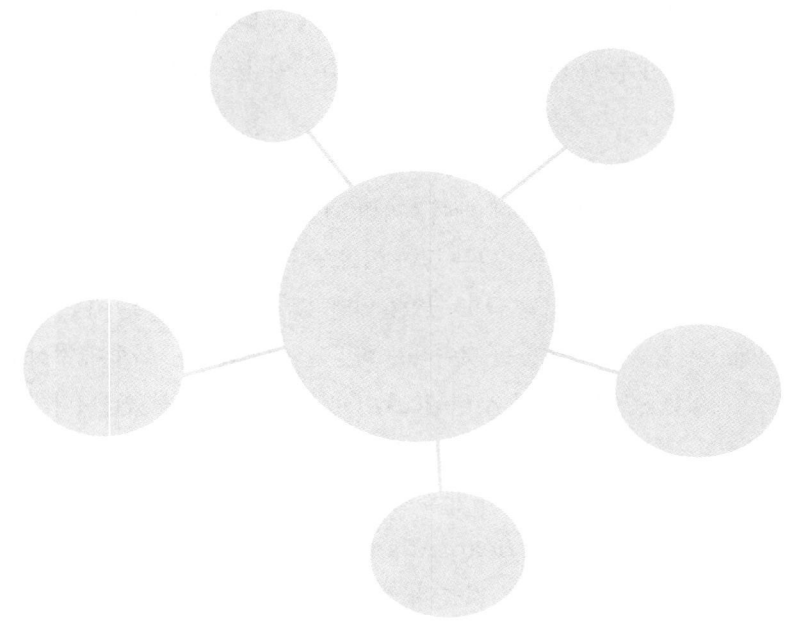

이제 서론, 본론, 결론으로 어떤 내용을 쓰겠다고 간단히 정리해 보세요.

서론 -

본론 -

결론 -

이제는 완결된 이야기로 써 보세요. 문단 나누기와 철자를 틀리지 않도록 주의하세요.

자, 이제 여러분의 친구가 어떻게 썼는지 한 번 볼까요?

Friday, June 27

Through *The Adventures of Huckleberry Finn*, Mark Twain shows his comprehension of a human, especially from the points of 'human relationship'. It was very interesting and gave me something to think about.

Generally human beings live in groups. They form a social structure, making lots of relationships. What is important in making a relationship is how to gain profits from the other people. For example, there are many struggles and strikes against the government, the other party, and the chief of a firm because each group always thinks they are right. Sometimes they do extreme actions for their goals and this causes moral problems such as feuding, separating groups and giving insults.

One of traits which expresses the extreme relationship of people in the society is 'Mob Psychology'. Mob psychology affects all groups in the society. People who belong to a certain group should follow the direction of a chief and mob psychology because they fear the estrangement in their group. Sometimes people might become a swindler or a murderer depending on peculiar situations. They might lose their self-identities in the end. They might just follow other people and current of time without any judgement.

Sometimes mob psychology makes people not listen to their inner voice. We have learned that we should follow their conscience no matter what happens. But when the extreme case such as Sherburn's killing happens, people would follow mob psychology easily. Huck's speech, "It(person's conscience) takes up more room than all the rest of person's insides, and yet isn't no good, now." shows this very well.

There are lots of various people in our society. No one can live without other people. Accordingly a human relationship based on the right conscience is very important in order to make a good society. We should make efforts to make this kind of relationship no matter how it is difficult.

이 친구 역시 외국에 갔다온 경험이 없습니다. 하지만 본인이 영어를 좋아하고 열심히 공부해서 이처럼 논리적인 글을 썼습니다. 위의 글은 '군중심리(Mob Psychology)'를 중심으로 한 '인간관계'에 대한 글이었습니다.

이제 여러분이 위 글을 읽고 느낀 소감을 적어 보세요. 할 수 있다면 영어로 한번 도전해 보세요.

종교에 대한 풍자

이번에는 종교 즉, 기독교에 대한 풍자에 대해 살펴보겠습니다. 혹시 지금 교회를 다니고 있는 독자가 있다면 마크 트웨인이 종교의 어떤 부분을 풍자하는지 쉽게 찾을 수 있을 것입니다. 하지만 기독교에 관심이 없는 독자라면 이 부분을 이해하는 데 약간의 어려움이 따를 수 있습니다. 가능하다면 기독교, 특히 개신교의 교리와 추구하는 목적에 대해 한번 인터넷에서 찾아보세요. 이 장을 공부하는 데 도움이 될 것입니다. 그래도 이해하기가 힘들다면 굳이 이 장을 풀지 않아도 됩니다.

다음의 지문은 마크 트웨인이 기독교의 교리나 역할, 기독교인의 변질된 모습을 풍자하는 부분입니다. 다음의 지문을 읽고 기독교나 기독교인의 어떤 면을 풍자했는지 한번 생각해 보세요.

I sit down, one time, back in the woods, and had a long think about it. I says to myself, if a body can get anything they pray for, why doesn't Deacon Winn get back the money he lost on pork? Why can't the widow get back her silver snuff-box that was stolen? Why can't Miss Watson fat up? No, says I to myself, **there isn't nothing in it**. I went and told the widow about it, and she said the thing a body could get by praying for it was '**spiritual gifts**'. This was too many for me, but she told me what she meant — I must help other people, and do everything I could for other people, and look out for them all the time, and never think about myself. This was including Miss Watson, as I took it. I went out in the woods and turned it over in my mind a long time, but **I couldn't see any advantage about it — except for the other people** — so at last I reckoned I wouldn't worry about it any more, but just let it go. (Chapter 3)

- **deacon** a religious leader just below the rank of a priest
- **snuff-box** a small, usually decorated box for holding snuff
- **spiritual** connected with the human spirit, rather than the body or physical things
- **gift** a thing that you give to somebody, especially on a special occasion or to say thank you
- **look out for** give attention to

- **turn over** think deeply about
- **reckon** to think something or have an opinion about something

해석

    언젠가 나는 숲 속 깊은 곳으로 가서 그 문제에 대해 생각해 보았다. 난 혼잣말로 물어보았다. 만약 기도로 원하는 것을 얻을 수 있다면 왜 윈 장로는 돼지고기 때문에 잃어버린 돈을 찾지 못하는가? 왜 과부댁은 도둑맞은 은제 코담배 갑을 찾을 수 없는 것일까? 왜 왓츤 아줌마는 살이 찌지 않는 것일까? 아냐, 기도란 것은 아무 쓸모가 없다고 내 자신에게 말했다. 난 과부댁에게 가서 이렇게 말했고 과부댁은 사람이 기도로 얻을 수 있는 것은 '정신적인 선물'이라고 말했다. 이건 내게는 정말로 어려운 말이었다. 과부댁은 그 말이 무슨 뜻인지 내게 이야기해 주었다. – 나는 다른 사람을 도와야 하고, 다른 사람들을 위해서 할 수 있는 모든 일을 하고, 항상 다른 사람들을 보살펴 주어야만 하고, 내 자신에 대해서는 생각하지 말아야 하는 것이었다. 내 생각에 여기에는 왓츤 아줌마도 포함되었다. 난 숲 속으로 가서 오랫동안 이 문제에 대해 생각했다. 하지만 난 다른 사람을 빼고는 어떤 이익도 없다는 생각이 들었다. 마침내 이 문제에 대해 더 이상 걱정하지 말고 되는대로 그냥 놔두기로 했다.

위의 지문은 종교의 어떤 점에 대해 이야기하고 있을까요? 위의 지문에서 진하게 쓴 문장이나 구문을 중심으로 생각해 보고 다음의 네모 안에 써 보세요.

다음의 지문은 공작이 순회목사 노릇을 하면서 사기를 칠 때 설교하는 모습입니다. 물론 사기꾼이지만 공작이 설교하는 내용이나 모습은 그 당시의 순회목사와 무척 유사합니다.

The first shed we came to, the preacher was lining out a hymn. He lined out two lines, everybody sung it, and it was kind of grand to hear it, there was so many of them and they did it in such a rousing way; then he lined out two more for them to sing — and so on. The people woke up more and more, and sung louder and louder and louder; and toward the end some began to groan, and some began to shout. Then the preacher began to preach; and began in earnest, too; and went weaving first to one side of the platform and then the other, and then a-leaning down over the front of it, with his arms and his body going all the time, and shouting his words out with all his might; and every now and then he would hold up his Bible and spread it open, and kind of pass it around this way and that, shouting, "It's the brazen serpent in the wilderness! Look upon it and live!" and people would shout out, "Glory! A-a-men!" And so he went on, and the people were groaning and crying and saying amen:

"Oh, come to the mourners' bench! come, black with sin! (amen!) come, sick and sore!(amen!) come, lame and halt, and blind!(amen!) come, poor and needy, sunk in shame! (a-a-men!) come all that are won, and soiled, and suffering! come with a broken spirit! come with a contrite heart! **come in your tags and sin and dirt! the waters that cleanse is free, the door of heaven stands open — oh, enter in and be at rest!** (a-a-men! glory, glory hallelujah!)"

And so on. You couldn't make out what the preacher said, any more, on account of the shouting and crying. Folks got up, everywheres in the crowd, and worked their way, just by main strength, to the mourners' bench, with the tears running down their faces; and when all the mourners had got up there to the front benches in a crowd, they sung, and shouted, and flung themselves down on the straw, just crazy and wild. (Chapter 20)

- **shed** a small simple building, usually built of wood or metal
- **preacher** a Christian who preaches at a church service or a religious meeting
- **groan** to make a long deep sound because you are annoyed, upset or in pain
- **weave** to move along by running and changing direction continuously
- **with all one's might** with all one's strength, energy, or power
- **every now and then** sometimes
- **wilderness** a large area of land that has never been developed or used for growing crops because it is difficult to live there
- **mourner** a person who shows your regret in the way that you behave
- **halt** lame

- **soil** to make something dirty
- **contrite** very sorry for something bad that you have done
- **make out** understand
- **on account of** because of
- **strength** the number of people in a group, team

해석

　우리가 처음 들어간 막사에서 설교자가 찬송가를 한 줄 한 줄 읽고 있었다. 그가 두 줄을 읽으면 모든 사람이 찬송했고 이를 듣는 건 대단했다. 그곳에는 많은 사람이 있었고 목이 터져라 사람들은 노래했다. 곧바로 그는 사람들이 따라할 수 있도록 다음 두 줄을 읽었다. 사람들은 점점 더 흥분했고 그 소리도 점차 커졌다. 끝날 때가 되자 몇 사람들은 신음소리를 냈고 어떤 사람은 소리쳤다. 그러자 설교자는 설교를 시작했다. 매우 진지하게 시작했다. 처음에는 설교단의 좌우를 왔다 갔다 하고 또 설교단 앞쪽으로 몸을 구부려 내밀고는 팔과 몸을 움직이면서 힘껏 소리치며 설교했다. 가끔 그는 성경을 들어 올리고는 활짝 펴고 이리저리 돌려가면서 "이것은 광야의 뱀이니라! 이것을 보고 살지어다"라고 소리쳤다. 그러면 사람들은 "영광! 아멘"이라고 소리쳤다. 이렇게 그는 계속했고 사람들은 신음소리를 내고 소리치고 아멘을 외쳤다.

　"오, 회개하는 자의 자리로 나오시오! 죄로 더렵혀진 자들이여 나오시오!(아멘!) 병든 자, 다친 자여 나오시오!(아멘!) 다리를 저는 자와 맹인은 나오시오!(아멘!) 가난하고 부족한 자, 치욕의 수렁에 빠진 자 나오시오!(아멘!) 지치고 죄를 짓고 고통 받는 자는 나오시오!(아멘!) – 상처받은 영혼을 가진 자 나오시오! 회개하는 마음을 가진 자 나오시오! 누더기와 죄와 더러운 것을 입은 채 나오시오! 그것을 씻어 버리는 물은 값이 없나니! 천국의 문은 열려 있으니 – 들어와서 휴식을 취하시오!(아멘 영광, 영광 할렐루야!)"

　계속 이런 식이었다. 외침과 큰 소리로 설교자의 말을 더 이상 들을 수 없었다. 군중이 모여 있는 이곳저곳에서 사람들이 일어났고 눈물을 줄줄 흘리면서 많은 사람들이 회개자의 의자로 몰려 나갔다. 회개자들이 군중의 맨 앞의 의자에 몰려 나가자 이들은 노래하고 소리치고 미친 듯이 흥분하여 짚단 위에 몸을 던졌다.

위의 지문을 읽고 어떤 생각을 했나요? 공작이 설교하는 모습을 상상해 보세요. 그리고 주로 무엇을 강조하는지 지문 안의 진한 글자를 중심으로 생각해 보세요. 그리고 여러분의 생각을 써 보세요.

다음은 우리가 2장에서 이미 읽은 오랫동안 서로 싸운 그레인저포드 가문과 세퍼드슨 가문이 일요일마다 교회에 가는 이야기입니다. 이번에는 종교적인 풍자의 관점에서 읽어 보세요.

> Next Sunday we all went to church, about three miles, everybody a-horseback. The men took their guns along, so did Buck, and kept them between their knees or stood them handy against the wall. The Sheperdsons did the same. It was pretty ornery preaching — all about brotherly love, and such-like tiresomeness; but everybody said it was a good sermon, and they all talked it over going home, and had such a powerful lot to say about faith, and good works, and free grace, and pre-ordination, and I don't know what all, that it did seem to me to be one of the roughest Sundays I had run across yet. (Chapter 18)

위에서 말하는 교회의 역할에 대해 한번 생각해 볼까요? 떠오르는 생각을 다음의 지문에 적어 보세요.

이제는 모든 생각을 종합하여 논술일기를 쓸 차례입니다. 여러분이 생각했던 단어나 구문을 순서 없이 적어 보세요.

이번에는 같은 종류의 단어들을 묶어 보세요. 지난 장에서 했던 것처럼 큰 원, 작은 원을 그리면서 생각의 꼬리를 연결하면 좋겠네요.

이제는 가장 쓸 것이 많은 단어들을 묶어 보세요.

위의 단어들을 모두 연결할 수 있는 주제를 찾아 보세요.

이제는 위의 주제를 중심으로 서론을 써 보세요. 서론은 일반적인 이야기에서 논지로 넘어가는 것이 비교적 쉽습니다.

서론을 뒷받침할 만한 구체적인 예를 들어 보세요.

이제 글을 마무리할 결론을 써 보세요. 앞의 이야기를 간단하게 종합한 후 자신의 의견을 덧붙이면 좋은 글이 됩니다.

이제는 모두 종합해서 글을 써 보세요. 문단나누기 하는 것도 잊지 마세요. 이 책을 공부한 여러분의 마지막 작품이니 신중하게 써 보세요.

논술일기를 다 쓰셨나요? 이제는 점검할 차례입니다. 철자가 틀리지 않았는지, 문장 처음은 대문자로 시작했는지, 시제, 관사가 틀리지 않았는지 다시 한 번 점검해 보세요. 이제 여러분의 친구가 어떻게 썼는지 한번 볼까요? 이 학생 역시 외국에 갔다 온 적이 없는 학생입니다. 하지만 영어공부는 무척 열심히 했습니다. 신학을 공부하는 학생이라서 결론에서는 '종교의 책임'을 심각하게 다루었습니다. 글이 어떻게 흐르고 있는지 한번 읽어 보세요.

Thursday, July 3

We have learned that religion should teach the right way to the common people. Especially Christianity considers love, grace, and forgiveness as the very important virtues which men should live with. But in the extreme situation like a war or the society where materialism flourishes, religion cannot play its role as a spiritual leader. In theses situations, people expect visible rewards from prayers, or religion can be the way of earning money. In *The Adventures of Huckleberry Finn*, we can find the criticism for the distorted religion as I explained before.

Some people think that a prayer is a magic lamp. They believe God will give whatever he wants only if they pray. Huck also has the same idea about prayer. He questions why people like Deacon, a widow and Miss Watson do not get back what they lost even though they pray well. He asks this to a widow and she answers, "The thing a body could get by praying for it was 'spiritual gift'." Her account is very accurate from the traditional religious points of view. But in Huck's society where most people are searching for visible profits, 'spiritual gifts' cannot be a good answer. In this society, even religion can be respected or believed, only when it gives materialistic profits.

In this materialistic society, people do not make efforts to follow the religious doctrine because they only want to get visible profits from religion. Therefore sermons cannot change people's minds and attitudes even though they are very good. Every Sunday Christians including Shepherdson's and Grangerford's attend the worship service and listen to the preacher's sermon. But they do not practice what they heard. They heard the sermon that taught neighborly love and they said they were all moved by it.

Nevertheless, they did not stop fighting. They still hated each other. They did not change themselves in the slightest. Faith without works is the most serious problem of the Christian religion.

The most distorted image of religion is the fraud of a duke who feigns to be a preacher. The duke made the audience wild with enthusiasm. Crowds sung, shouted, and cried bitterly. They seemed to be crazy and wild. After making the audience fall into fanaticism, the duke preached that they should give money in order to clean their sin. This scene also shows how religion can be corrupted. Sometimes a false and corrupted preacher uses religion as the way of earning his money.

Religion has a social responsibility. Religion must fulfill its responsibility. It is to help and love other people. Jesus said, "You are the light and the salt of the earth." Today's religion must remember this lesson and must look back itself. In conclusion, a religion must give a light of hope to the world.

지금까지 필자와 함께 논술일기를 쓴 여러분, 이제 종착역에 도착했습니다. 이 힘겨운 과정을 성실하고 끈기 있게 따라온 여러분께 찬사를 보냅니다. 이 논술일기 한 권을 끝이라 생각하지 마시고 다른 영어로 쓰인 고전 작품을 읽으면서 지금까지 공부한 방식으로 논술일기를 계속 써 보세요. 그러면 자신도 모르게 영어 실력도 향상되고 또 글에도 논리가 살아나는 것을 깨닫게 될 것입니다.

쉬어가는 페이지

미국의 유명한 문필가 마크 트웨인은 그의 작품들로도 유명하지만 뛰어난 유머와 재치로도 명성을 가지고 있습니다. 그래서 그에게는 재미있는 일화도 많이 있는데 그 중 한 가지를 함께 읽어 봅시다.

한번은 마크 트웨인이 오랫만에 만난 친구와 함께 기차여행을 가고 있었습니다.

갑자기 친구가 당황하며 말했습니다.

친구: 야 이거 큰 일났다. 내 차표가 없어졌어. 저기 역무원이 지금 표 검사를 하고 있는데 어떡하지?

마크 트웨인: 야! 잘 찾아봐. 어떡하다가 잃어버린 거야?'

친구: 야! 내가 그걸 알면 뭣 때문에 이 난리냐. 그런 소리 말고 좀 찾아봐!

둘이 아무리 찾아봐도 친구의 표는 나오지 않았습니다.

어찌 할 줄 모르고 수선을 떨고 있던 중 표 검사를 하던 역무원이 바로 뒷자리까지 왔습니다.

마크 트웨인은 친구에게 귓속말로 말했습니다.

마크 트웨인: 하는 수 없지. 내 의자 밑에 들어가 있어.

친구는 마크 트웨인 말대로 의자 밑에 숨었습니다. 역무원이 마크 트웨인에게 와서 표를 보여달라고 하자 의자 밑에 있던 마크 트웨인 친구는 숨을 죽이고 눈을 감았습니다.

친구: (제발 넘어가다오!) 들키면 정말 큰 낭패를 보게 된다.

표를 검사할 차례가 되어 역무원이 오자 마크 트웨인이 이렇게 말하는 것이었습니다.

마크 트웨인: 여기 표 두 개가 있습니다. 하나는 제 것이고 또 하나는 제 친구 것입니다. 그런데 역무원님 제 친구가 보이지 않지요? 이 친구는 원래 성격이 별나서 의자에 앉아 있는 것보다 밑에 기어 들어가서 여행하는 것을 더 좋아한답니다. 이봐 역무원님이 오셨으니 얼굴을 보여야 하지 않겠나? 어서 나와!

마크 트웨인은 친구 표가 떨어진 것을 주워 들고는 일부러 친구를 골탕 먹이려고 표가 있다는 것을 말하지 않았던 것입니다. 의자 밑에 있던 친구는 기어 나오면서 이만 득득 갈았다고 합니다.

The Adventures of Huckleberry Finn

Part 2, 논술일기 쓰기 전에 꼭 점검해야 할 요소들

>>

이 장에서는 우리가 영어로 글쓰기를 할 때 잘 틀리지만 꼭 알아야 할 중요한 요소들을 중점적으로 다루겠습니다. 문법에서 중요한 점을 설명하기 보다는 효과적인 글쓰기를 위한 필수요소들을 설명하고자 합니다. 우리 몸으로 말한다면 영어의 문법이나 패턴 공부는 글쓰기의 가장 중요한 뼈대라고 할 수 있습니다. 이번 장은 이러한 점에서 속옷을 입히는 작업이라고 할 수 있습니다. 영어일기를 15~20줄 정도 쓸 수 있는 독자가 있다면 이제는 한 단계 업그레이드 할 차례입니다. 글을 쓰다 혹시 문법적으로 막히는 경우가 있다면 이전의 『난생 처음 쓰는 영어일기』 시리즈의 1장과 2장을 다시 참조하시기 바랍니다.

01 동사(Verb)의 종류 1
- 목적어가 없는 동사, 있는 동사

영어를 배우는 데 있어 동사는 매우 중요합니다. 특히 동사의 종류를 아는 건 매우 중요한데, 이를 알면 한 50%정도는 영어를 알게 되었다고 할 수 있습니다. 동사는 크게 목적어를 필요로 하지 않는 동사와 필요로 하는 동사로 나눌 수 있습니다. 이를 설명하는 데는 문장의 다섯 가지 형식을 이야기 하는 것이 가장 좋습니다. 구체적인 설명으로 들어가기 전에 영어식 문법에서 동사의 종류와 문장의 다섯 가지 형식의 관계를 간단하게 도표를 통해 알아보겠습니다.

영어식 문법에서 동사의 종류	문장의 다섯 가지 형식
자동사(verb intransitive) - 목적어가 없는 동사 연결동사(linking verb)	1형식 : 완전자동사 　　　　(주어 + 동사) 2형식 : 불완전자동사 　　　　(주어 + 동사 + (주격)보어)
타동사(verb transitive) - 목적어가 있는 동사	3형식 : 주어 + 동사 + 목적어 4형식 : 주어 + 동사 + 간접목적어 + 직접목적어 5형식 : 주어 + 동사 + 목적어 + 목적보어

그러면 문장의 다섯 가지 형식에 대해 알아볼까요?

1 1형식(주어 + 동사)

They <u>are running</u> on the street. 그들은 길에서 달리고 있다.
완전자동사 : 동사 자체로 완결된 의미와 동작을 취하는 동사

1형식 동사는 영어로 자동사(verb intransitive)라고 합니다. 자동사는 '달리고 있다'처럼 다른 보조 품사의 도움 없이 스스로 그 의미가 완결되는 동사입니다. 'on the street'처럼 뒤에 아무리 다

양한 문구가 나오더라도 주어와 동사만으로 해석해도 그 의미가 완결된다면, 이 동사를 자동사라고 부르고 문장은 1형식입니다.

2 2형식(주어 + 동사 + 보어)

Time is money. 시간이 돈이다.
This soup tastes good. 이 스프는 맛이 좋다.

위의 문장에서 money를 빼고 'Time is.'라고 하거나 good을 빼고 'This soup tastes.'라고 문장을 끝낼 경우 도대체 무슨 말을 하는지 알 수 없습니다. 이렇게 2형식 동사는 주어와 동사만으로 그 의미가 완결되지 못하고 주어를 보충 설명하는 (주격)보어(Subject Complement)의 도움을 받는 동사입니다. 영어로는 연결동사(linking verb)라 불립니다. 대표적인 연결동사로는 be, become, feel, grow, keep, seem, smell, sound, look, remain 등이 있습니다.

3 3형식(주어 + 동사 + 목적어)

Sung-jin loves Myung-hee. 성진이는 명희를 사랑한다.
'~를 사랑하다'는 대상, 즉 목적어를 필요로 하는 동사

'사랑하다'처럼 우리말로 '~을(를)'을 필요로 하는 동사를 타동사(verb transitive)라고 합니다. 여기서 목적어(object)는 전치사 없는 단독 명사라는 것 꼭 기억하세요.

2형식 동사(연결동사)와 3형식 동사(타동사)를 구분하는 방법

Sung-won is a student. 성원이는 학생이다.
(Sung-won = a student, 주어를 보충 설명)

Sung-won likes apples. 성원이는 사과를 좋아한다.
(Sung-won ≠ apples, 동사를 설명)

4 4형식(주어 + 동사 + 간접목적어 + 직접목적어)

Mom gave <u>me</u> <u>a birthday present</u>. 엄마는 내게 생일 선물을 주셨다.
　　　　　간접목적어　직접목적어(동사가 직접 해 주는 것)
　　　　　(~에게)

엄마가 내게 직접 전해 준 것은 생일 선물입니다. 이렇게 동사의 직접적인 대상이 되는 것을 직접목적어(direct object), 우리말로 '~에게'의 뜻을 지닌 것은 간접목적어(indirect object)입니다. 동사에 따라서는 간접목적어가 전치사와 함께 쓰여 뒤로 가는 경우도 있습니다.

Mom gave <u>a birthday present</u> <u>to me</u>. 엄마는 내게 생일 선물을 주셨다.
　　　　　직접목적어　　　　　전치사 + 간접목적어

5 5형식(주어 + 동사 + 목적어 + 목적보어)

People <u>call</u> <u>him</u> <u>a genius</u>. 사람들은 그를 천재라 부른다.
　　　　　　he = genius(목적어 he가 천재)

천재(a genius)는 주어 people을 가리키는 것이 아니라 목적어 him을 가리킵니다. 이렇게 목적어를 설명해 주는 a genius를 목적보어(object complement)라고 부릅니다. 목적어를 설명하는 목적보어가 꼭 있어야 하는 동사를 5형식 동사라고 합니다.

4형식과 5형식의 구분

두 개의 목적어가 서로 일치하지 않을 때 → 4형식 문장
　　Mom gave <u>me</u> <u>a birthday present</u>.
　　　　(me ≠ a birthday present)

두 번째 목적어가 첫 번째 목적어를 설명하거나 동등 관계가 성립할 때 → 5형식 문장
　　People call <u>him</u> <u>a genius</u>.
　　　　(him = genius)

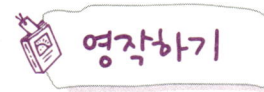 영작하기

앞에서 설명한 동사의 종류를 중심으로 다음의 문장들을 영작하세요.

1   나는 책벌레이다. (bookworm)

→

2   그 책은 내게 중요한 정보들을 알려 주었다. (teach, important information)

→

3   오래된 친구에게 오늘 아침에 전화가 왔다. 난 정말 놀랐다. (my old friend, call, surprised)

→

4   명희는 미국으로 이사 갔다. 그 일은 나를 슬프게 했다. (move, it, make, sad)

→

5   어젯밤 우리는 영화를 보러 갔다. 나는 그 영화가 지겹다고 생각했다.
(go, the movie, find, boring)

→

6   엄마는 오늘 아침 몸이 좋지 않으시다. 그래서 식구들을 위해 내가 카레라이스를 만들었다.
(not feel well, curry and rice)

→

7   난 아침에 열이 약간 났다. 그래서 약을 먹었다. (have, slight fever, take, medicine)

→

8   나는 그에게 지난달 편지를 보냈다. 그러나 그는 내게 답장을 주지 않았다.
(write him, give me)

→

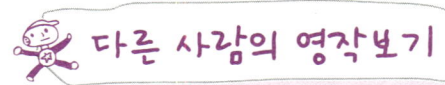

다음 문장들의 밑줄 친 부분은 틀린 부분입니다. 밑줄 친 부분을 바르게 고치고 왜 틀렸는지 여러분의 영작과 비교해 보세요.

1 I am <u>bookworm</u>.
   →

2 That book gave <u>to me</u> some important <u>informations</u>.
   →

3 My old friend <u>called to</u> me this morning. I really <u>surprised</u>.
   →

4 Myung-hee moved <u>the America</u>. That made me sad.
   →

5 We went to the movie last night. I found <u>that movie</u> (was) boring.
   →

6 Mom <u>was not feel</u> well this morning. So I made curry and rice for my family.
   →

7 I had <u>slight fever</u>, so I took medicine.
   →

8 I wrote him a letter last month. But he <u>does not give</u> an answer <u>for me</u>.
   →

02 동사(Verb)의 종류 2
– 부정사(Infinitive)와 동명사(Gerund)를 목적어로 하는 동사

1 주어 + 동사 + 목적어(동명사 또는 to 부정사) : ~하는 것을 ~하다

타동사의 목적어로는 단어로서 명사뿐 아니라 동명사나 to 부정사도 사용될 수 있습니다. 동명사는 '동사 + ing'의 형태로 의미는 동사이지만 품사는 명사입니다. 목적어 자리에 있는 to 부정사 역시 목적어 자리에 들어가면 명사의 역할을 합니다.

We can't <u>stand</u> <u>waiting</u> in long lines. 우리는 길게 줄 서는 것을 참을 수 없다.
     참다(타동사) 동명사(목적어)

My daughter <u>is learning</u> <u>to play</u> the violin. 내 딸은 바이올린을 배우고 있다.
      배우다(타동사)   부정사(명사적 용법)

동사에는 목적어로 동명사와 to 부정사를 모두 받는 동사가 있는 반면, 동명사만을 또는 to 부정사만을 목적어로 받는 동사도 있습니다. 그 종류는 다음과 같습니다.

* 동명사만 목적어로 받는 동사

 admit, avoid, consider, discuss, enjoy, finish, keep, mind, quit, recommend, suggest, understand

* to 부정사만 목적어로 받는 동사

 agree, appear, ask, decide, expect, hope, learn, mean, need, prepare, pretend, promise, seem, wait, want, wish

* 동명사와 to 부정사를 모두 목적어로 받는 동사

  advise, continue, forget, like, love, prefer, regret, remember, stand, start, try

* 동명사와 to 부정사를 모두 목적어로 받지만 의미가 다른 동사

  remember, regret, forget, try ┌ to 부정사 : ~하는 것을 ~하다
               └ 동명사 : 과거에 어떤 일을 ~하다

  stop ┌ 동명사 : ~하는 것을 멈추다
     └ to 부정사 : ~하기 위해 멈추다

  Mom always forgets <u>to turn off</u> the oven. 엄마는 항상 오븐을 끄는 걸 잊는다.
          목적어

  I'll never forget <u>visiting France</u> for the first time. 난 처음 프랑스를 갔던 것을 잊지 않을 것이다.
         과거의 경험

  I stopped <u>to say</u> good-bye. 난 안녕이라 인사하기 위해 멈추었다.
      ~하기 위해서

  I stopped <u>saying</u> good-bye. 난 안녕이라 인사하는 걸 멈추었다.
      목적어

2 주어 + 동사 + 대명사 + to 부정사 : (대명사)가 ~하는 걸 ~하다, (대명사)에게 ~를 하다

어떤 동사는 다음에 바로 to 부정사가 오는 것이 아니라 그 사이에 인칭대명사가 위치하여 '~에게 ~를 하다', 또는 '(대명사)가 ~하는 걸 ~하다'의 뜻을 가지는 동사가 있습니다. 이러한 동사로는 advise, allow, ask, encourage, expect, forbid, force, invite, need, order, permit, persuade, remind, teach, tell, want 등이 있습니다.

  My teacher advises <u>me</u> <u>to study hard</u>. 선생님께서는 공부를 열심히 하라고 내게 충고하셨다.
        ~에게 ~를 하라고

  My older brother taught <u>me</u> <u>to swim</u>. 형은 내게 수영하는 걸 가르쳐 주었다.
         ~에게 ~하는 것을

  I want <u>him</u> <u>to go to graduate school</u>. 난 그가 대학원에 가기를 원한다.
     ~가 ~하기를

  We expect <u>him</u> <u>to be on time</u>. 난 그가 제시간에 오기를 기대한다.
      ~가 ~하기를

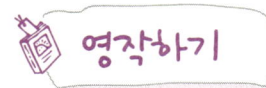 **영작하기**

앞에서 설명한 동사의 종류를 중심으로 다음의 문장들을 영작하세요.

1. 난 내가 열 살 때 로마를 방문한 것을 결코 잊지 않을 것이다. (forget, visit, Rome)
   →

2. 우리는 민성이의 의견을 들을 필요가 있다. (need, have, opinion)
   →

3. 아빠는 지난달 담배를 끊으셨다. (quit, smoke)
   →

4. 난 형의 청바지를 입고 싶다. 그러나 형은 내게 그의 청바지를 입도록 허락하지 않는다.
   (wear, blue jeans, let)
   →

5. 영희는 오늘 피곤해 보였다. 난 그녀에게 집에 가서 휴식을 취하라고 명령했다.
   (appear, tired, so, order, take a rest)
   →

6. 난 그에게 창문을 닫아 주라고 요청했다. 그러나 그는 못 들은 척했다. (ask, pretend, hear)
   →

7. 우리는 어제 야구를 재미있게 했다. (enjoy, play baseball)
   →

8. 비가 멈추었기 때문에 그들은 산책을 가고 싶어 했다. (stop, go for a walk)
   →

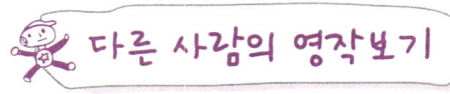

다음 문장들의 밑줄 친 부분은 틀린 부분입니다. 밑줄 친 부분을 바르게 고치고 왜 틀렸는지 여러분의 영작과 비교해 보세요.

1 I will don't forget to visit Rome when I am ten years old.
   → ....

2 We need have Min-sung's opinion.
   → ....

3 Father quitted smoking at last month.
   → ....

4 I want to wear my brother's blue jeans, but he don't let me to wear them.
   → ....

5 Young-hee appeared to tired. So I ordered her go home and take a rest.
   → ....

6 I asked him to close a window, but he did not pretend to hear it.
   → ....

7 We enjoy to play baseball yesterday.
   → ....

8 Because it stopped rain, they wanted to go for a walk.
   → ....

03 동사(Verb)의 종류 3
– 상태동사(Stative Verb)와 동작동사(Action Verb)

'감기에 걸리다'는 catch a cold라는 걸, '사랑에 빠지다'는 fall in love라는 걸 여러분은 모두 잘 아실 것입니다. 그런데 '감기에 걸리다'는 have a cold로, '사랑에 빠지다'는 be in love로도 쓸 수 있습니다. 그러면 단지 동사 catch와 have, fall과 be의 차이만 있는 이 숙어들의 의미의 차이는 뭘까요? 바로 catch와 fall은 동작동사, have와 be는 상태동사라는 것입니다.

상태동사는 있는 그대로의 상황이나 조건을 말할 때 쓰는 동사들입니다.

  I <u>like</u> chocolate ice-cream very much. 난 초콜릿 아이스크림을 매우 좋아한다.
   좋아하는 상태

  I <u>know</u> his mother is a teacher. 난 그의 어머니가 선생님이란 것을 안다.
   알고 있는 상태

이와 달리 동작동사란 어떤 동작을 할 때 쓰는 동사를 말합니다.

  He <u>is singing</u> songs in a loud voice. 그는 커다란 목소리로 노래를 부르고 있다.
   노래를 부르는 동작

  They <u>watched</u> TV last night. 그들은 어젯밤 TV를 보았다.
   TV를 보는 동작

그러면 다음 문장의 차이를 알아볼까요?

  I <u>fell in love</u> with her at first sight, and I'm <u>still in love</u> with her.
   과거에 사랑에 빠진 동작   현재 사랑에 빠진 상태

 난 첫눈에 그녀와 사랑에 빠졌고, 아직도 그녀를 사랑하고 있다.

He is getting used to his new circumstances. Next month he will be used to it.
　　　익숙해지는 상황(동작)　　　　　　　　　　　　　　　　　　　　　　익숙해진 상황(상태)

그는 새로운 환경에 적응하고 있다. 내달에는 익숙해 질 것이다.

My mom did not know that Dad is sick, but last night she discovered it.
　　　　　알지 못한 상황(상태)　　　　　　　　　　　　　　　　　　깨달은 동작(동작)

엄마는 아빠가 아프다는 걸 알지 못하셨다. 하지만 어젯밤 그 사실을 알았다.

일반적으로 상태동사는 진행형을 쓰지 못하지만 진행형을 써서 일시적으로 어떤 행동을 하고 있는 경우를 말하기도 합니다.

I think his idea is good.   난 그의 생각이 좋다고 생각한다.
'생각하다'라는 상태동사

What are you doing? I am thinking.   넌 무엇을 하니? 난 생각하고 있어.
　　　　　　　　　　생각하고 있는 동작

This food tastes good.   이 음식은 맛이 좋다.
　　　　'맛이 난다'라는 상태동사

Mom is tasting kimch-stew.   엄마는 김치찌개의 간을 보고 계신다.
　　'맛을 본다'는 동작동사

* 상태동사(진행형을 쓸 수 없는 동사)

know, believe, feel, understand, love, hate, mind, envy, possess, hear, resemble, look like, please, care, prefer

* 상태동사(일시적인 동작을 나타내는 진행형을 쓸 수 있는 동사)

think, have, taste, smell, be, look, appear

 영작하기

앞에서 설명한 동사의 종류를 중심으로 다음의 문장들을 영작하세요.

1   너는 그가 했던 말을 믿니? 난 믿을 수가 없어. (what he said)

→ ....

2   저 푸른색 블라우스를 입은 아가씨가 누구지? 난 그 여자를 안다고 생각하지만 이름을 잊어 버렸어. (the lady, blouse, forget)

→ ....

3   지금 넌 무엇을 생각하고 있니? 난 내 고양이를 생각하고 있어. 넌 고양이를 좋아하니? 그래, 난 고양이가 귀엽다고 생각해. (cat, cute)

→ ....

....

4   장미는 냄새가 좋아. 미영이가 그 냄새를 맡고 있네. (smell, rose)

→ ....

5   성진이는 오늘 정말 엉망이네. 감기에 걸려 있어. (terrible)

→ ....

6   열여덟 살이 될 때까지 난 쓰는 법을 몰랐다. 열여덟 살이 되었을 때 난 쓰는 법을 배웠다. (until, how to write, learn)

→ ....

7   나는 오늘 기분이 좋지 않다. 정민이도 졸린 듯이 보인다. (appear, be, asleep, feel)

→ ....

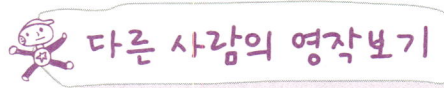

다른 사람의 영작보기

다음 문장들의 밑줄 친 부분은 틀린 부분입니다. 밑줄 친 부분을 바르게 고치고 왜 틀렸는지 여러분의 영작과 비교해 보세요.

1   <u>Are you believing</u> what he said? I can't believe it.

→ _____

2   Who is the girl <u>wear</u> a blue blouse? I think I know her, but I <u>forget</u> her name.

→ _____

3   What are you thinking about? I'm thinking about my cat. Do you like <u>cat</u>? Yes, I <u>am thinking cat</u> are cute.

→ _____

4   These roses smell good. Mi-young <u>smells</u> them.

→ _____

5   Sung-jin <u>look</u> terrible today. He <u>caught</u> a cold.

→ _____

6   Until I <u>am</u> eighteen, I didn't know how to write. When I <u>am</u> eighteen, I <u>knew</u> how to write.

→ _____

7   I <u>don't feel</u> well today. Jung-min <u>appear to asleep</u>, too.

→ _____

04 관사(Article)
– 부정관사(Indefinite article)와 정관사(Definite article)

관사에는 부정관사(indefinite article) a, an과 정관사(definite article) the가 있습니다. 부정관사는 특정하게 정해지지 않은 관사로 주로 셀 수 있는 명사 앞에 쓰입니다. 반면에 the는 특정하게 어떤 명사를 지칭할 때 그 앞에 쓰입니다.

We stayed at <u>a</u> hotel in Cheju Island. <u>The</u> hotel was very expensive.
　　　　　　　여러 가지 호텔 중 하나　　　　　　우리가 묵었던 특정한 호텔

우리는 제주도의 한 호텔에서 머물렀다. 그 호텔은 매우 비쌌다.

　a/an　　셀 수 있는 명사의 단수형
　the　　특정한 명사를 지칭할 때(셀 수 있는 명사, 셀 수 없는 명사 모두 쓰임)

셀 수 있는 명사(countable noun)와 셀 수 없는 명사(uncountable noun)의 구분

일반적으로 복수형이 있는 명사를 셀 수 있는 명사라 지칭하고, 물(water), 사랑(love)처럼 복수형을 만들 수 없는 명사를 셀 수 없는 명사라고 지칭합니다. 자신이 잘 모르는 명사가 나왔을 때 사전을 사용하면 잘 구분할 수 있습니다. 찾은 단어의 예문에 복수형이 있으면 셀 수 있는 명사, 복수형이 없으면 셀 수 없는 명사입니다.

　He is resting his weary <u>bones</u> on the wall. 그는 자신의 지친 몸을 벽에 기대고 있다.
　　　　　　　　　　　　복수형이므로 셀 수 있는 명사

　The patient needs <u>some new blood</u>. 환자는 새로운 피 약간을 필요로 한다.
　　　　　　　　　some + 단수명사 → 셀 수 없는 명사

1 정관사 the를 쓰는 경우

(1) 말하는 사람과 듣는 사람이 모두 알고 있는 경우

　Where is Mom? She is in the kitchen. 엄마는 어디에 계시니? 부엌에 계셔.

(2) 앞에서 나온 것을 한 번 더 말할 때

　I have a pen. The pen is very useful. 내게는 펜 하나가 있다. 그 펜은 매우 유용하다.

(3) 이 세상에서 단 하나의 것

　The sun rises in the east and sets in the west. 태양은 동쪽에서 뜨고 서쪽에서 진다.

(4) 강이나 바다, 대양의 이름 앞에

　the Nile, the Pacific, the Sea of Korea

(5) 여러 지역이 하나의 나라 이름이 될 때

　the USA, the United Kingdom, the Netherlands

2 정관사 the를 쓰면 안 되는 경우

(1) this, that, these, those, some, any, each, every, no, none, my 등이 수식하는 명사 앞에

　those good books / some boring books / his book / every red book

(2) 거리 이름 앞에서

　Broadway Street, Olympic Boulevard, 34th Street

(3) 언어와 국적 앞에

　English, French, American, Korean

(4) 스포츠 이름 앞에

basketball, volleyball, tennis, football, baseball

(5) 학과명 앞에

English literature, computer science, business administration

(6) 호수와 만, 산의 이름 앞에

Lake Taho, Mountain(Mt.) Halla

* 하지만 많은 호수들이 모여 있거나 산맥 앞에서는 정관사를 씁니다.
  the Lake Eric, the Andes, the Rockies

3 정관사 the를 썼을 경우 의미가 달라지는 경우

(1) 장소, 활동의 경우

I went to <u>bed</u> early. 나는 일찍 자러 갔다.
  (정관사 없이) 잠자러 가다

I went to <u>the bed</u> to bring the pillow. 나는 베개를 가져오려고 침대에 갔다.
  침대 그 자체

go to <u>school</u> 학교가다	go to <u>the school</u> 학교라는 건물에 가다
go to <u>church</u> 예배 보러 가다	go to <u>the church</u> 교회라는 건물에 가다
watch <u>TV</u> TV를 보다	turn off <u>the TV</u> TV라는 물건을 끄다

(2) 방향의 경우

I turned <u>left</u> on the corner. 나는 구석에서 왼쪽으로 방향을 바꿨다.
  왼쪽

<u>The left</u> is very popular today. 오늘날 좌익이 매우 성행한다.
좌익(정치적 성향)

 영작하기

앞에서 설명한 관사를 중심으로 다음의 문장들을 영작하세요.

1 유명한 프랑스 예술가가 이 코트를 디자인했다. (famous French artist, design)
   →

2 다음 역의 명칭은 신림이다. (name, next station, Shillim)
   →

3 오늘 밤 전화해도 될까요? 아니요. 아직 난 전화가 없어요. (call, have, telephone)
   →

4 전화 좀 받아 주겠어요? (could, answer, phone)
   →

5 그는 매주 일요일 예배 보러 교회에 간다. (go, church, every Sunday)
   →

6 진희는 뉴욕의 34번가에서 산다. (live, 34th Avenue, New York)
   →

7 대서양은 아프리카와 아메리카 사이에 있다. (Atlantic Ocean, Africa, America)
   →

8 내 전공은 불문학이고 오빠의 전공은 생물학이다. (study, French literature, biology)
   →

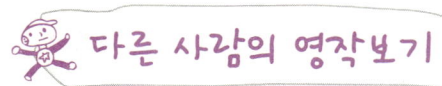

다음 문장들의 밑줄 친 부분은 틀린 부분입니다. 밑줄 친 부분을 바르게 고치고 왜 틀렸는지 여러분의 영작과 비교해 보세요.

1   <u>Famous French artist</u> designed this coat.

    →

2   <u>The name of the next station</u> is Shillim.

    →

3   Can I call you tonight? No I <u>haven't</u> a telephone yet.

    →

4   Could you answer <u>a phone</u>?

    →

5   He <u>goes to the church</u> every Sunday.

    →

6   Jin-hee lives <u>the 34th Avenue</u> in New York.

    →

7   <u>Atlantic Ocean</u> is between African and America.

    →

8   I <u>am studying</u> French literature and my brother <u>study</u> biology.

    →

단어의 순서(Word Order)

영작을 할 때 주요 품사인 동사, 명사, 형용사, 부사의 정확한 위치를 아는 게 중요합니다. 품사의 위치는 특히 모두가 알면서도 꼼꼼하게 짚어 보지 않기 때문에 실수가 많이 생기는 부분입니다. 다음의 설명을 보면서 다시 한 번 정리해 보세요.

1 동사(Verb)의 위치

(1) 긍정문(부정문)의 경우

   I (don't) like Sung-min.   나는 성민이를 좋아하지 않는다.
   주어 + 동사 + 목적어

   He is(is not) smart.   그는 똑똑하지 않다.
   주어 + 동사 + 보어

   → 일반적으로 동사의 위치는 주어와 목적어, 주어와 보어 사이입니다. 부사나 부사구가 들어가면 약간 위치가 변하지만 대부분 동사는 거의 주어 옆에 씁니다.

(2) 의문문의 경우

   Do you like him?   당신은 그를 좋아합니까?
   일반동사 Do(Does) 주어 + 동사

   Is she a student?   그 여자는 학생입니까?
   be 동사 + 주어

(3) 명령문의 경우

   Study hard!   열심히 공부해!

Let me introduce myself. 제 소개를 하겠습니다.
(주어 생략) 동사

2 명사(Noun)의 위치

Jin-su helped me with my homework. 진수는 내가 숙제하는 걸 도와주었다.
주어　　　　　목적어　　　전치사의 목적어

He is a very kind guy. 그는 매우 친절한 사람이다.
주어　　　　　　　보어

→ 명사가 쓰이는 위치는 주어, 목적어, 보어 그리고 전치사의 목적어입니다.
　　주어, 목적어(동사의 목적어 / 전치사의 목적어), 보어

3 형용사(Adjective)의 위치

I don't like hot weather. 난 더운 날씨를 좋아하지 않는다.
　　　　　　형용사 + 명사

This shirt looks nice. 이 셔츠는 좋아 보인다.
　　　　동사 + 형용사

→ 형용사의 가장 큰 역할은 '더운 날씨'처럼 명사 앞에 위치해서 명사를 수식해 주는 것입니다. 또 형용사는 연결동사(2형식 동사)와 함께 쓰여 주어를 설명해 주는 보어 역할을 합니다. 이 경우에 형용사는 동사 다음에 위치합니다.

* 명사를 수식하는 형용사 (한정형용사)의 순서

the pretty small old black Egyptian metal statue 예쁘고 작고 오래된 검은 이집트의 금속 조각상
　　　의견　크기　나이　색　　국적　　　재료　명사

4 부사(Adverb)의 위치

My new English teacher pronounces every word <u>clearly</u>.
발음을 명확하게 하므로 동사를 설명

새로운 영어 선생님은 모든 단어를 명확하게 발음하신다.

Myung-hee is a <u>very</u> <u>smart</u> student. 명희는 매우 똑똑한 학생이다.
형용사를 수식(매우 현명한)

→ 일반적으로 부사는 '명확하게 발음한다'처럼 동사를 설명하거나(이런 경우에는 문장의 맨 마지막에 위치), 형용사 바로 앞에 위치해 형용사를 수식해 줍니다.

He studies English <u>very</u> <u>hard</u>. 그는 영어를 매우 열심히 공부한다.
'열심히'라는 부사 수식(매우 열심히)

* 시간과 장소를 나타내는 부사구의 순서 : 장소 + 시간

I went <u>to the park</u> <u>this morning</u>. 오늘 아침 난 공원에 갔다.
장소   시간

빈도부사(Frequency Adverb)

always, usually, often, sometimes, seldom, rarely, never를 횟수를 나타내는 빈도부사라고 부릅니다. 이 빈도부사는 일반동사 앞, be 동사 뒤에 위치합니다.

I <u>usually</u> <u>get up</u> at 7:00. 나는 일상적으로 7시에 일어난다.
빈도부사 + 일반동사

He <u>is</u> <u>often</u> late for class. 그는 가끔 수업에 늦는다.
be 동사 + 빈도부사

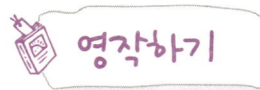 영작하기

앞에서 설명한 단어의 순서를 중심으로 다음의 문장들을 영작하세요.

1 희선이는 지금 책상에 앉아 공부를 하고 있다. (sit at a table, right now)
→ _____

2 다섯 명의 키 큰 외국인이 줄을 서고 있다. (foreigner, stand in line)
→ _____

3 난 항상 오후에 텔레비전을 본다. (watch, afternoon)
→ _____

4 난 아이스크림과 캔디가 달콤하기 때문에 좋아한다. (like, because, sweet)
→ _____

5 우리는 오늘 밤 훌륭한 프랑스 식당에서 저녁을 먹을 것이다. (be going to, nice restaurant)
→ _____

6 넌 지난밤에 잘 잤니? (sleep)
→ _____

7 명선이는 정말로 예쁘다. 그녀는 깊은 갈색 눈과 길고 아름다운 검은 머리를 지녔다.
(really, have, deep, long, beautiful)
→ _____

8 기숙사는 가끔 시끄럽지만 도서실은 항상 조용하다. (dormitory, noisy, library, quiet)
→ _____

 다른 사람의 영작보기

다음 문장들의 밑줄 친 부분은 틀린 부분입니다. 밑줄 친 부분을 바르게 고치고 왜 틀렸는지 여러분의 영작과 비교해 보세요.

1 Hee-sun <u>studies sit</u> at a table right now.
→ _____

2 <u>Tall five foreigners</u> are standing in line.
→ _____

3 I always watch TV <u>on afternoon</u>.
→ _____

4 I like ice-cream and candy because <u>it tastes sweet</u>.
→ _____

5 We <u>will be going</u> to have dinner at a nice French restaurant tonight.
→ _____

6 <u>Do you sleep</u> well last night?
→ _____

7 Myung-sun is really pretty. She has deep brown eyes and <u>a long beautiful black hair</u>.
→ _____

8 <u>Dormitory</u> is sometimes noisy, but <u>library</u> <u>is quiet everytime</u>.
→ _____

06 일치(Agreement)

'주어가 3인칭일 단수이며 현재시제일 때는 3인칭 동사를 쓴다'는 정말로 우리가 잘 아는 법칙입니다. 하지만 영작을 하면 이것을 가장 많이 틀립니다. 머리로는 알고 있지만 쓸 때는 나도 모르게 실수를 하는 것이죠. 이 장에서는 알면서도 잘 틀리는 일치 문제에 대해 공부해 보겠습니다.

1 주어와 동사 일치(Subject and Verb)

be동사	I am(was) you are(were) he / she is(was) we are(were) you are(were) they are(were) it is(was)
일반동사	주어가 3인칭이거나 고유명사, 일반명사의 단수이며 현재시제일 경우에는 동사의 원형에 -s, -es를 붙여야 합니다.
	규칙동사 : 동사원형 + s 예문) I walk / She(Myung-hee) walks
	y로 끝나는 동사 : 바로 앞에 모음(a, e, i, o, u)이 오는 경우를 제외하고는 y가 ies로 변화 예문) I study / He(She, Jin-sup) studies 예외) I have / He has We do / She does

* 주어가 단수인지 복수인지 혼동이 되는 명사들

(1) everyone, everybody, no one, nobody
　anyone, someone, somebody ┐ + 단수동사

　Somebody is knocking on the door. 누군가가 문을 두드리고 있다.

(2) several, few, both, many of 복수명사 + 복수동사

   Many of the students are boys. 많은 학생들이 소년들이다.

   Only few of them are girls. 그들 중 소녀는 거의 없다.
              복수명사 복수

(3) some, all, any, most, none of ┌ (the, these, 소유격) + 복수명사 + 복수동사
                                  └ (the, this, that, 소유격) + 단수명사 + 단수동사

   Some of my books are boring. 내 책 몇 권은 지루하다.
           복수명사 복수동사

   All of my work was finished. 내 모든 일이 끝났다.
          단수명사 단수동사

(4) There is(was) + 단수명사, There are(were) + 복수명사

   There is(are)(~이 있다)는 다음에 나오는 명사의 수에 따라서 동사의 단수, 복수가 결정됩니다.

   There is a book on the desk. 책상 위에 책이 한 권 있다.

   There are some pencils under the chair. 의자 아래 연필이 여러 자루 있다.

2 주어와 보어 일치(Subject and Complement)

일반적으로 보어는 주어를 설명하는 역할을 하는 것으로 주어와 일대일 관계입니다. 따라서 주어가 단수일 경우에는 보어도 단수, 주어가 복수일 경우에는 보어도 복수를 써야 합니다.

   I am a student. 나는 학생이다.
   단수   단수형 명사

   They are women. 그들은 여성들이다.
    복수   복수형 명사

   Hyun-jung and Mi-ra are friends. 현정이와 미라는 친구들이다.
        복수   복수형 명사

3 지시하는 대명사의 일치(Pronoun)

대명사는 앞에 썼던 명사와 일치해야 합니다.

<u>Sun-young</u> likes reading <u>books</u>, but <u>she</u> does not have enough time to read <u>them</u>.

books는 3인칭 복수형 → them

Sun-young은 여성
단수 → she

선영이는 책읽기를 좋아한다. 하지만 그녀에게는 책을 읽을 충분한 시간이 없다.

4 소유격과 목적격의 일치(Pronoun)

	주격	소유격	목적격	소유대명사
단수	I you he / she it	my your his / her its	me you him / her it	mine yours his / hers
복수	we you they	our your their	us you them	ours yours theirs

I like Myung-sun. I know <u>her</u> well. I have visited <u>her</u> apartment.

목적격   소유격

나는 명선이를 좋아한다. 난 그녀를 잘 안다. 난 그녀의 아파트를 방문한 적이 있다.

Please give <u>this dictionary</u> to Jin-sup. It's <u>his</u>.

소유대명사(his dictionary)

제발 이 사전을 진섭이에게 전해 주세요. 이것은 그의 것이에요.

 영작하기

앞에서 설명한 일치를 중심으로 다음의 문장들을 영작하세요.

1   아무도 완전하지 않다. 모든 사람은 그 자신만의 결점이 있다.
(nobody, perfect, have, faults)

→

2   우리 마을에는 많은 유명한 호텔들이 있다. (famous hotel, our town)

→

3   명선이와 혜정이는 오래된 친구들이다. 그들은 서로를 매우 좋아하다.
(old friend, each other)

→

4   대부분의 상점은 6시에 닫는다. (most, the store, close)

→

5   내 여동생은 테니스를 치지만 그녀가 좋아하는 스포츠는 탁구이다.
(tennis, sport, table tennis)

→

6   내게는 두 명의 친구가 있다. 그들 중 하나인, 희천이는 항상 깔끔하고 깨끗하다. 다른 친구인 성민이는 희천이와 반대이다. 그의 옷은 항상 지저분하다.
(neat, clean, my other friend, the opposite of, dirty)

→

다른 사람의 영작보기

다음 문장들의 밑줄 친 부분은 틀린 부분입니다. 밑줄 친 부분을 바르게 고치고 왜 틀렸는지 여러분의 영작과 비교해 보세요.

1. <u>Nobody isn't</u> perfect. Everybody has <u>one's</u> own faults.
   →

2. There are many famous <u>hotel</u> our town.
   →

3. Myung-sun and Hye-jung are old <u>friend</u>. They like <u>much each other</u>.
   →

4. Most of <u>the store closes</u> at 6 o'clock.
   →

5. My sister plays tennis. But her favorite <u>sports</u> is table tennis.
   →

6. I have <u>two friend</u>. <u>One of them Hee-chun</u> is always neat and clean. <u>My other friend Sung-min</u> is the opposite of Hee-chun. <u>His cloth is</u> always dirty.
   →

단순시제(The Simple Tense)

1 현재시제(Simple Present)

현재(기준이 되는 시점)

(1) 습관적이거나 매일의 활동을 말할 때

I get up at eight every morning.
→ 일상적으로 위의 경우에는 빈도부사나 every morning처럼 횟수를 지칭하는 부사구와 함께 쓰입니다.

(2) 사실의 일반적 진술이나 영원한 진리를 말할 때

My mother is a doctor. 엄마는 의사이다. (사실의 일반적 진술)
The earth is round. 지구는 둥글다. (영원한 진리)

2 과거시제(Simple Past)

과거의 한 시점에서 시작해서 끝난 일

I bought a new cellular phone yesterday. 나는 어제 새로운 핸드폰을 샀다.
→ 핸드폰을 샀던 일은 어제 시작해서 끝난 일

3 미래시제(Simple Future)

It will(is going to) rain tomorrow. 내일 비가 올 것이다.
→ 비가 올 것은 미래, 내일 발생할 일(예견을 말할 때는 will, be going to 모두 사용)

I will do my best tomorrow. 나는 내일 최선을 다할 것이다.
→ 말하는 사람의 의지가 들어간 경우에는 미래조동사 will 사용

Young-sun is going to attend the meeting this Friday.
영선이는 이번 주 금요일에 회의에 참석할 것이다.
→ 미리 일정이 잡혔을 경우에는 be going to 사용

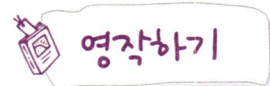 영작하기

앞에서 공부한 단순시제를 중심으로 다음의 문장들을 영작해 보세요.

1. 이 음식은 맛이 좋다. 난 이것을 매우 좋아한다. (taste good, like)
   →

2. 명선이는 심한 감기가 들어서 어제 집에 있었다. (stay, home, catch a bad cold)
   →

3. 학생들은 일상적으로 모든 학기에 4과목을 듣는다. (usually, take, course, semester)
   →

4. 나는 여섯 시에 집에 도착할 것이다. 그리고 저녁을 먹을 것이다. (get home, eat dinner)
   →

5. 일기예보에 따르자면 내일은 흐릴 것이다. (weather report, cloudy)
   →

6. 아빠는 KAL기의 조종사이시다. 아빠는 매일 비행기를 타신다. (a pilot for KAL, fly)
   →

7. 배가 고프다. 난 샌드위치를 먹고 싶다. (hungry, want to, sandwich)
   →

8. 어제 아침 난 이를 닦고, 얼굴을 닦고 학교에 갔다. (brush, wash)
   →

다른 사람의 영작보기

다음 문장들의 밑줄 친 부분은 틀린 부분입니다. 밑줄 친 부분을 바르게 고치고 왜 틀렸는지 여러분의 영작과 비교해 보세요.

1   This food <u>is taste</u> good. I like it very much.

    →

2   Myung-sun <u>catched</u> a bad cold. She stayed <u>in home</u> yesterday.

    →

3   Students usually take <u>four course in every summer</u>.

    →

4   I will get home at <u>6 and I will</u> eat dinner.

    →

5   According to the weather report, it <u>will cloudy</u> tomorrow.

    →

6   My father is a pilot for KAL(Korean Airlines). He flies <u>airplane</u> everyday.

    →

7   I am hungry. So I <u>will want</u> to eat <u>sandwich</u>.

    →

8   <u>In yesterday morning</u>, I brushed <u>my tooth</u>, washed my face, and went to school.

    →

08 진행시제(The Progressive Tense)

1 현재진행(Present Progressive)

과거의 한 시점에서 시작해서 현재에 계속 진행되고 있고 앞으로도 진행될 예정인 일을 말할 때

She is sleeping right now. 그녀는 지금 잠을 자고 있다.

확실하게 일정이 잡혀있는 경우에는 현재진행형이 미래를 나타내기도 합니다.

They <u>are attending</u> the meeting <u>next Monday</u>. 그들은 다음 주 월요일에 회의에 참석할 것이다.
　　현재가 미래를 대신　　　　　　미래를 나타내는 확실한 일정

2 과거진행(Past Progressive)

과거의 한 시점에서 일정기간 동안 행동을 계속하고 있을 때

She was sleeping when I called her. 내가 전화했을 때 그녀는 잠자고 있었다.

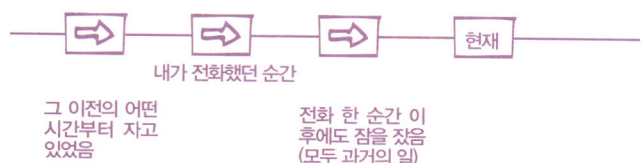

3 미래진행(Future Progressive)

미래의 한 시점에서 일정기간 동안의 행동을 계속하고 있을 때

I will be taking a shower when you come. 네가 올 때 난 샤워를 하고 있을 것이다.

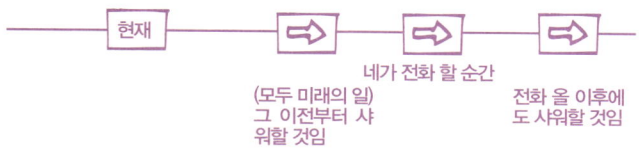

현재진행이든, 과거진행이든, 미래진행이든 진행시제는 모두 현재, 과거, 미래의 한 순간을 기점으로 그 전부터 그 순간, 그리고 그 순간 이후까지 모두 일정기간 동안 어떤 행동을 할 때 쓰입니다.

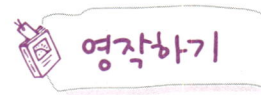 영작하기

앞에서 공부한 진행시제를 중심으로 다음 문장을 영작하세요. (필요하다면 단순시제도 함께 쓰세요.)

1. 지금 나는 피아노를 치고 있다. 어제 이 시간에도 나는 피아노를 쳤다. 내일 이 시간에도 나는 피아노를 칠 것이다. (right now, at this time, play)

   → _____

2. 내일 난 미국에 갈 것이다. 공항에 도착하면 준하가 나를 기다릴 것이다.
   (arrive at, wait for)

   → _____

3. 난 비가 와서 축구를 하고 싶지 않다. 같은 일이 어제도 일어났다. 비가 왔기 때문에 난 축구를 하고 싶지 않았다. (not want, play soccer, happen, rain)

   → _____

4. 엄마가 거실에서 낮잠을 주무시고 계시다. 난 엄마를 깨우고 싶지 않다. 엄마는 휴식이 좀 필요하다. (take a nap, wake up, need, rest)

   → _____

다른 사람의 영작보기

다음 문장들의 밑줄 친 부분은 틀린 부분입니다. 밑줄 친 부분을 바르게 고치고 왜 틀렸는지 여러분의 영작과 비교해 보세요.

1   I <u>playing</u> the piano right now. Yesterday at this time, I <u>played</u> the piano. Tomorrow at this time, I <u>will playing</u> the piano.

→

2   Tomorrow I am going to go to America. When I <u>will arrive</u> at the airport, Junha <u>going to waiting</u> for me.

→

3   I don't want to play soccer because it <u>rains</u>. The same thing <u>happen</u> yesterday. Because it <u>raining</u>, I didn't want to play soccer.

→

4   Mom is taking a nap in the living room. I <u>am not wanting</u> to wake her up. She <u>need</u> some rest.

→

09 완료시제(The Perfect Tense)

우리나라 언어에는 완료시제란 것이 없어서 다른 어느 시제 보다 완료시제를 이해하기가 힘듭니다. 과거, 현재, 미래의 한 순간을 기점으로 그 당시 모든 일이 완료되었을 때 완료시제를 씁니다.

1 현재완료시제(Present Perfect)

Young-hee has already finished her homework. 영희는 이미 숙제를 끝냈다.

현재를 기점으로 볼 때 영희는 이미 숙제를 끝냈습니다. 언제 숙제를 했는지는 큰 의미가 없고 지금 이 순간에는 끝냈다는 사실이 중요합니다.

2 과거완료시제(Past Perfect)

Young-hee had already finished her homework when I visited her place.
내가 그녀의 집에 도착했을 때 영희는 이미 숙제를 끝냈다.

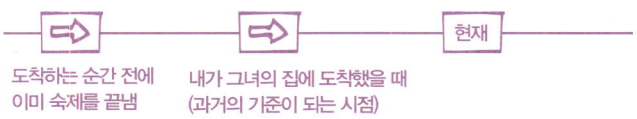

내가 그녀의 집에 도착한 순간(과거의 한 순간) 이전에 이미 숙제를 끝냈습니다. 이는 과거의 한 순간을 기점으로 그 이전에 모든 행동이 끝난 걸 의미합니다. 이때 과거완료시제를 씁니다.

3 미래완료시제(Future Perfect)

Young-hee will already have finished her homework when I get back home.
내가 집에 돌아가면 영희는 이미 숙제를 끝냈을 것이다.

내가 집에 돌아갈 순간(미래의 한 순간) 이전에 영희는 이미 숙제를 끝냈을 것입니다(미래). 이렇게 미래의 한 순간을 기점으로 그 이전에 미래에 어떤 행동을 끝낼 경우에 미래완료시제를 씁니다.

완료시제의 4가지 의미

(1) 완료 : 기준이 되는 시점에서 모든 일이 완료되었을 때
I have just finished my paper. 나는 막 과제를 끝냈다. (기준시점 : 현재)
I will have finished my homework by the time you call me.
네가 전화할 때까지 난 숙제를 모두 끝냈을 것이다. (기준시점 : 네가 전화할 때 – 미래)

(2) 경험 : 기준이 되는 시점까지 어떤 경험을 했을 때
I have never been to Rome. 난 로마를 방문한 적이 없다. (기준시점 : 현재)
If I see this movie once more, I will have seen it three times.
만약 내가 이 영화를 한 번 더 본다면 난 세 번 보는 것이 된다. (기준시점 : 영화를 한 번 더 볼 때 – 미래)

(3) 계속 : 기준이 되는 시점까지 어떤 경험을 했을 때
I have known him for many years. 나는 수년 동안 그를 알아왔다. (기준시점 : 현재)
My grandma had been sick for two days when Mom saw her.
엄마가 할머니를 만났을 때 할머니는 이틀 동안 아프셨다. (기준시점 : 엄마가 할머니를 만났을 때 – 과거)

(4) 결과 : 기준이 되는 시점까지의 결과
My aunt has gone to Italy. 숙모는 이탈리아에 가셨다. (기준시점 : 현재)
He had already left before his wife got there. 그는 부인이 그곳에 도착하기 전에 이미 그곳을 떠났다.
(기준시점 : 부인이 그곳에 도착했을 때 – 과거)

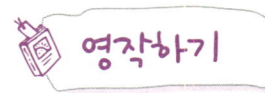 영작하기

앞에서 설명한 완료시제를 중심으로 다음의 문장들을 영작하세요. (다른 시제가 포함될 수도 있습니다.)

1. 해가 이미 떴다. 해는 여섯 시에 떴다. (the sun, rise)

   →

2. 이곳에 이사 온 이래로 난 많은 친구들을 사귀었다. (move, make friend)

   →

3. 나는 1993년에 태어났다. 2003년에 나는 이 세상에서 10년을 살았다. 현재 난 이 세상에서 15년 살았다. (born, by 2003, live, on this earth)

   →

4. 어제 난 길에서 명희를 만났다. 난 그녀를 오랫동안 보지 못했다. 그녀는 쌍꺼풀 수술을 해서 처음에 난 그녀를 알아보지 못했다. (see, for a long time, have a double-eyelids operation)

   →

5. 아버지와 어머니는 오랫동안 결혼생활을 하셨다. 내년 3월이면 두 분은 결혼한 지 25년 될 것이다. 그분들의 결혼기념일은 3월에 있다. (marry, next March)

   →

다른 사람의 영작보기

다음 문장들의 밑줄 친 부분이 틀린 부분입니다. 밑줄 친 부분을 바르게 고치고 왜 틀렸는지 여러분의 영작과 비교해 보세요.

1. The sun <u>has risen already</u>. The sun <u>rised</u> at 6:00.
   →

2. I <u>made</u> many <u>friend</u> since I moved <u>to here</u>.
   →

3. I was born <u>at 1993</u>. By 2003, I lived <u>for ten years on this earth</u>. At present, I <u>lived</u> on this earth for 15 years.
   →

4. Yesterday I met Myung-hee on <u>street</u>. I <u>didn't see</u> her for a long time. I <u>have not recognized</u> her at first because she had a double-eyelids operation.
   →

5. My father and mother <u>have married</u> for a long time. Next March, they will <u>have married</u> for 25 years. Their anniversary is in March.
   →

10 조동사(Modal) 1
– must / have to / should / ought to ~해야만 한다

우리말로 must, have to, should, ought to는 모두 '~해야만 한다'입니다. 하지만 영어로는 이 단어들이 조금씩 다른 의미를 지니고 있습니다. must(have to)는 신호등이 붉은색일 때 꼭 차를 멈춰야 하는 것처럼 하지 않으면 절대로 안 되는 것, 그리고 should와 ought to는 열이 있으니 의사를 만나라는 것처럼 내가 생각하기에 좋아서 권고한다는 의미를 지니고 있습니다. 또 must의 부정형인 must not은 '~해서는 안 된다'이지만 'don't(doesn't) have to'는 '~할 필요가 없다'라는 다른 의미를 지니게 됩니다. 그리고 '~해야만 한다'의 과거형은 had to입니다.

If a traffic light is red, cars <u>must(have to)</u> stop. 신호등이 붉은색일 경우 차는 멈춰야만 한다.
　　　　　　　　　　　　　　　　절대적으로 해야만 하는 것

If a traffic light is green, cars <u>must not</u> stop. 신호등이 초록색일 경우 차는 멈추면 안 된다.
　　　　　　　　　　　　　　　　must의 부정형

You <u>don't have to</u> go there if you don't want to. 네가 원하지 않는다면 갈 필요가 없다.
　　　~할 필요가 없다

I <u>had to</u> study last night. 난 지난밤에 공부를 해야만 했다.
　have to의 과거형

You have a slight fever. You <u>should(ought to)</u> see a doctor.
　　　　　　　　　　　　　　→ 생각하기에 더 좋으므로 권고

열이 약간 난다. 의사를 만나는 게 좋겠다.

We were worried about you. You <u>should have called</u> us yesterday.
　　　　　　　　　　　　　　　　should have 동사의 과거분사

우리는 걱정을 했다. 너는 어제 우리에게 전화를 했어야만 했다.(실제로는 전화하지 않았다.)

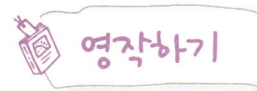 영작하기

앞에서 설명한 조동사를 중심으로 다음의 문장들을 영작하세요.

1   모든 사람들이 모임에 참가해야 합니까? (do, be at the meeting)

→

2   옷이 더럽다. 나는 옷을 빨아야만 하겠다. (clothes, dirty, wash)

→

3   당신은 졸릴 때 운전하면 안 된다. 차를 세우고 약간의 휴식을 취해야만 한다.
(drive, sleepy, stop, take)

→

4   (당신은) 해외여행 갈 때 여권을 지참해야만 한다. (travel, have, passport)

→

5   당신에게 신용 카드가 있다면 현금으로 물건 값을 낼 필요가 없습니다.
(credit card, pay for a purchase, cash)

→

6   어제 네게 전화하지 못해 미안하다. 난 늦게까지 공부를 해야만 했다. (call, study late)

→

7   너는 시험에 떨어졌다. 공부를 더 열심히 했어야 했는데. (fail the exam, study)

→

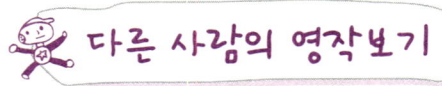

다음 문장들의 밑줄 친 부분은 틀린 부분입니다. 밑줄 친 부분을 바르게 고치고 왜 틀렸는지 여러분의 영작과 비교해 보세요.

1   <u>Does everyone must</u> be at the meeting?

    →

2   My clothes are dirty. I <u>must</u> wash <u>my clothes</u>.

    →

3   You <u>should not</u> drive a car when you are sleepy. You should stop a car and take a rest.

    →

4   You must(have to) have a passport when you <u>are going to travel</u> abroad.

    →

5   You <u>must not</u> pay for a purchase <u>with</u> cash if you have a credit card.

    →

6   Sorry. I didn't <u>call to you</u> yesterday. I <u>must have studied</u> late.

    →

7   You failed the exam. You <u>had to study</u> harder.

    →

11 조동사(Modal) 2
– will / must / ought to / may / might / could ~임에 틀림이 없다

will, must, ought to, may, might, could가 모두 '~임에 틀림이 없다'로 쓰이는 경우가 있습니다. 이 경우 의미가 모두 같지만 확신의 정도는 다릅니다. will은 미래에 일어날 100%의 확신을, must는 95%, ought to는 약 90%, 그리고 may, might could는 50% 이하의 확신을 나타냅니다.

Please be on time. I <u>will</u> be there. (100%의 확신)
제 시간에 와. 난 그곳에 있을 거야.

You're coughing and sneezing. You <u>must</u> have a cold. (95%의 확신)
넌 기침하고 코를 훌쩍거리네. 감기에 걸린 것이 틀림없어.

Don't worry. You <u>ought to</u> do well on the test. (90%의 확신)
걱정하지 마. 시험을 잘 볼 거야.

Please don't call me tonight. I <u>may(might, could)</u> go to the movie with Jin-young. (50% 이하의 확신)
오늘 밤에는 전화하지 마. 어쩌면 난 진영이와 영화 보러 갈지도 몰라.

과거형

must(may, might) have 동사의 과거형 : ~였음에 틀림이 없다(~였을지도 모른다)

Young-sun <u>must have stayed</u> up late last night.
영선이는 어젯밤 늦게까지 앉아 공부했음에 틀림이 없다.

 영작하기

앞에서 설명한 조동사를 중심으로 다음의 문장들을 영작하세요.

1   그는 지금 하품을 하고 있다. 졸린 게 틀림이 없다. (yawn, sleepy)
→

2   잠깐만 기다리세요. 의사 선생님이 잠시 후 오실 것입니다. (wait, back, in a few minutes)
→

3   난 오늘 밤 약간 늦을지도 몰라. 내 걱정하지 마. (a little late, worry about)
→

4   영화 앞에 많은 사람들이 줄을 서 있어. 그 영화는 재미있나 봐.
(stand in the line, interesting)
→

5   선생님은 매일 푸른색 계통의 옷을 입어. 푸른색을 좋아하시는 게 분명해.
(wear, something blue)
→

6   희선이는 어디에 있지? 모르겠어. 백화점에 있을지도 몰라. (at the department store)
→

7   유진이는 어제 결석을 했다. 그녀는 아팠던 것이 틀림없다. (absent, sick)
→

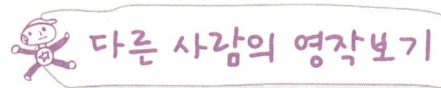

다른 사람의 영작보기

다음 문장들의 밑줄 친 부분은 틀린 부분입니다. 밑줄 친 부분을 바르게 고치고 왜 틀렸는지 여러분의 영작과 비교해 보세요.

1   He is yawning right now. He <u>must</u> sleepy.
→ ……………………………………………………………………………………………

2   Wait a few minutes. The doctor <u>will back</u> in a few minutes.
→ ……………………………………………………………………………………………

3   I <u>must</u> be a little late tonight. Don't worry about me.
→ ……………………………………………………………………………………………

4   Many people are standing in front of the movie. The movie <u>may interesting</u>.
→ ……………………………………………………………………………………………

5   My teacher wears something blue everyday. My teacher <u>may like blue color</u>.
→ ……………………………………………………………………………………………

6   Where is Hee-sun? I don't know. She <u>may is</u> at the department store.
→ ……………………………………………………………………………………………

7   Yu-jin <u>absented</u> yesterday. She must <u>have</u> sick.
→ ……………………………………………………………………………………………

조동사(Modal) 3
– will과 be going to, shall 그리고 can과 be able to

1 will과 be going to : ~할 것이다

will과 be going to는 우리말로 모두 '~할 것이다'입니다. '공부를 열심히 했기 때문에 시험에 통과할 것이다'처럼 어떤 일을 예견할 때는 이 두 (보)조동사가 모두 쓰입니다. 하지만 '숙제를 도와주는 것'처럼 말하는 사람의 의지가 들어갈 때는 will을 쓰고, '수학여행 가는 것'처럼 확실한 일정이 정해졌을 때는 be going to를 씁니다.

Sung-min will(is going to) pass the exam because he studies very hard.
성민이는 공부를 열심히 했기 때문에 시험에 통과할 것이다.
→ 예견되는 미래의 경우에는 will과 be going to가 모두 사용 가능

I will help you with your homework. 나는 네 숙제를 도와줄 것이다.
→ 말하는 사람의 의지가 들어가거나 말하는 순간 결정을 내렸을 때

We are going to have a field trip this Wednesday.
이번 주 수요일에 우리는 수학여행을 갈 것이다.
→ 확실하게 미리 결정된 일

2 will과 shall

shall도 will과 마찬가지로 1인칭 주격 대명사(I, will)와 함께 사용되어 미래를 나타냅니다. 그러나 현대에는 shall보다는 will이 더 많이 쓰이는 추세입니다.

I shall arrive at 8:30. 난 8시 30분에 도착할 예정이다.

그러나 shall이 1인칭 주격 대명사와 함께 의문형으로 사용될 때는 공손한 표현으로 많이 사용됩니다.

Shall we dance? 춤추시겠습니까?

Shall I open the door? 문을 열어도 될까요?

shall이 3인칭 주격 대명사와 함께 사용되기도 합니다. 하지만 조심하세요. 이런 경우에는 말하는 사람의 의지가 들어갑니다.

He shall die. = I will let him die. 그는 죽게 될 것이다.(난 그가 죽게 할 것이다.)

3 can과 be able to : ~할 수 있다

can과 be able to는 모두 '~할 수 있다'는 뜻입니다.

I can(am able to) help you if you want.
네가 원한다면 난 너를 도울 수 있어.

하지만 '난 내일 너를 도울 수 있을 거야'처럼 조동사 will과 can을 함께 쓸 경우 can은 be able to의 형태를 취합니다.

I will be able to help you tomorrow if you want.
네가 원한다면 난 내일 너를 도울 수 있을 거야.

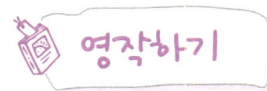 영작하기

앞에서 설명한 조동사를 중심으로 다음의 문장들을 영작하세요.

1   저녁을 먹은 후 난 TV를 볼 것이다. (after, watch TV)
→

2   이 상자는 네가 혼자 들기에 너무 무겁다. 내가 도와줄게. (too heavy to carry)
→

3   늦지 마라. 버스는 내일 아침 9시에 떠날 것이다. (late, leave)
→

4   난 이 문장들을 이해할 수 없다. (understand, sentence)
→

5   나는 중국어를 모른다. 나를 도와줄 수 있겠니? 좋아. 내가 너를 위해 번역해 줄께.
(Chinese, help, sure, translate)
→

6   언젠가 우리는 그의 침묵의 의미를 이해할 수 있을 거야.
(someday, understand, meaning, silence)
→

7   내 딸은 이번 2월에 졸업할 것이다. 그 후 내 딸은 전자회사에서 근무할 것이다.
(my daughter, graduate, after that, at an electronics firm)
→

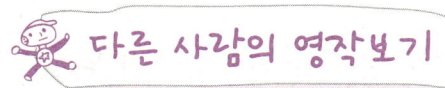
다른 사람의 영작보기

다음 문장들의 밑줄 친 부분은 틀린 부분입니다. 밑줄 친 부분을 바르게 고치고 왜 틀렸는지 여러분의 영작과 비교해 보세요.

1 I will watch TV after I <u>will eat</u> dinner.
   →

2 This box is too heavy <u>to carry you alone</u>. I <u>am going to help</u> you.
   →

3 <u>Don't late</u>. The bus <u>will leave</u> at 9 o'clock tomorrow morning.
   →

4 I can't understand <u>this sentences</u>.
   →

5 I don't know <u>chinese</u>. Can you help me? Sure. I <u>am going to translate</u> for you.
   →

6 Someday we <u>can</u> understand the meaning of his silence.
   →

7 My daughter <u>graduates</u> this February. After that, she <u>works</u> at an electronics firm.
   →

13 다른 생각을 연결하는 표현들(Connecting Ideas) 1
– and와 or

and와 or는 두 개 이상의 단어들과 구들을 연결하는 접속사입니다. and와 or를 쓸 때 연결하는 단어들과 구들이 문법적으로 같은 기능을 해야 한다는 점을 꼭 기억하세요.

(1) 명사 and(or) 명사

　　Myung-hee and I are close friends.　명희와 나는 친한 친구이다.
　　　명사　　and 명사

　　Myung-hee or I will go to that concert.　명희나 내가 음악회에 갈 것이다.
　　　명사　　or 명사

(2) 동사 and(or) 동사

　　Jin-su raised his hand and asked the teacher a question.
　　　　　동사　　　　　　　　and　동사
　　진수는 손을 들어 선생님께 질문을 했다.

　　Most of them are shouting or (are) crying because they saw the accident.
　　　　　　　　　　동사　　　or　동사
　　대부분의 사람들은 그 사건을 보고 소리치거나 울고 있었다.

(3) 형용사 and(or) 형용사

This sofa is <u>pretty</u> and <u>comfortable</u>. 이 소파는 예쁘고 안락하다.
     형용사 and 형용사

Is this lemon juice <u>sweet</u> or <u>sour</u>? 이 레몬 주스는 달콤한가 아니면 신가?
        형용사 or 형용사

(4) 문장 and(or) 문장

<u>I washed my hands</u> and <u>(I) brushed my teeth</u> after I get up.
  문장   and   문장
일어난 후에 나는 손을 씻고 이를 닦았다.

<u>Do we have a class this Saturday</u> or <u>is this Saturday a holiday</u>?
    문장   or   문장
이번 토요일에 수업이 있니 아니면 휴일이니?

(5) 단어나 구가 3개 이상일 때

단어나 구가 3개 이상일 때에는 맨 마지막 단어나 구 앞에 콤마를 찍은 후 and(or)를 쓴다.

I like to play baseball, basketball, volleyball<u>, and</u> table tennis.
나는 야구, 농구, 배구와 탁구하기를 좋아한다.

When I have some free time, I read books, listen to music<u>, or</u> take a nap.
시간이 나면 나는 책을 읽거나, 음악을 듣거나 낮잠을 잔다.

앞에서 설명한 연결하는 표현들을 중심으로 다음의 문장들을 영작하세요.

1 영미는 예쁘고, 똑똑하고, 친절하다. (pretty, smart, kind)
→

2 커피나 티, 또는 오렌지 주스를 주문해도 될까요? (order, coffee, tea)
→

3 나는 매일 아침 8시에 일어나서, 가벼운 아침을 먹고, 학교에 간다. (a light breakfast)
→

4 집에 오면 선진이는 언제나 TV를 보거나 휴식을 취한다. (when, take a rest)
→

5 부모님은 항상 내게 안정감, 따뜻함과 사랑을 주신다. (offer, a feeling of security)
→

6 어젯밤 너는 외출했니? 아니면 집에 있었니? (go out, stay)
→

7 명진이는 음악을 좋아하고, 명수는 스포츠를 좋아한다. (music, sports)
→

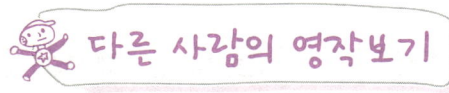

다음 문장들의 밑줄 친 부분은 틀린 부분입니다. 밑줄 친 부분을 바르게 고치고 왜 틀렸는지 여러분의 영작과 비교해 보세요.

1 Young-mi is <u>pretty and smart and kind</u>.
   →

2 Can I order <u>coffee or tea or orange juice</u>?
   →

3 I <u>woke</u> up at 8 o'clock every morning, <u>had</u> a light breakfast and <u>went</u> to school.
   →

4 When <u>she comes home Sun-jin</u> always watches TV or takes a rest.
   →

5 My <u>parent</u> always offer me a feeling of <u>security, warm and love</u>.
   →

6 Did you go out <u>yesterday night</u> or <u>did you stay home</u>?
   →

7 Myung-jin likes <u>a music</u> and Myung-su likes <u>a sport</u>.
   →

14 다른 생각을 연결하는 표현들(Connecting Ideas) 2
– 순서에 따른 글을 쓸 때

(1) **First(of all) / Second / Third / Last** : 첫 번째, 두 번째, 세 번째……, 마지막

일반적으로 어떤 사건이나 생각을 순서적으로 나열할 때 가장 많이 쓰이는 표현입니다.

(2) **After that / Next / Then** : 그런 후

After that, Next, Then을 쓴 다음에 항상 콤마를 씁니다.

Check your luggage. <u>After that</u>, go to the gate 21. 짐을 검사하시오. 그리고 21번 게이트로 가시오.
　　　　　　　　　　 Next,　　　　　　　　나중의 일
　　　　　　　　　　 Then,

(3) **before 주어 + 동사, before 명사** : ~하기 전에 → before 이후가 나중에 일어난 일

<u>We bought tickets</u> before <u>we entered the amusement park</u>.
　먼저 일어난 일　　　　　　　나중에 일어난 일(주어 + 동사)

놀이 공원에 입장하기 전에 우리는 표를 샀다.

<u>I had a cup of coffee</u> before <u>class</u>.　수업에 들어가기 전에 커피 한 잔을 마셨다.
　먼저 일어난 일　　　　　나중에 일어난 일(명사)

(4) **after 주어 + 동사, after 명사** : ~한 후에 → after 이후가 먼저 일어난 일

After <u>I ate breakfast</u>, <u>I went to school</u>.　아침을 먹은 후 학교에 갔다.
　　　먼저 일어난 일　　　나중에 일어난 일

After <u>the movie</u>, <u>we went home</u>. 영화가 끝난 후에 우리는 집에 갔다.
　　　먼저 일어난 일　　　나중에 일어난 일

(5) when 주어 + 동사, 주어 + 동사 : ~할 때 → 거의 비슷한 시기에 일어난 일

When <u>I was a child</u>, <u>I lived in Dae-gu</u>. 어렸을 때 난 대구에서 살았다.
→ 어렸을 때와 대구에 살았던 일은 거의 비슷한 시기에 일어난 일

(6) while 주어 + 동사, 주어 + 동사 : 일정기간 동안 ~을 할 때

While <u>the teacher was talking</u>, <u>I raised my hand</u>. 선생님이 말씀하시는 동안 난 손을 들었다.
　　동시에 일어났지만 일정기간 동안 행할 때

 잠깐만!

after, before, when, while이 문장의 처음에 나올 때는 이들 접속사가 이끄는 문장이 끝난 후 콤마가 나온다는 사실 꼭 기억하세요!

When I was a child, I lived in Dae-gu.
I lived in Dae-gu when I was a child.

after, while, before, when처럼 시간을 나타내는 접속사와 함께 쓴 절의 경우
→ 미래의 일을 말할 때 현재시제가 미래를 대신함

<u>When I see him tomorrow</u>, <u>I will ask him</u>. 내일 그를 보면 그에게 물어볼 거야.
　　내일 그를 만나는 것　　　그에게 물어보는 것

→ 동시에 일어나는 일
→ 미래시제의 경우 현재시제가 미래를 대신

 영작하기

앞에서 설명한 연결하는 표현들을 중심으로 다음의 문장들을 영작하세요.

1   똑바로 가십시오. 그런 후 코너에서 왼쪽으로 가세요. (straight, turn, at the corner)
→ _____

2   어제 쇼핑을 갔을 때 미영이는 빨간 셔츠를 샀다. (go shopping, a red shirt)
→ _____

3   다음 주에 부산에 가면 난 하얏트 호텔에서 머물 것이다.
(go Bu-san, stay, the Hyatt Hotel)
→ _____

4   숙제를 끝낸 후, 난 자러 갈 것이다. (go, finish)
→ _____

5   창훈이는 신문기자가 되기 전에 사업가였다. (business man, become, journalist)
→ _____

6   다음 달에 중간고사를 보기 전에 난 공부를 열심히 할 것이다.
(study, take the mid-term exam)
→ _____

7   독감으로 내가 침대에 누워있는 동안, 누군가가 문을 두드렸다. (lie in bed with flu)
→ _____

다른 사람의 영작보기

다음 문장들의 밑줄 친 부분은 틀린 부분입니다. 밑줄 친 부분을 바르게 고치고 왜 틀렸는지 여러분의 영작과 비교해 보세요.

1. Go <u>to straight</u>. <u>After that</u> turn left at the corner.
   → ....

2. When <u>she</u> went shopping yesterday, <u>Mi-young buy</u> a red shirt.
   → ....

3. When I <u>will</u> go to <u>Busan I</u> will stay at the Hyatt Hotel.
   → ....

4. I will go to bed <u>after finish</u> my homework.
   → ....

5. <u>Before</u> Chang-hoon was <u>business man</u>, he became <u>journalist</u>.
   → ....

6. I will study hard before I <u>will take</u> the mid-term exam next month.
   → ....

7. While I <u>lying</u> in bed with flu, somebody knock the door.
   → ....

15 다른 생각을 연결하는 표현들(Connecting Ideas) 3
– 반대되는 것을 대조하는 글을 쓸 때

(1) But / However / On the other hand : 그러나 → 전후 문맥이 반대일 때

The weather is cold today, but it was warm yesterday.
    오늘은 추움, 어제는 따뜻했음   →   서로 상반되는 이야기

날씨가 오늘은 춥지만 어제는 따뜻했다.

I had a lot of studying to do. However, I watched my favorite soap opera.
                                       but 보다 공식적

난 공부할 게 많지만 내가 가장 좋아하는 연속극을 보았다.

My elder brother is tall. On the other hand, my younger brother is small.
                            형은 크지만 동생은 작다처럼 서로 대칭되는 내용일 때

내 형은 키가 크다. 반면에 내 동생은 키가 작다.

(2) While / Whereas : ~반면에

While my room is messy, my sister's room is clean.
내 방은 더러운 반면에 여동생의 방은 깨끗하다.

Most Israelis are Jewish whereas a majority of Egyptians are Muslim.
대부분의 이스라엘 사람들은 유대교인 반면에 대다수의 이집트인들은 이슬람교도이다.

(3) Nevertheless / Nonetheless : ~에도 불구하고 → 예기치 않은 행동을 할 때

일반적으로 저녁을 많이 먹으면 배가 부릅니다. 하지만 우리의 일반적 생각과 달리 호동이는 여전히 배가 고픕니다. 또는 충고가 좋은 것을 알면서도 이를 따르지 않는 것처럼 예기치 않은 상반된 행동을 할 때 nonetheless나 nevertheless를 씁니다.

Ho-dong had a large dinner. <u>Nevertheless</u>, he is still hungry.
호동이는 저녁을 많이 먹었다. 그럼에도 불구하고 여전히 배가 고프다.

Min-su gave me some good advice, <u>nonetheless</u> I did not follow it.
민수는 내게 좋은 충고를 했다. 그럼에도 불구하고 난 여전히 따르지 않았다.

(4) Although / Even though / despite / in spite of : ~임에도 불구하고

Although / Even though 주어 + 동사, 주어 + 동사
despite / in spite of 명사, 주어 + 동사

<u>Even though(Although)</u> I was sleepy, I finished my homework.
비록 나는 졸렸지만 숙제를 끝냈다.

<u>Despite(In spite of)</u> the cold weather, I went for a walk.
추운 날씨에도 불구하고 난 산책을 갔다.

while의 '~하는 동안에'와 '~반면에'의 의미를 구분하는 방법

일반적으로 전후 맥락을 보고 구분합니다. 특히 while이 이끄는 절의 시제가 진행형이고, 주절이 단순시제일 때는 대부분 '~하는 동안에'의 뜻으로 해석되는 경우가 많습니다.

While Mom was doing the dishes, the phone rang. 엄마가 설거지를 하는 동안 전화가 울렸다.

While Young-hee is tall, her sister, Young-sun, is short. 영희는 키가 큰 반면 동생인 영선이는 키가 작다.

although(even though)와 nonetheless의 차이

'although(even though) + 주어 + 동사, 주어 + 동사'의 경우처럼 절을 이끄는 접속사로 꼭 although가 이끄는 종속절과 주절의 두 문장이 있어야 한다면 nevertheless(nonetheless)는 부사로 단지 한 문장만을 쓸 수 있습니다.

Although <u>he is rich</u>, <u>I cannot marry him</u>. 그가 부자임에도 불구하고 난 그와 결혼할 수 없다.
          주어 + 동사(문장1) 주어 + 동사(문장2)

He is rich. Nevertheless, I cannot marry him. 그는 부자이다. 그럼에도 불구하고 난 그와 결혼할 수 없다.

 **영작하기**

앞에서 설명한 연결하는 표현들을 중심으로 다음의 문장들을 영작하세요.

1 자러 갔지만 잠을 잘 수 없었다. (go to bed, cannot)
→

2 공부를 열심히 했음에도 불구하고 그는 시험에 떨어졌다. (study, fail the exam)
→

3 엄마는 개를 좋아하신다. 반면에 아빠는 개를 싫어하신다. (like, hate)
→

4 날씨가 좋음에도 불구하고 정선이는 집에 있었다. (fine weather, stay)
→

5 난 너의 생각을 이해한다. 하지만 난 그것에 동의하지는 않는다. (your idea, agree with)
→

6 날씨가 춥고 흐렸다. 그럼에도 불구하고 우리는 관악산을 등반했다. (cold, cloudy, climb)
→

7 원룸아파트는 네게 사생활을 제공한다. 반면에 기숙사 생활은 많은 재미를 제공한다.
(studio, give, privacy, dormitory life, fun)
→

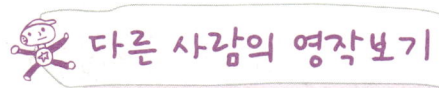
다른 사람의 영작보기

다음 문장들의 밑줄 친 부분은 틀린 부분입니다. 밑줄 친 부분을 바르게 고치고 왜 틀렸는지 여러분의 영작과 비교해 보세요.

1   I went to bed, but I <u>cannot</u> sleep.
    → ....

2   <u>Nonetheless</u> he studied hard, he <u>fail</u> the exam.
    → ....

3   Mom likes <u>dog</u>, whereas Dad hates <u>it</u>.
    → ....

4   <u>Despite</u> the weather fine, Jung-sun stayed home.
    → ....

5   I understand your idea, but I <u>am not agree</u> with it.
    → ....

6   <u>Nevertheless</u> the weather was cold and cloudy, we climbed Mt. Gwanak.
    → ....

7   <u>Studio</u> gives you <u>a privacy</u>, <u>but</u> dormitory life gives you a lot of fun.
    → ....

16 다른 생각을 연결하는 표현들(Connecting Ideas) 4
– 원인과 결과를 나타내는 글을 쓸 때

(1) Because(For) 주어 + 동사 / Because of 명사 : ~ 때문에
   Because 주어 + 동사(Because of 명사), 주어 + 동사 : ~ 때문에 ~하다
   　　　원인　　　　　　　　　　　　　　　　결과

   Ji-hoon is in good shape physically because he gets a lot of exercise.
   　　　　　　결과　　　　　　　　　　　　　　원인(주어 + 동사)

   지훈이는 많은 운동을 하기 때문에 몸이 좋다.

   Because of the bad weather, we postponed our picnic.
   　　　원인 (명사)　　　　　　　　결과

   나쁜 날씨 때문에 우리의 소풍을 연기했다.

(2) Now that 주어 + 동사 : ~ 때문에(주로 현재나 미래 상황의 원인 = because now)

   Now that you finished your homework, you can go to the movie.
   　　　　　원인　　　　　　　　　　　결과(미래 상황)

   이제 숙제를 끝냈으므로 영화를 보러 갈 수 있다.

   Now that the English class is over, we are going to rest for a few minutes.
   　　　　　원인　　　　　　　　　　　　결과(미래 상황)

   영어수업이 끝났으므로 우리는 몇 분 쉴 것이다.

   Now that you finished your homework, you can go to the movie.
   　　　　　원인　　　　　　　　　　　결과(현재의 상황)

   너가 숙제를 끝냈으므로 영화를 보러 갈 수 있다.

(3) Since 주어 + 동사 : ~때문에(원인이 진리이거나 알려진 사실일 때)

<u>Since Wednesday is Valentine's day,</u> <u>I will give him chocolate.</u>
원인(수요일이 밸런타인 데이인 것은 진실) 결과

* since가 시간을 나타내는 접속사일 때는 해석이 '~이래로'라는 걸 기억해두세요.

<u>I haven't seen Mom since I came home.</u>   집에 온 이래로 엄마를 보지 못했다.

(4) So / Therefore / Consequently / As a result : 그래서

<u>주어 + 동사</u>, so(therefore, as a result) <u>주어 + 동사</u>
원인 결과

<u>He fell in love with Sung-hee,</u> <u>so</u> <u>he got married to her</u>.
원인 therefore 결과
consequently

그는 성희와 사랑에 빠졌다. 그래서 그는 그녀와 결혼했다.

<u>He went outside without wearing a coat.</u> <u>As a result he caught a cold</u>.
원인 결과

그는 코트를 입지 않고 외출했다. 그래서 그는 감기에 걸렸다.

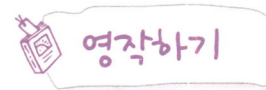 영작하기

앞에서 공부한 연결하는 표현들을 중심으로 다음의 문장들을 영작해 보세요.

1. 영희는 영국에 5년 살았기 때문에 영어를 잘한다. (live, England, speak)

   → Because _____

2. 신학기가 시작되었기 때문에 우리는 할 일이 많다. (new semester, a lot of things)

   → Now that _____

3. 아들이 아프기 때문에 난 오늘 그 애를 돌봐야만 한다. (sick, take care of)

   → Since _____

4. 비가 멈추었다. 그래서(so) 우리는 산책을 가기로 결정했다. (stop, decide, go for a walk)

   → _____

5. 그 자동차 사고 때문에 교통이 매우 혼잡하다. (car accident, traffic, heavy)

   → _____

6. 모든 사람들이 대도시에 살기를 원한다. 그 결과 대도시에는 인구가 점점 더 증가한다.
   (everybody, big city, population, grow)

   → _____

7. 어둠을 무서워하기 때문에 희정이는 밤마다 불을 켜놓기를 좋아한다.
   (afraid, the dark, have a light)

   → Because _____

다른 사람의 영작보기

다음 문장들의 밑줄 친 부분은 틀린 부분입니다. 밑줄 친 부분을 바르게 고치고 왜 틀렸는지 여러분의 영작과 비교해 보세요.

1　Because Young-hee lived <u>5 years in England. She</u> speaks English very well.
→

2　Now that the new semester <u>begin</u>, we have a lot of things to do.
→

3　Since my son is sick, I <u>should</u> take care of him today.
→

4　The rain <u>stop</u>. <u>So</u>, we <u>decide</u> to go for a walk.
→

5　<u>Because the car accident</u>, the traffic is heavy.
→

6　Everybody <u>want</u> to live in big cities. As a result, the population of <u>this cities are</u> growing more and more.
→

7　She likes to have a light at nights. <u>Because</u> Hee-jung is afraid of the dark.
→

다른 생각을 연결하는 표현들(Connecting Ideas) 5
- 조건과 결과를 나타내는 글을 쓸 때

(1) If 주어 + 동사, 주어 + 동사 : ~한다면 ~할 텐데

If I have some free time tomorrow, I will go shopping.
　　　　가능한 조건　　　　　　　　　　　결과

만약 내일 자유 시간이 있다면 쇼핑을 갈 텐데.

(2) Whether 주어 + 동사 (or not), 주어 + 동사 : 조건에 상관하지 않고 무조건 결과가 일어남

I will go shopping tomorrow whether I have some free time or not.
　조건에 상관없이 결과 일어남　　　　　　　　상반된 조건

자유 시간이 있든 없든 내일 난 쇼핑을 갈 것이다.

(3) Even if 주어 + 동사, 주어 + 동사 : 조건에 상관없이 결과적 행동이 일어남

Even if I don't have some free time tomorrow, I will go shopping.
　　　　발생할 수 있는 조건　　　　　　　　　조건과 상관없는 결과

비록 내일 자유 시간이 없다하더라도 난 쇼핑을 갈 것이다.

(4) Unless(if ~ not) 주어 + 동사, 주어 + 동사 : ~하지 않는다면 ~할 것이다

Unless you are twenty years old, you can't get a driver's licence.

네가 20살이 되지 않으면 운전면허증을 딸 수 없다.

(5) Otherwise(Or else) : 만약 그렇게 하지 않는다면

We must buy tickets. Otherwise(Or else) we can't enter the theater.
　　　　조건　　　　　　　　　　그렇게 하지 않을 경우의 결과

우리는 표를 사야만 한다. 그렇지 않으면 그 극장에 들어갈 수 없다.

234

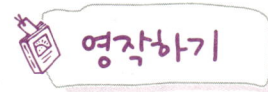 **영작하기**

앞에서 공부한 연결하는 표현들을 중심으로 다음 문장을 영작하세요.

1 난 항상 아침을 먹는다. 그렇지 않으면 수업 시간에 배가 고파진다.
   (breakfast, get hungry, class)
   → _____

2 주말마다 부모님께 전화를 걸지 않으면 내 걱정을 많이 하실 것이다.
   (call, on weekends, worry about)
   → _____

3 내일 일찍 일어난다면 난 헬스클럽에 갈 것이다. (get up, fitness center)
   → _____

4 난 그가 가난할지라도 그와 결혼할 것이다. (marry, poor)
   → _____

5 몸이 나아지든 말든 난 내일 학교에 갈 것이다. (go to school, feel better)
   → _____

6 네가 그 음식을 냉장고에 넣지 않으면 상할 것이다. (keep, refrigerator, go bad)
   → _____

7 선생님은 성수가 사과를 하든 안 하든 그를 용서하지 않을 것이다. (forgive, apologize)
   → _____

 다른 사람의 영작보기

다음 문장들의 밑줄 친 부분은 틀린 부분입니다. 밑줄 친 부분을 바르게 고치고 왜 틀렸는지 여러분의 영작과 비교해 보세요.

1   I <u>eat always</u> breakfast. <u>otherwise</u> I get hungry <u>in class</u>.
    →

2   Unless I <u>don't call</u> my parents on weekends, they <u>worry</u> about me.
    →

3   If I <u>will get up</u> early tomorrow morning, I will go to <u>fitness center</u>.
    →

4   <u>Even if he is poor</u> I will <u>marry with</u> him.
    →

5   I will go to school tomorrow whether I <u>will feel</u> better or not.
    →

6   If you don't keep that food in <u>refrigerator</u>, <u>It</u> will go bad.
    →

7   Whether Sung-su <u>apologize or not</u> my teacher will not forgive him.
    →

18 정확한 구두점 쓰기(Punctuation)

1 마침표(.)

긍정문이나 부정문, 혹은 명령문을 끝낼 때 사용합니다.

I like apples.
He is not rich.
Please close the door.

2 의문부호(?)

의문문을 끝낼 때 사용합니다.

Can you pass me the salt?

3 느낌표(!)

감탄이나 놀라움을 나타낼 때 사용합니다.

What a beauty she is!

4 콤마(,)를 쓰는 경우

(1) 같은 사람이나 사물을 반복적으로 이야기할 때

I would like to introduce the President, Mr. Jung.
→ President와 Mr. Jung은 같은 인물이고, Mr. Jung은 President의 반복적인 설명

(2) after, before, when, because, if, while 등 접속사가 문장의 맨 앞에 나올 때

After I got home, I watched TV.
Before you go outside, don't forget to wear a coat.

※ 이들 접속사절이 뒤로 가면 콤마가 필요 없습니다.

I watched TV after I got home.
Don't forget to wear a coat before you go outside.

(3) so, but, and, or 앞에서(문장의 경우)

I was thirsty, so I drank three glasses of water.
He is handsome, but he is rude.

(4) 동등한 것을 계속적으로 3개 이상 쓸 때 and, or 앞에서

My hobbies are listening to music, reading books, and watching soap operas.
I have a plan to visit England, Spain, France, or German this summer.

(5) 문장 내에서 인용구가 있을 때

Hee-su cried, "Watch your step!"

(6) 날짜와 주소를 쓸 때

The address of Columbia University is 2960 Broadway, New York, NY 10027-6902.

(7) 문장에서 계속적인 절을 분리할 때

Myung-jin, who is only fifteen, can speak three languages.

(8) 개인적 편지에서 인사말이나 끝내는 말 다음

Dear Mom, / Dear Sylvia, / Sincerely Yours, / Best Regards,

5 콜론(:)을 쓰는 경우

(1) 사업상 편지에서

To whom it may concern:

(2) 항목을 소개할 때 follow나 the following과 같은 표현 다음에

The members of our club are as follows: Mi-su, Ji-sun, Yoon-hee, and Yoon-jung.

(3) 두 번째 문장이 첫 번째 문장을 설명하는 경우

There is only one solution: we should go back to the first question.

6 세미콜론(;)을 쓰는 경우

(1) 두 개 이상의 문장에서 중간의 연결사가 없을 경우

I cannot open this door; I have tried four times.

(2) 항목에 콤마가 있을 때 일련의 항목들을 분리시키기 위해

Our committee members are Jung-sun Choi, president; Yoon-mi Kim, vice-president; Sung-lim Kim, treasurer.

7 대시(—)를 쓰는 경우

(1) 중간에 절이나 구를 삽입할 때

When we went to the shop – it was around 8:00 p.m. – it was already closed.

(2) 동격의 말을 다시 한 번 받을 때

Listening, speaking, reading, and writing – these are important skills for learning a language.

6 하이픈(-)을 쓰는 경우

대시보다 짧고 앞뒤에 스페이스가 없는 구두점을 사용한다.

수식어와 명사가 한 단어가 된 복합어에서

Shakespeare is a well-known playwright.

* 항상 하이픈을 쓰는 단어들

old-fashioned, well-known, 7 year-old son(year-old가 형용사의 역할을 할 때)

6 아포스트로피(')를 쓰는 경우

(1) 소유를 나타낼 때

단수나 불가산명사의 경우 : 's

the girl's school

s가 붙은 복수명사 : 복수s'

The girls' school

두 가지 이상의 명사가 동시에 소유했을 경우 : 마지막 명사 뒤에 's

Min-hee and Min-jung's house

(2) 문자를 복수로 만들 때

There are many A's in my class.

(3) 문자나 숫자를 생략하거나 줄일 때

the 80's, won't, don't

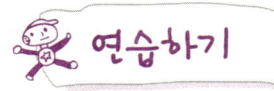 연습하기

다음의 문장들은 구두점 없이 그냥 쓴 문장입니다. 어떤 문장들은 구두점이 없어서 무슨 뜻인지 모르기도 할 것입니다. 구두점의 중요성을 생각하면서 다음의 문장들을 구두점에 맞게 고쳐 보세요.

1　When I arrived at the meeting it was around 8 o'clock it had already began

2　Young-suns purse was stolen last Monday Fortunately mine was not

3　There are many healthful ingredients Nuts for instance are good for a brain

4　On April 4 1968 Martin Luther King Jr. was fatally shot in Memphis Tennessee

5　Present at the meeting were Sung-ju chairman Min-sup treasurer Joong-hyun secretary

6　While they were staying in New York they visited Central Park Times Square the Statue of Liberty and the Metropolitan Museum

7　What a genius he was When he was a four year boy he could read Chinese characters

8　How about my new cellular phone This cellular phone which my parents don't know about, costs a lot of money

9　My mother in law gave me that old fashioned coat I hate to wear it

10　Bamboo is used for two purposes for food and for commercial products

19 대문자 쓰기(Capitalization)

(1) 문장을 처음 시작할 때

This is a story about my grandfather. He is 72 years old.

(2) 1인칭 주격 대명사

I am a student. My brother and I are very close.

(3) 사람의 이름

This is Sylvia Gardner. Her husband's name is John.

(4) 나라나 국민을 말할 때

Tiger Woods is an American, but her mother came from Thailand.
I like Italian food.

(5) 언어

English, Spanish, French, Thai, Japanese...

(6) 영화, 연극, 문학 작품

The Matrix, The Pretty Woman, The Phantom of Opera, Romeo and Juliet

  * 일반적으로 이탤릭체를 쓰거나 밑줄을 칩니다.

(7) 대학이나 회사 혹은 상호 이름

Harvard University, Methodist Theological Seminary, Hyundai, IBM, Kellogg...

(8) 가족이나 친척의 명칭을 단독으로 쓰거나 이름을 같이 쓸 때

Are you listening to me, Mom?

Grandma and Dad are watching TV right now.

My <u>father</u> went shopping with my <u>mother</u>.
　　　└─ 소유격과 함께 쓸 때는 소문자 ─┘

(9) 글의 제목을 쓸 때

글의 제목을 쓸 때 각 단어의 맨 처음 글자는 대문자를 씁니다. 하지만 관사(a, an, the)와 전치사(in, at, of 등)는 맨 처음에 나오는 것이 아니라면 소문자를 씁니다.

The First Manned Flight to the Moon

Things to Do When You Are Invited to a Korean Dinner

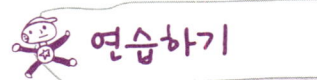

다음의 글은 한 학생의 일기입니다. 대문자 쓰기를 해 보세요.

wednesday, july 27

the lion king

i have watched the lion king on video many times. the songs are very good and beautiful. i like the title song. it is very good. today we went to new york to see the lion king. new york is always busy, noisy, dirty and wonderful. there are a lot of buildings. we went to the korean town again. I ate a seolungtang and water buns. I went to broadway and got inside the theater. our seats were on the top. but they were good. the lion king was interesting. the animals were very funny and the songs were good. sometimes I was disappointed, but the lion king was nice, mom. thank you!

20 영어 작문의 양식(form)을 갖춘 영어일기 쓰기

영어일기는 가장 편하게 그리고 자유롭게 쓰는 것이 좋습니다. 하지만 영어일기를 단순히 하루 일과의 기록이 아니라 논술적인 글을 쓰는 데 도움이 되도록 하려면 영어일기 역시 기본적인 영어 작문의 양식을 갖춰야 합니다. 이렇게 영어일기를 쓰면 실제로 영어로 논술적인 글을 쓸 때 많은 도움이 됩니다. 그러면 영어 작문의 형식을 갖춘 영어일기를 어떻게 쓰는지 다 함께 공부해 봅시다. 먼저 오늘 일어났던 일에 대해 간단히 써 보세요. 날짜와 제목 쓰는 것 잊지 말고요.

이제 필자의 학생이 쓴 글을 볼까요?

PART 2 _ 논술일기 쓰기에 꼭 점검해야 할 요소들

Monday, March 2 ✏️

my first English diary
today I woke up at 8:40 in the morning.
I rushed off to school because my English class begins at 9:00.
my English teacher asked me to write today's diary in English.
it is very difficult.
I don't know how to write it.
it was a very long time ago that I wrote a diary in English.
anyway I must finish this and after this class I'm gonna see my best friend, Young-jin.

여러분도 위의 학생처럼 한 줄에 한 문장씩 썼을지도 모릅니다. 그냥 습관적으로 이렇게 썼지만 이렇게 글을 쓰는 건 잘못된 글쓰기 형식입니다. 위의 글을 글쓰기 양식에 맞춰 한번 고쳐 볼까요?

Monday, March 2 ✏️

My First English Diary

    Today I woke up at 8:40 in the morning. I rushed off to school because my English class begins at 9:00. My English teacher asked me to write today's diary in English. It is very difficult. I don't know how to write it. It was a very long time ago that I wrote a diary in English. Anyway I must finish this and after this class I am going to see my best friend, Young-jin.

위의 일기에서 색 부분은 틀린 부분을 수정한 것입니다. 어떻게 틀렸는지, 또 글쓰기 양식에 맞추려면 어떤 점에 주의해야 하는지 다 함께 알아볼까요?

1 제목 쓰기

제목은 항상 문단의 가운데 있어야 합니다. 그리고 관사(a, an, the)와 전치사를 제외하고는 각 단어의 맨 처음은 일상적으로 대문자를 씁니다. 또 제목 밑으로는 한 줄을 꼭 띄고 본문을 시작해야 합니다.

2 문단 쓰기

문단을 처음 시작할 때는 일상적으로 서너 칸 들여 씁니다. 그리고 문단의 양쪽 끝 부분은 들쑥날쑥하지 않고 비교적 일정해야 합니다. 그런데 컴퓨터로 쓸 때는 문단 양쪽 정렬을 맞추고 글을 쓰면 알아서 양쪽이 정렬되기 때문에 아무 문제가 없습니다. 하지만 손으로 직접 쓸 경우에는 의도적으로 양쪽을 맞추어야 합니다. 또한 손으로 쓸 때 가장 골치 아픈 부분이 긴 단어의 경우 어떻게 분철해야 하는 것입니다. 분철하는 법칙은 다음과 같습니다.

단어 분철하는 방법

(1) 모음 뒤에서 나눈다.
   ho-/nor (/ 부분에서 분철)   spe-cial   ti-mid

(2) 자음이 두 개일 경우에 자음 사이를 나눈다.
   sum-mer   col-lege   em-bar-rassed(embar-rassed or em-barrassed)

(3) 나누어진 철자가 두 개 이상이 되어야 한다.
   e-rase   e-cho   (e가 하나이므로 분철할 수 없음)

(4) 단음절어는 분철할 수 없다.
   read   pick   sum

3 문장 시작하기

문장을 시작할 때는 대문자로 시작해야 합니다. 이것은 너무나도 당연하고 쉬운 사실인데 실수로 대문자를 쓰지 않는 경우가 많이 있습니다. 또 다음 문장을 시작할 때는 한 칸을 띄어 써야 합니다.

4 문장 끝내기

문장을 끝낼 때는 꼭 구두점을 써야 합니다. 긍정문, 부정문, 명령문에서는 마침표(.), 의문문에서는 의문부호(?), 감탄문에서는 느낌표(!)를 쓴다는 점 꼭 잊지 마세요.

5 구어체 단어 쓰지 않기

gonna, wanna, you know 등은 구어체 문장에서 주로 쓰이는 말로 글쓰기에서는 이런 단어들을 쓰면 안 됩니다. 물론 친구나 아주 가까운 사람, 컴퓨터 채팅에서는 이런 말을 써도 되지만 공식적인 글에서는 going to, want to를 써야 합니다. 그리고 완전히 정중하고 공식적인 느낌을 주기 위해서는 I'm, can't, don't보다는 I am, cannot, do not이라고 풀어 쓰는 게 좋습니다.

6 철자(spelling) 틀리지 않기

철자는 글쓰기의 기본입니다. 여러분이 한번 철자가 많이 틀린 우리말 글을 읽는다고 상상해 보십시오. 철자에 관심을 쓰느라 글의 내용이 하나도 들어오지 않을 것입니다. 따라서 글을 다 쓴 후에는 꼭 철자를 점검해야 합니다. 컴퓨터로 쓴 글의 경우 컴퓨터의 맞춤법 검사를 믿지 마세요. 문장 I except it.은 분명히 잘못된 문장입니다. I accept it.이 맞는 문장입니다. 하지만 except의 철자가 틀리지 않았기 때문에 컴퓨터의 맞춤법 검사에는 그냥 통과됩니다. 꼭 눈으로 확인하세요. 그리고 구두점도 철자의 하나라는 것 꼭 기억하세요.

7 관사 점검하기

우리말에는 관사가 없습니다. 그래서 a, an, the를 어떻게 어디에 써야 할지 모르고 또 알았다고 하더라도 놓치는 경우가 많습니다. 관사를 점검하는 가장 기본적인 방법은 법칙을 암기하는 것입니다. 우리가 앞에서 공부했던 관사 쓰기 부분을 항상 펼쳐 놓고 글쓰기 점검을 하세요. 아주 중요합니다.

8 주어와 동사 일치시키기

주어가 3인칭 단수일 때는 동사에 -s, -es를 붙인다는 것은 누구나 다 아는 사실입니다. 하지만 이것도 주의하지 않으면 많이 틀리는 부분입니다. 주어가 단수인지, 복수인지 꼭 확인하세요.

9 시제 일치시키기

글을 쓸 때 자신이 현재를 말하는지, 과거를 말하는지, 아니면 미래를 말하는지 분명하게 알아야만 합니다. 과거 이야기를 하는데 현재시제를 쓴다든지, 현재를 말하는데 미래시제를 쓴다든지 하는 잘못을 하지 않도록 정말 조심하세요.

앞에서 설명한 글쓰기의 기본 양식에 대해 다시 한 번 정리해 볼까요?

영어 글쓰기의 기본 양식

1. 제목은 문단의 가운데 쓰고 각 단어의 첫 글자는 대문자로 쓴다.
2. 제목 밑에 한 줄을 띄고 문장을 시작한다.
3. 문단을 처음 시작할 때 서너 칸 들여 쓰고 양쪽 문단이 정렬되게 한다.
4. 각 문장은 대문자로 시작하고 다음 문장과 한 칸 띄어 쓴다.
5. 문장이 끝날 때는 구두점을 꼭 쓴다.
6. 공식적인 글에서는 구어체 문장(wanna, gonna 등)과 축약형(I'm)을 쓰지 않는다.
   (일기와 컴퓨터 채팅처럼 가볍고 친밀한 글에서는 이와 같은 표현을 써도 무방하다.)
7. 철자를 틀리지 않아야 한다.
8. 관사를 제대로 써야 한다.
9. 주어와 동사, 시제가 제대로 일치해야 한다.

다음의 글은 한 학생의 일기입니다. 위에서 제시한 양식에 맞게 글을 썼는지 보고 틀린 부분을 고쳐 보세요.

Wednesday, June 29

⟨not a good day⟩

I can't speak English well. so sometimes they ignore me. I am always afraid Today we played baseball with a tennis ball. It was very boring and hard. they picked people to make a team. I was the last to be chosen. Yesterday new girl come, but I was the last to be chosen. I was so sad, but I pretended I am tired. and I thought "I can't speak English well..." When I go back to Korea, I will study English harder.

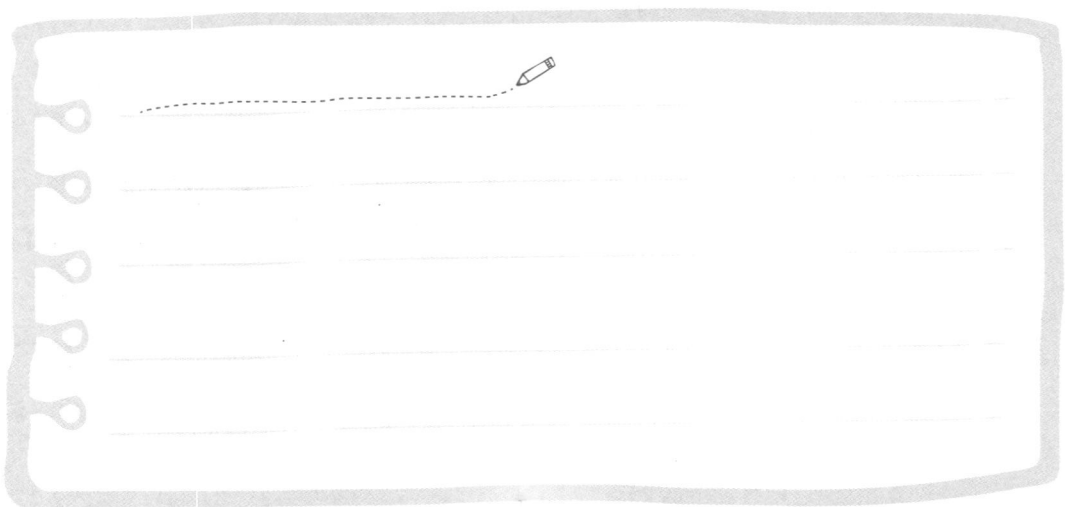

정답 및 해석

Answer

PART 1

◉ 영작 연습하기   P. 16

1. I wonder whether Mom turned off the oven (or not).
2. Dad is listening to music with his eyes half-closed.
3. My broken heart was repaired by his true love.
4. That red brick building was built in the 1960s.
5. I don't know what to do in situations like this.

◉ 논술일기 쓰기(해석)   P. 21

3월 2일 금요일

  오늘 난 『허클베리 핀의 모험』 중 5장을 읽었다. 이것은 헉의 아버지에 대한 이야기이다. 헉의 아버지는 약 50살이다. 그의 머리는 길고, 헝클어졌으며 기름에 쩌들었다. 두 눈은 매우 날카롭게 빛났고 얼굴에는 안색이 없었다. 얼굴은 마치 청개구리의 하얀빛, 물고기 배때기의 하얀빛을 하고 있었다. 그는 넝마를 입었고 모자를 쓰지 않았다. 꼭대기가 움푹 파인 오래된 검은 중절모는 마루 위에 널브러져 있었다. 헉의 아버지는 다른 쪽 무릎에 한쪽 발목을 올려놓고 있었다. 발가락 두 개가 해진 부츠 사이로 삐죽 삐죽 나왔다. 때때로 그는 발가락을 꼼지락거렸다. 헉의 아버지에 대한 이런 묘사를 읽자 그가 가난하다는 생각이 들었다. 그가 헉을 돌볼 수 있을지 궁금하다.

◉ 영작 연습하기   P. 24

1. There are 11 players in a soccer team.
2. Myung-hee seems to have a special feeling for Jin-sup.
3. The last sentence that Robert is a criminal is really shocking.
4. You must memorize not only words but also sentences in order to improve English.
5. I have to do my homework right now, which means I cannot play soccer with you.

◉ 논술일기 쓰기(crossword)   P. 26

(3) SLOUCH HAT
(2) LOOK
(4) WHITE FACE
(1) TIN
(6) RAG
(5) BEHIND VINES

◉ 논술일기 쓰기(해석)   P. 30

3월 12일 월요일

  오늘 난 『허클베리 핀의 모험』 중 5장을 읽었다. 이 장은 헉의 아버지에 대해 많은 묘사를 한다. 문자 그대로 쓰이지 않았지만 이 묘사에서 헉의 아버지의 개인적인 특성을 읽을 수 있다. 첫 번째로 그는 아들을 때리므로 좋은 아버지가 아니다. 두 번째로 그는 정직한 사람처럼 보이지 않는다. 그는 포도 넝쿨 뒤에서 보는 것을 좋아하는데, 이는 그가 사람들을 정면으로 쳐다보지 않는다는 걸 의미한다. 이 습관을 보면 그가 마음속에 무언가를 숨기고 있다는 생각이 든다. 세 번째로 그는 따뜻한 마음을 가지지 않는 듯하다. 이런 특성은 얼굴에 안색이 없다는 묘사에서 찾을 수 있다. 얼굴빛은 청개구리 배의 하얀빛이고 물고기 배때기의 하얀빛인데 이는 그가 매우 잔인하고 냉정한 사람임을 의미한다. 이 모든 특성을 고려해 보면, 헉의 아버지는 좋지 않은 사람이라는 생각이 든다. 그는 아들에게 나쁜 아버지일 뿐 아니라 사회에서도 악인이다.

◉ 영작 연습하기   P. 34

1. His English is good enough to have a conversation.
2. My middle finger is longer than my little finger.

3. I like Joanne Rowling whose books are really fantastic.
4. The pair of blue jeans is the most expensive clothe that she bought yesterday.
5. He has worked as a diplomat in China for 20 years.

◎ 논술일기 쓰기(해석)   P. 39

3월 21일 금요일

아들은 아버지를 존경해야 한다고 우리는 배웠다. 다시 말하면 이는 아버지는 아들의 좋은 모범이 되고 존경을 받아야 한다는 걸 의미한다. 이런 관점에서 헉의 아버지는 실패했다. 그는 아들에게 사랑을 주지 않았으며 오히려 힘으로 아들을 지배하고자 했다. 그는 또한 부정직하고 잔인하며 냉정하기 때문에 아들에게 도덕적 예증이 되지 못한 것 같다. 어린아이였을 때 헉은 아버지가 자신보다 육체적으로 강하기 때문에 무서워했다. 그러나 헉은 아버지를 두려워하지 않을 정도로 충분히 강해졌다고 생각하자 더이상 아버지를 무서워하지 않는다. 이제 헉의 아버지는 아버지로서 권위가 떨어졌고 이런 그의 낮아진 지위는 꼭대기가 움푹 꺼진 오래된 중절모자로 대변된다. 헉과 아버지의 이런 관계를 고려해 보면 아버지는 육체적 힘에 의해서가 아니라 사랑, 따뜻한 마음으로 아들의 존경을 받을 수 있다는 결론이 얻어진다. 그리고 이것이 이 책을 읽은 후 내가 발견한 가장 중요한 교훈이다.

◎ 논술일기 쓰기(해석)   P. 46~47

3월 31일 월요일

노예제도 폐지는 혁신적이다. 이것을 자신들에게 일어난 가장 큰 일로 생각하는 사람들도 있지만 이것을 완벽하게 좋은 자원의 낭비이자 말도 안 되는 일이라고 생각하는 사람들도 있다. 노예제도는 나쁘고 사악한 일이라고 우리가 말하기는 쉽다. 그러나 우리가 노예제도 시대에 살면서 우리 집의 더럽고 하찮은 일들을 하는 '검둥이'을 데리고 있었어도 이렇게 말할까? 어린 시절부터 흑인은 우리를 섬기도록 되어 있다고 배웠다면? 그렇다면 우리는 노예제도 폐지에 대해 모두 반대했을 것이라고 확신한다.

우리는 다른 사고방식이 존재한다는 걸 반드시 알아야 한다. 오래된 사고방식과 새로운 사고방식이 있다: 변화를 원하는 사람들과 변화를 원하지 않는 사람들도 있다. 헉의 아버지는 변화를 원하지 않는 사람들 중 하나이다. 아마도 그는 노예제도와 오래된 법을 대변할 것이다. 그는 자신의 일에 힘과 권력을 사용하는데 익숙하다. 헉을 대하는 방식을 보면 그가 아들의 권리에 관심이 없다는 걸 알 수 있다. 헉의 아버지에게 아들을 자신의 소유로 대하는 것은 자연스러운 일이다. 이것은 1780년대에 백인이 흑인 노예들을 어떻게 생각하고 대했는지 짐작하게 해 준다.

한편으로 헉은 새로운 혁신적인 법, 압박을 깨뜨리고 자유를 갈망하는 법을 대변한다. 여기서 우리는 권위적인 아버지에 대한 헉의 처음 반응이 두려움인 것을 알 수 있다. 그러나 아버지에게 익숙해지자 그는 아버지를 두려워해야 할 필요가 없다는 걸 깨닫는다. 오히려 헉은 선택할 수 있다. 그가 원한다면 그는 떠나서 자유롭게 살 수 있다. 새로운 법의 본질은 이러하다 – 아무도 개개인의 의지에 반해 더 이상 어떤 것도 할 필요가 없다. 대신에 개인들은 자신들이 원하는 것을 선택할 힘을 가진다.

이 모든 걸 고려해 보면 우리는 특이한 현상에 도달한다. 헉은 아버지의 폭력과 음주 문제에도 불구하고 아버지와 함께 있기로 결심한다. 왜 헉이 이렇게 했을까? 아마도 아버지와의 생활이 헉에게 학교에서 공부하는 것보다 더 많은 자유를 주기 때문일 것이다. 이제 우리가 직면하는 문제들은 이러하다: 오래된 법과 새로운 법의 경계가 어디에 있는가? 우리는 진실로 자유를 원하는가? 혁신이 가장 최상의 길인가? 오래된 것들과 새로운 것들을 나누는 명확한 경계선은 없다. 그리고 우리는 헉이 새로운 법이고 아버지가 오래된 법이라고 명확하게 결론 내릴 수도 없다. 사람들은 혁신적인 것을 원하면서도 변화에 대해서는 거부한다. 그들은 선택하기를 원하지만 그러면서 지배받기를 원한다.

이제 우리는 결론에 이르게 된다. 인간은 부분적인 통제뿐 아니라 자유 안에서 살 필요가 있다. 인간은 오래된 법과 새로운 법 모두와 함께 살기를 원한다. '새로운'의 반대가 '오래된'이라고 말하는 사고방식은 아마도 이제 우리에게는 더 이상 적용되지 않을 것이다.

◎ 영작 연습하기   P. 52

1. After having a car accident, he is afraid of driving a car.
2. Before getting out of the bed, you should stretch out.
3. He has only three fingers. One is his thumb. Another is his middle finger and the other is his ring finger.
4. We happened to discover that we liked the same music.
5. When we met first, we didn't like each other. But we have come to be husband and wife now.

◎ 논술일기 쓰기 (순서대로 나열하기) P. 60

<u>5</u>　Grangerford's daughter, Sophia, was in love with Shepherdson's son, Harney, and they ran off in the middle of the night.
<u>11</u>　Huck tugged Buck's body ashore, covered his face and got away as quick as he could.
<u>2</u>　Huck came to stay in Grangerford's house.
<u>9</u>　Huck found Sophia and Harney were safe.
<u>7</u>　Two families rode up the river road to try to catch and kill them.
<u>4</u>　The two families killed each other because an old feud was handed down from the ancestors.
<u>1</u>　Huck became alone after his raft collided with the big steamboat.
<u>6</u>　Two families found Sophia and Harney's running off next morning.
<u>8</u>　Each family member was killed while they were fighting with guns on the riverbanks.
<u>10</u>　Huck found out that Buck was dead.
<u>3</u>　Two grand families of aristocracy, Gangerford's and Shepherdson's lived in the same town.

◎ 논술일기 쓰기 (해석) P. 64

4월 4일 금요일

뗏목이 커다란 증기선과 부딪힌 후 헉은 혼자가 되었다. 그래서 그는 그레인저포드 집에 머물게 되었다. 그레인저포드 집안은 대단한 귀족 가문이었다. 그 마을에는 그 레인저포드 집안 외에 똑같이 대단한 귀족 가문인 셰퍼드슨 가문이 살았다. 이 두 가문은 선조 때부터 내려온 오래된 원한 때문에 서로를 죽였다. 그럼에도 불구하고 그레인저포드 가문의 딸 소피아는 셰퍼드슨 가문의 아들 하니와 사랑에 빠졌고 두 사람은 한밤중에 도망쳤다. 다음날 아침 소피아와 하니가 도망친 사실을 알게 된 두 가문은 이들을 잡아서 죽이려고 강둑길을 따라 말을 달렸다. 두 가문의 사람들은 서로 총으로 싸우는 동안 죽었다. 나무에 숨어 있던 헉은 우연히 이 싸움을 목격하고 소피아와 하니가 안전하다는 사실을 알게 되었다. 싸움이 끝났을 때 헉은 벅이 죽었다는 것을 알았다. 그는 벅의 시체를 강가로 끌어내어 얼굴을 덮어 주고 할 수 있는 한 빨리 그곳을 벗어났다.

◎ 영작 연습하기 P. 67

1. The computer is so expensive that I cannot afford to buy it.
2. The boy reading the book is my younger brother.
3. Yesterday I ran into an old friend (whom) I had not seen for years.
4. What is good for health is not always delicious.
5. He has been unwell. That may be the reason why he lost the match.

◎ 논술일기 쓰기 P. 69
(Huck의 생각을 나타내는 글찾기)

(3) I was glad of that.
　Huck이 내심으로는 Harney와 Sophia가 도망가는 걸 바라고 있었음을 알 수 있음.
(4) ~ for he was mighty good to me.
　Huck이 Buck의 죽음을 진심으로 슬퍼하는 모습에서 두 집안의 싸움을 덧없다고 생각한다는 것을 알 수 있음.

◎ 논술일기 쓰기 (번호 고르기) P. 71

② 예문에서 The present Grangerford family와 Buck의 두 인물이 나옴. 또 내용은 두 가문이 서로를 죽이는 이야기이므로 However, the feud handed down from the far past makes them kill each other. 에서 them은 두 가문을 지칭하고 죽인다(kill)는 이야기와 연결된다. 따라서 이 다음에 문장이 와야 한다.

◎ 영작 연습하기 P. 75

1. The man who broke the world record in the last World Championships is my relative.
2. To budget our time carefully is the best way to succeed.
3. It was that MP3 that I wanted to buy.

4. A lot of people standing in a long line shows how famous that movie is.
5. The members of each family cannot meet each other without bloodshed or killing.

◎ 논술일기 쓰기 (해석)

4월 15일 화요일

　　그레인저포드와 세퍼드슨 가문에 대한 마크 트웨인의 이야기는 세익스피어의 『로미오와 줄리엣』과 같은 구조를 지니고 있다. 두 이야기에는 모두 한 마을에 살며 오래된 갈등을 지닌 대단한 두 가문이 등장한다. 두 가문의 적의는 매우 깊어 이들은 서로 만나면 꼭 피를 보거나 죽인다. 그럼에도 불구하고 한 가문의 아들이 다른 가문의 딸과 사랑에 빠진다. 젊은 연인은 이 세상에서 자신들의 사랑을 이루기를 원한다. 그래서 『로미오와 줄리엣』의 연인은 비밀스럽게 결혼하고 반면에 『허클베리 핀의 모험』의 연인은 한밤중에 도망을 간다. 로미와 줄리엣, 하니와 소피아 모두 자신들의 사랑을 이루려고 하지만 그 결과는 서로 다르다.

　　『로미오와 줄리엣』에서 젊은 연인은 불행하게도 전령이 늦게 도착해 모두 죽게 된다. 그러나 이 죽음으로 두 가문은 화해하게 된다. 그들은 자신들의 오래된 적의를 자식들의 무덤에 묻고 자식들의 결혼을 인정한 후 한 가족이 된다. 이런 관점에서 이 이야기는 행복한 결말을 지닌다. 『허클베리 핀의 모험』에서 젊은 연인은 안전하지만 다른 가족들은 죽는다. 비록 언급하고 있지는 않지만 우리는 살아남은 사람들이 싸움을 계속할 것이라고 추측할 수 있다. 이 우울한 전망이 이 이야기에 비극적 결말을 준다.

　　이 두 결말을 고려해 보면 극작가와 소설가는 서로 다른 문제를 표현하고자 한 듯하다. 『로미오와 줄리엣』의 경우에는 조화가 가장 중요한 것으로 간주한다. 젊은 연인들의 사랑과 죽음으로 두 가문의 불화를 제거하고 화해시키는 것이 세익스피어가 가장 중요하게 생각한 것이다. 대조적으로 마크 트웨인은 두 가문의 화해보다는 싸움의 무의미성을 강조한다. 특히 헉이 어린 벅의 시체를 보고 우는 마지막 장면은 이들의 죽음이 얼마나 무의미한지를 보여 준다. 따라서 소피아와 하니의 사랑은 로미오와 줄리엣의 사랑이 두 적대적 가문의 화해를 촉진한 것과 달리 결실을 전혀 얻지 못했다. 이들의 사랑은 각 가문에 용서와 화해를 가져오지 못했다. 그럼에도 불구하고 이들이 결혼해서 한 가정이 될 것이라는 사실이 이 이야기를 완전한 비극으로 만들지는 않는다. 몇 시대가 지나면 하니와 소피아의 결혼으로 두 적대적 가문이 하나가 되어 두 가문의 오래된 싸움과 적의는 사라질 것이다. 우리가 희망을 찾을 수 있는 것이 바로 이 점이다. 그리고 이 희망이 우리가 이 이야기를 비극적이지 않다고 생각하게 한다.

◎ 논술일기 쓰기 (해석)

4월 30일 수요일

　　그레인저포드와 세퍼드슨 가문은 부유하고 고결한 가문이다. 그러나 이 두 가문은 오래 전부터 서로 만나면 싸우고 서로를 죽였다. 싸움이 언제 시작되었는지는 아무도 모른다. 다만 서로 만나면 죽이는 것이 자신들을 방어하는 것이라는 점을 안다. 이 가문의 이야기를 통해 소설 『허클베리 핀의 모험』을 쓴 마크 트웨인은 남북전쟁의 무의미성을 표현하고자 했다.

　　『허클베리 핀의 모험』은 1876년 전후 재건시대 동안 집필되었다. 남북전쟁에 참가했던 마크 트웨인은 전쟁의 실제적 환경을 목격했다. 노예제도로 인해 발생했던 남북전쟁은 미국을 남부와 북부로 나누었으며 4년 동안 전쟁은 계속되었다. 이들은 자신들의 고유한 이익이 있었기 때문에 서로를 죽이는 게 당연했다. 트웨인은 그레인저포드와 세퍼드슨 가문의 싸움을 통해 이런 적의와 유혈사태를 풍자했다. 각 가문은 싸움에서 이기는 것이 두 가문을 평화롭게 유지시키고 정의를 구현하는 길이라 생각했다. 그러나 싸움은 평화를 위협하는 것일 뿐 아니라 결국에는 사람을 죽이는 것이다.

　　이 이야기는 헉의 시각을 통해 남북전쟁에 대한 작가의 관점을 표현한다. 헉은 두 가문의 싸움에 대해 듣고 벅과 하니 세퍼드슨과의 싸움을 경험했다. 더구나 헉은 두 가문이 교회에 갈 때조차 항상 총을 가지고 가는 것을 보았다. 예배 후에 헉은 "그것은 정말로 고약한 설교였어 – 형제간의 사랑 같은 것, 그리고 약간 지겨운 것들"이라고 말한다. 헉은 설교가 그들에게 의미 없는 것이라고 생각했다. 헉은 그레인저포드 사람들이 설교가 좋았고 또 이들이 신앙과 좋은 행동에 대해 말하는 것도 알았다. 헉은 그레인저포드 사람들의 어두운 면을 알았기 때문에 그들이 진실로 예배한 것이 아니라는 것을 알았다. 두 집안은 소피아가 하니 세퍼드슨과 도망갔을 때 격렬한 싸움을 시작했다. 비록 헉은 그레인저포드 집에 살고 있었지만 이 싸움에 참가하지 않았다. 벅의 시체를 보았을 때 그는 연민을 느꼈다. 그러나 이 일은 헉에게 두 집안의 싸움으로부터 벗어날 기회를 주었다.

　　비록 남북전쟁이 '노예해방'이라는 명칭으로 불렸지만 마크 트웨인에게 이것은 자신들의 이익을 위해 서로를 죽이는 남과 북 사이의 의미 없는 싸움이었다. 헉은 어떤 것도 전쟁을 정당화시킬 수 없다고 생각한다. 이 이야기와 전쟁을 통해 나는 우리나라 역시 동족끼리 싸운 비극을 경험했다는 생각이 들었다. 비록 우리는 '민주주의'를 위해 싸웠지만 우리나라는 남과 북의 두 나라로 나뉘었다. 또 전쟁의 고통이 여전히 우리 마음에 남아 있다. 이 소설을 읽기 전에 난 한국전쟁은 자유를 가져왔기 때문에 정당화될 수 있다고 생각했다. 그러나 이 이야기를 읽고 난 한국전쟁과 한국 역사에 대해 다시 한 번 생각하게 되었다.

◎ 영작 연습하기 P. 106

1. After I saw the movie, I wanted to visit fantastic European cities such as Paris, Rome, and London.
2. We have been taught that everybody is equal.
3. I have not finished my math homework yet. I'm still doing it.
4. This is what I realized after I read that book.
5. Illness prevented Myung-sun from doing her work.

◎ 논술일기 쓰기 (사건 분류하기) P. 113

짐과의 관계에 있어 헉의 처음 모습: (6)(4)(9)
변화를 겪게 되는 사건들: (10)(8)(1)
짐을 진실한 인간으로 이해하게 되는 모습을 보여 주는 결정적 사건: (3)(5)(2)
성장하고 변화된 헉의 모습: (7)

◎ 논술일기 쓰기 (해석) P. 121~122

6월 2일 월요일

『허클베리 핀의 모험』을 읽고 노예제도, 미국의 남북전쟁과 자유와 같은 흥미로운 주제들을 발견했다. 이 주제들 중에서 가장 흥미로운 것은 압박받는 짐의 감정을 이해하고 그를 인종적 편견 없이 진실한 인간으로 바라보게 되는 헉의 정신적 성장이다.

이 책은 처음부터 헉을 인종적 편견이 없는 사람으로 그렸다. 헉은 뗏목 위에서 짐과 함께 살기를 동의하고 자유를 찾으려는 짐의 노력까지 받아들인다. 그러나 이런 행동이 그가 노예 폐지론자라는 걸 의미하지는 않는다. 헉 역시 짐은 인간이 아니라 노예라는 생각을 당연히 받아들였다. 짐이 인간이 아니라고 생각했기 때문에 헉은 자신이 원하면 언제든지 그를 놀릴 수 있다고 생각했다. 이 때문에 헉은 짐이 화가 나서 "쓰레기란 사람들이 자신의 친구의 머리에 오물을 버려 그를 부끄럽게 만드는 것"이라고 표현할 때 정말 놀랐다.

짐에게는 헉이 자유를 찾을 기회를 주기 위해 백인에게 거짓말을 했기 때문에 진실한 친구였다. 그리고 짐에게 헉은 또 자신의 가족, 특히 엘리자베스와 조니, 두 아이를 돌보지 않았던 아버지로서 죄의식을 말할 수 있는 유일한 사람이었다. 아버지로서 짐이 탄식하고 슬퍼하는 걸 들은 후에 헉은 그를 감정을 가진 인간으로 이해하기 시작한다. "그는 훌륭한 검둥이었어, 짐은."이라는 헉의 말에서 우리는 그의 변화를 읽을 수 있다.

헉의 진정한 인식의 장면은 그가 지옥에 갈까 말까를 고민하는 순간이다. 비록 헉은 짐을 인간으로 보기 시작했지만 아직까지는 노예는 사람이 아니라는 세뇌받은 생각으로부터 자유롭지 않았다. 그는 여전히 짐은 나이든 왓슨 양의 소유라고 생각한다. 그래서 그는 짐이 자유를 찾도록 도와주는 것이 올바른 소유자에게 물건을 돌려주는 것이 아니라는 생각에 지옥에 가는 걸 두려워한다. 그러나 왓슨 양에게 편지를 쓰려고 할 때 짐과 함께 보냈던 수많은 순간들이 그로 하여금 편지를 보내는 걸 방해한다. 짐의 사랑, 친구로서 따뜻한 마음과 애정 때문에 그는 편지를 찢게 된다. 이 순간 헉은 오래 뿌리박힌 인종적 편견에서 벗어나 짐을 왓슨 양이 소유한 노예로서가 아니라 한 인간으로 볼 수 있는 사람이 된다. 이 순간에 짐은 헉의 마음속 진실한 친구가 되는 것이다.

인종적 편견을 극복한 헉의 성장은 우리에게 훌륭한 도덕적 예증이 된다. 이 사회에는 우리가 극복해야 할 많은 편견이 존재한다. 이것은 우리가 우리의 관점으로만 모든 것을 보고 우리가 옳다고 생각한 것을 믿을 때 발생한다. 만약 우리가 다른 사람의 의견을 받아들이고 다른 사람을 우리와 마찬가지로 똑같은 위엄을 가진 사람으로 생각한다면 우리 사회는 지금보다 더 나아질 것이다. 이것이 바로 『허클베리 핀의 모험』을 읽은 후 내가 얻은 교훈이다.

◎ 논술일기 쓰기 (해석) P. 137~138

6월 10일 금요일

유명한 소설인『허클베리 핀의 모험』을 읽은 후, 난 자유와 즐거움으로 가득 차 보이는 미시시피 강을 모험하는 헉을 부러워하지 않을 수 없다. 헉은 자신이 원하는 곳은 어디나 갈 수 있고 자신이 원하는 것은 무엇이나 선택할 수 있는 진실한 자유를 가졌다. 이 소설을 읽으면서 나는 "그에게 진실한 자유를 주는 것이 무엇인가?"에 관해 생각했다.

첫 번째는 모든 규칙을 거부하고 자신이 원하는 걸 선택하는 자유로운 삶의 방식이다. 왓슨 양에게 입양되었을 때 헉은 그녀의 집에서 벗어나기를 원했다. 왓슨 양은 헉에게 이 사회에서 사는 매너와 규칙을 가르쳐 주려고 노력했지만 자유로운 삶을 즐겼던 헉은 그것들을 받아들이기를 원하지 않았다. 오히려 이런 상황에 그는 불행했다. 그래서 헉의 아버지가 헉을 자신의 집으로 데려가 감금시켰을 때 오히려 좋아했다. 법칙이 없는 미시시피 강은 헉이 자유롭고 행복하게 느낄 수 있는 장소였다.

두 번째는 자연 속에서 살고자 하는 헉의 갈망이다. 사회에는 많은 규칙과 편견이 있어서 헉은 휴식을 취할 수 없었다. 그는 위험, 슬픔과 고통을 느꼈던 반면에 자연, 특히 미시시피 강은 그에게 평화, 휴식과 기쁨을 주었다. 이 소설에서 헉은 흑인 짐과 여행한다. 이 당시 많은 사람들이 흑인은 인간이 아니라 백인의 소유물인 노예로 생각했다. 그러나 헉과 짐은 자연 속에서, 미시시피 강을 여행하면서 친구가 될 수 있었다. 자연은 편견 없이 서로를 볼 수 있는 기회를 주었고 그래서 이들은 진실한 마음으로 서로를 볼 수 있었다.

오늘날, 우리는 발전된 문명을 자랑한다. 많은 사람들은 이 발전된 문명이 우리에게 이전보다 더 많은 자유를 준다고 말한다. 그러나 난 이것이 우리에게 보다 한정된 자유를 준다고 생각한다. 이것은 우리에게 더 많은 규칙, 법칙과 해야 할 일을 요구한다. 또한 우리가 더 많은 편견을 갖게 한다. 그 결과 우리는 비록 다른 사람들을 만날 기회가 많아졌지만 우리의 순수한 시각을 잃게 되었다. 헉이 여기에 있다면 우리에게 말할 것이다. "이 봐요, 왜 당신들은 그렇게 사나요? 그곳에서 벗어나 미시시피 강으로 갑시다." 나는 사회가 우리에게 주는 제한되는 것들을 일부 벗어 버리고 미시시피 강을 여행하는 헉처럼 편견 없이 다른 사람들을 보기를 희망한다.

◎ 논술일기 쓰기(해석)   P. 145~146

6월 23일 월요일

초등학교 학생이었을 때 난 『허클베리 핀의 모험』을 처음 읽었다. 지난달 난 이 소설을 다시 한 번 읽었다. 놀랍게도 난 "그 안에 많은 의미들이 있다"는 걸 발견했고 그것에 대해 쓰고자 한다. 이 소설의 주인공인 헉은 사회에서 별 볼 일 없는 아이일 뿐 아니라 낮은 계층의 사람이다. 그는 미시시피 강을 따라 여행을 시작했으며 이 여행 동안 몇가지 사건을 경험했다. 난 이 소년의 시각에서 몇 가지 사회적 문제들을 발견할 수 있었는데 이를 같이 나누고 이 소설의 의미를 찾기를 원한다.

첫 번째로 돈을 벌기만을 원하는 미친 사람들을 발견할 수 있다. 자칭 왕과 공작인 두 사람이 등장하는데 이들은 항상 거짓말을 하기 때문에 이 소설을 읽으면서 이들이 어디 출신이고 누구인지 알 수 없었다. "종교는 사업이야. 이 사업으로 돈을 많이 벌 수 있지."라고 왕이 말했다. 이들은 돈만을 믿고 돈 이외에는 어떤 것에도 의지하려 하지 않았다. 짐은 흑인 노예였고 왕과 공작을 열심히 도왔지만 자칭 왕과 공작은 술을 마시기 위해 짐을 싼 가격에 팔았다. 이들에게서 인간성을 찾을 수 없었다. 이들은 사람을 돈으로 평가하기까지 한다. 오늘날 사람들은 이 소설의 두 비열한 사람처럼 죄의식을 가지지 않고 돈을 벌기 위해 모든 것을 한다. 이 소설의 작가인 마크 트웨인은 위선과 돈 중심의 생각을 비난한다. 그는 또 우리에게 "돈으로 인해 우리가 얼마나 비열하고 더러운 사람이 되는가"를 제시한다. 오늘날 많은 사람들이 돈과 타협하고 양심은 고유의 색을 잃어간다.

두 번째로 두 오래된 가문의 지각없고 의미 없는 싸움을 발견할 수 있다. 이들은 교회에서 예배 볼 때를 제외하고는 만나기만 하면 서로를 열정적으로 죽이려 한다. 교회에서 이들은 얼굴을 맞대고 앉아 믿음, 형제간의 사랑, 관대함 등에 대한 목사의 설교를 들었다. 그러나 이들은 이것을 실행하지 않았다. 이들은 진실로 언제 싸움을 시작했고, 왜 서로 싸우는지 그리고 다른 편을 향해 어느 편이 먼저 총을 쏘기 시작했는지 알지 못했다. 이들은 최선을 다해 서로를 죽이기만 했다. 이 얼마나 무의미한 싸움인가!

세 번째로 헉과 흑인 노예인 짐은 미시시피 강을 따라 여행을 했고 "우리는 왜곡된 사회 체제로부터 자유로울 수 있다."는 희망을 가졌다. 특히 짐에게 이 여행은 자유로 향하는 길이었다. 마크 트웨인은 그 시대의 사람들이 결코 생각하지 못했던, "백인과 흑인의 화합"을 기술하려고 노력했다. 미국의 남부는 노예제도에 동의했다. 흑인들을 마치 동물인 것처럼 더 냉혹하고, 폭력적이고 비인간적으로 대하면 대할수록 백인들은 점점 더 동물처럼 변했다. 사회체제, 관습과 인식을 넘어서서 짐은 실제 자유로웠다. 그는 피부색의 차이를 극복하고 새로운 세계를 대면했다.

요약하자면, 『허클베리 핀의 모험』을 통해 저자는 돈 중심의 생각, 잘못된 사회적 도덕성과 왜곡된 윤리를 비판했다. 또한 그는 진실한 자유, 평등함과 사랑을 추구했고 이것들은 미국의 민주주의의 최고 이상이 되었다. 난 헉의 시각에서 많은 것들을 발견할 수 있었고 우리는 이 왜곡된 시대에서 예언자처럼 이 소설을 통해 옳고 정당한 정신을 찾아야만 한다고 생각한다. 이 소설이 주는 교훈적인 것들을 생각하면 할수록 우리는 이 세상에 필요한 정당한 자기의식을 더 많이 찾을 수 있다.

논술일기 쓰기 (해석)　　　　P. 154

6월 27일 금요일

　　마크 트웨인은 『허클베리 핀의 모험』을 통해 특히 '인간관계'의 관점에서 인간에 대한 이해를 보여 준다. 이 주제는 무척 재미있고 내게 생각할 것을 주었다.

　　일반적으로 인간은 집단에서 산다. 인간은 많은 관계를 만들어 가면서 사회 구조를 형성한다. 인간관계를 형성하는데 중요한 것은 다른 사람에게서 어떻게 이익을 얻느냐는 것이다. 예를 들자면 정부, 다른 정당, 그리고 회사의 사장에 대항하여 많은 갈등과 파업이 있는데, 이는 각자가 자신이 옳다고 생각하기 때문이다. 때때로 이들은 자신의 목적을 위해 극단적인 행동을 하고 이것은 싸움, 모욕, 분열과 같은 도덕적 문제들을 야기한다.

　　사회에서 인간의 극단적인 관계를 보여 주는 특성 중 하나는 '군중심리'이다. 군중심리는 사회의 전 집단에게 영향을 준다. 한 집단에 속하는 사람들은 이 그룹에서 소외되는 게 두렵기 때문에 지도자의 지휘와 군중심리에 따라야 한다. 때때로 사람들은 특별한 상황에 따라 살인자나 협잡꾼이 될 수도 있다. 결국 이들은 자신의 정체성을 상실하게 된다. 아무 판단력도 없이 사람이나 그 시대의 조류를 따라갈지도 모른다.

　　때때로 군중심리는 사람들이 자신 내부의 소리를 듣지 못하도록 한다. 우리는 무슨 일이 있어도 양심을 따라야 한다고 배웠다. 그러나 셔번의 살인과 같은 극단적인 경우에 사람들은 쉽게 군중심리를 따른다. "양심이란 인간의 어떤 내장보다 많은 자리를 차지하지만 지금은 아무 소용이 없어."라는 헉의 말이 이것을 잘 보여 준다.

　　우리 사회에는 다양한 사람들이 있다. 다른 사람 없이는 누구도 살 수 없다. 따라서 정당한 양심에 의한 인간관계가 훌륭한 사회를 만드는 데 매우 중요하다. 우리는 아무리 어렵다 하더라도 이런 관계를 만들기 위해 노력해야만 한다.

논술일기 쓰기 (해석)　　　　P. 163~164

7월 3일 목요일

　　종교는 일반 사람들에게 올바른 길을 가르쳐야 한다고 배웠다. 특히 기독교는 사랑, 은총과 용서를 인간이 가져야 하는 매우 중요한 덕목으로 간주한다. 그러나 전쟁이나 물질주의가 만연한 사회 같은 극단적인 상황에서 종교는 영적인 지도자로서 제 역할을 할 수 없다. 이런 상황에서 사람들은 기도로 인한 보이는 응답을 기대하거나 종교가 돈을 버는 수단이 되기도 한다. 『허클베리 핀의 모험』에서 우리는 앞에서 설명했던 왜곡된 종교에 대한 비판을 찾을 수 있다.

　　기도가 요술램프라고 생각하는 사람들이 있다. 이들은 기도만 하면 신이 자신들이 원하는 것을 줄 것이라 믿는다. 헉 또한 기도에 대해 이렇게 생각했다. 그는 장로나 과부, 왓슨 양이 기도를 잘하는데도 잃어버린 것을 왜 찾지 못하는지 의문을 가진다. 헉은 이를 과부에게 묻고 그녀는 "기도함으로써 사람이 얻을 수 있는 것은 '정신적 선물'이다."라고 대답한다. 그녀의 대답은 전통적인 종교관점에서 맞지만, 대부분의 사람들이 눈에 보이는 이익을 추구하는 헉의 사회에서는 '정신적 선물'은 좋은 해답이 될 수 없다. 그 사회에서는 종교조차 물질적 이익을 줄 때만 존중되고 믿음을 얻는다.

　　이런 물질적 사회에서 사람들은 종교로부터 물질적 이익만을 얻으려 하기 때문에 종교적 원리를 따르려고 노력하지 않는다. 따라서 설교는 그 내용이 좋을지라도 사람들의 마음과 태도를 바꿀 수 없다. 매주 일요일 세퍼드슨과 그레인저포드 집안을 포함한 기독교인들은 예배에 참석하고 목사의 설교를 듣는다. 그러나 이들은 자신이 들은 것을 실행하지 않는다. 이들은 이웃 사랑을 가르치는 설교를 듣고 감명받았다고 말하지만 싸움을 멈추지 않았다. 이들은 여전히 서로를 미워하고 조금도 변화되지 않았다. 실행이 없는 믿음은 기독교에서 가장 심각한 문제이다.

　　종교의 가장 왜곡된 이미지는 목사인 체하는 공작의 사기행각이다. 공작은 청중을 광적으로 만들어 버렸다. 대중은 노래하고, 소리치고, 미친듯이 울부짖는다. 그들은 난폭하고 미친 듯이 보인다. 청중을 광신도로 만든 후에 공작은 죄를 깨끗하게 하기 위해 돈을 기부해야만 한다고 설교한다. 이 장면은 종교가 얼마나 타락될 수 있는가를 보여 준다. 때때로 거짓되고 타락한 목사가 종교를 돈을 버는 수단으로 이용한다.

　　종교는 사회적 책임이 있다. 종교는 그 책임을 완수해야 한다. 그 책임은 다른 사람을 돕고 사랑하는 것이다. 예수님은 "너희들은 이 세상의 빛이자 소금이다."라고 말씀하였다. 오늘날의 종교는 이 말씀을 기억하고 스스로를 돌아보아야 한다. 결론적으로 종교는 세상에 희망의 빛을 주어야 한다.

PART 2

영작하기　　　　P. 171

1. I am a bookworm.
2. That book taught me some very important information.

3. My old friend called me this morning. I was so surprised.
4. Myung-hee moved to the USA. That made me sad.
5. We went to the movie last night. I found it boring.
6. Mom didn't feel well this morning. So I made curry and rice for my family.
7. I had a slight fever, so I took medicine.
8. I sent him a letter last month, but he did not answer yet.

◎ 다른 사람의 영작 보기 P. 172

1. bookworm은 셀 수 있는 명사
   → a bookworm
2. give + 간접목적어 + 직접목적어 → gave me
   information은 셀 수 없는 명사(단수, 복수 동일)
   → information
3. call 동사의 의미 안에 '~에게 전화하다' 포함.
   called to me → called me
   surprised는 형용사
   → I was really surprised
4. move는 자동사 → moved to
   America는 정관사 the가 필요없음.
   cf) USA는 the USA
5. 같은 명사가 뒤에서 다시 한 번 반복될 때는 it
   that movie → it
6. 일반동사의 부정형은 do, does, did + not 동사원형 → did not feel
7. fever는 셀 수 있는 명사 → a slight fever
8. 답을 주지 않은 것은 과거 → did not give
   give의 경우에 '~에게'는 to → to me

◎ 영작하기 P. 175

1. I'll never forget visiting Rome when I was 10 years old.
2. We need to have Min-sung's opinion.
3. Dad quit smoking last month.
4. I want to wear my older brother's blue jeans, but he won't let me wear them.
5. Young-hee appeared to be tired, so I ordered her to go home and take a rest.
6. I asked him to close the window, but he pretended not to hear it.
7. We enjoyed playing baseball yesterday.
8. Because it stopped raining, they want to go for a walk.

◎ 다른 사람의 영작 보기 P. 176

1. will의 부정형은 won't, 과거의 경험이므로 동명사 사용 → won't forget visiting
   열 살 전은 과거의 일 am → was
2. 한 문장에서 동사는 하나 → need to have
3. quit-quit(quitted)-quit(quitted)
   last 앞에는 전치사를 쓰지 않음. → last month
4. 의지가 들어가서 don't → won't
   let + 대명사 + 동사원형 (~가 ~하는 것을 허락하다), blue jeans는 복수 → wear them
5. tired는 형용사 → to be tired
   order + 대명사 + to 동사원형(~에게 ~하도록 시키다) → to go home
6. 말하는 사람과 듣는 사람이 모두 어떤 창문을 지칭하는지 알고 있음. → the window
   pretend ~하는 체하다(긍정)
   not to hear(부정사의 부정)
   듣지 않는 체했다 → pretended not to hear it
7. enjoy + 동명사 → enjoyed playing
   (어제는 과거)
8. stop + 동명사(~하는 것을 멈추다)
   → stopped rainning

◎ 영작하기 P. 179

1. Do you believe what he said?
   I can't believe it.
2. Who is the girl wearing a blue blouse?
   I think I know her, but I forgot her name.
3. What are you thinking? I'm thinking about my cat. Do you like cats? Yes, I think cats are cute.
4. These roses smell good. Mi-young is smelling them.
5. Sung-jin looks terrible today. He has a cold.
6. Until I was eighteen, I didn't know how to write. When I was eighteen, I learned how to write.
7. I'm not feeling well today. Jung-min appears to be asleep, too.

◎ 다른 사람의 영작 보기 P. 180

1. believe(믿다)는 상태동사로 진행형 불가
   → Do you believe
2. 명사 + 동사ing(현재분사로 형용사)
   → the girl wearing
   안다고 생각하는 것은 현재이지만 잊은 것은 과거의 일 → forgot
3. 대표명사가 필요 → a cat(단수) / cats(복수형)
   고양이가 귀여운 동물이라고 생각하는 것은 상태
   → think cats
4. 냄새를 맡고 있는 것은 현재의 일시적 동작을 말하므로 진행형 → is smelling
5. Sung-jin은 3인칭 단수 → looks
   현재 감기에 걸린 상태이므로 → has a cold
6. 18살은 과거이므로 → was
   know는 '알고 있다'는 상태동사로 18살에 쓰는 법을 알게 되거나 배운 것이므로 동작을 가리키는 동사를 사용 → learned
7. 오늘 기분이 일시적으로 안 좋은 것이므로 진행형
   → I'm not feeling
   Jung-min은 3인칭 단수, asleep은 형용사
   → appears to be asleep

◎ 영작하기 P. 184

1. A famous French artist designed this coat.
2. The name of next station is Shillim.
3. Can I call you tonight? No, I don't have a telephone yet.
4. Could you answer the phone?
5. He goes to church every Sunday.
6. Jin-hee lives on 34th Avenue in New York.
7. The Atlantic Ocean is between Africa and America.
8. I study French literature and my brother studies biology.

◎ 다른 사람의 영작 보기 P. 185

1. 명확히 밝히지 않은 불특정한 유명한 프랑스 예술가이므로 → A famouse French artist
2. next 앞에는 the를 쓰지 않음. → next station
3. have는 일반동사 + 부정형 don't have
4. 말하는 사람이나 듣는 사람 모두 어떤 전화인지 알고 있으므로 → the phone
5. 예배 보러 가는 것이므로 → goes to church
6. 거리 이름은 the 없이, 그리고 거리는 전치사 on
   → on 34th Avenue
7. 대양 이름은 앞에 the → The Atlantic Ocean
8. am studying은 현재진행을 의미하므로 단순히 '전공한다'라고 할 때는 단순 현재형 study 사용
   → I study
   my brother는 3인칭 단수이므로 → studies

◎ 영작하기 P. 189

1. Hee-sun studies sitting at a table right now.
2. Five tall foreigners are standing in line.
3. I always watch TV in the afternoon.
4. I like ice-cream and candy because they are sweet.
5. We're going to eat dinner at a nice French restaurant tonight.
6. Did you sleep well last night?
7. Myung-sun is really pretty. She has deep brown eyes and beautiful long black hair.
8. The dormitory is sometimes noisy, but the library is always quiet.

◎ 다른 사람의 영작 보기 P. 190

1. 한 문장에서 동사를 두 개 쓰지 않음 → studies sitting at a table(책상에 앉아 공부하다)
2. 형용사의 순서 → Five tall foreigners
3. on afternoon → in the afternoon
   cf) 전치사 in → in the morning
   전치사 at → at noon, at night
4. ice-cream과 candy를 모두 받고 있으므로 복수
   → they are(taste) sweet
5. will, be going to는 모두 미래를 나타내는 조동사이므로 하나만 사용 → are going to(미리 예정되었던 경우는 will 보다는 be going to를 많이 사용함.)
6. last night은 과거를 지칭 → Did you sleep
7. 형용사의 순서는 '의견 – 크기'의 순, hair는 셀 수 없는 명사 → beautiful long black hair

8. dormitory, library는 듣는 사람, 말하는 사람이 모두 알고 있는 것 → the domitory, the library
   Every time 주어 + 동사는 '~할 때면 언제나'의 의미로 여기서는 always(언제나) 사용함.
   → is always quiet

◎ 영작하기   P. 194

1. Nobody is perfect. Everybody has his(her) own faults.
2. There are many famous hotels in our town.
3. Myung-sun and Hae-jung are old friends. They like each other.
4. Most of the stores close at 6:00.
5. My sister plays tennis, but her favorite sport is table tennis.
6. I have two friends. One of them, Hee-chun, is always neat and clean. My other friend, Sung-min, is the opposite of Hee-chun. His clothes are always dirty.

◎ 다른 사람의 영작 보기   P. 195

1. nobody(부정), isn't(부정)의 이중 부정은 사용할 수 없음. → Nobody is
   사전에서의 one's는 주어에 맞는 소유격으로 변형시켜야 함. → his(her)
2. hotel은 셀 수 있는 명사 → hotels
   우리 마을은 장소를 나타내는 부사구
   → in our town
3. 명선이와 혜정이는 두 사람 → old friends
   much는 부사로 문장의 맨 끝에 위치
4. store는 셀 수 있는 명사 → the stores
   most of + 복수 명사 + 복수 동사 → close
5. sports는 복수, 탁구 하나이므로 단수 → sport
6. friend는 두 명이므로 복수 → friends
   One of them과 휘천, My other friend와 성민은 동격으로 콤마 사용 → One of them, Hee-chun / My other friend, Sung-min
   cloth(s)는 천, 옷을 하나만 입는 것이 아니므로 복수 clothe(s) 사용

◎ 영작하기   P. 198

1. This food tastes good. I like this very much.
2. Myung-sun stayed home yesterday because she caught a bad cold.
3. All students usually take 4 courses every semester.
4. I will(am going to) get home at 6:00 and eat dinner.
5. According to the weather report, it will(is going to) be cloudy.
6. My father is a pilot for Korean Airlines (KAL). He flies an airplane every day.
7. I am hungry. I want to eat a sandwich.
8. Yesterday morning I brushed my teeth, washed my face, and went to school.

◎ 다른 사람의 영작 보기   P. 199

1. 한 문장에서는 동사가 한 개이고 3인칭 단수이므로 → 주동사인 tastes
2. catch의 과거형 → caught
   home은 일반적으로 전치사를 함께 쓰지 않음.
3. 4과목을 들으므로 복수형 → four courses
   every 앞에서는 일반적으로 전치사를 쓰지 않음.
   → every summer
4. 시간을 지칭할 때는 6 o'clock 또는 6:00 사용
   and로 연결할 때 주어 동사(I will)가 반복적으로 쓰일 때는 and 뒤의 주어 동사는 생략 가능함.
   → 6 o'clock and
5. 동사가 빠짐. → will be cloudy
6. airplane은 셀 수 있는 명사로 한 개의 비행기만 타므로 → an airplane
7. 원하는 것은 미래가 될 수 없음. → want
   sandwich는 셀 수 있는 명사 → a sandwich
8. yesterday 앞에서는 전치사를 일반적으로 쓰지 않음. → Yesterday morning
   치아는 한 개가 아니라 여러 개 → my teeth

◎ 영작하기   P. 202

1. I am playing the piano right now. Yesterday at this time, I was playing the piano. Tomorrow at this time, I will be playing the piano.

2. Tomorrow I am going to go (will go) to America. When I arrive at the airport, Jun-ha will be waiting for me.
3. I don't want to play soccer because it is raining. The same thing happened yesterday. I didn't want to play soccer because it was raining.
4. Mom is taking a nap in the living room. I don't want to wake her up. She needs some rest.

◎ 다른 사람의 영작 보기   P. 203

1. 지금 하고 있는 것은 현재진행형 → am playing
   '바로 이 시간'은 정확한 시간을 지정해 주므로 과거는 과거진행, 미래는 미래진행
   played → was playing
   will playing → will be playing
2. When, While, After, Before 등 시간을 나타내는 절을 이끄는 접속사는 현재가 미래를 대신
   → When I arrive
   주절은 미래 시제 사용
   → will be waiting / is going to wait
3. 비가 오고 있는 것이므로 진행형이 의미상 훨씬 자연스러움. → is raining, was raining
   어제 일어난 것이므로 시제는 과거시제
   → happened
4. want는 상태동사로서 진행형이 없음.
   → do not want
   주어 she는 3인칭 단수 → needs

◎ 영작하기   P. 206

1. The sun has already risen. The sun rose at 6:00.
2. I have made many friends since I moved here.
3. I was born in 1993. By 2003, I lived on this earth for ten years. At present, I have lived on this earth for 15 years.
4. Yesterday I met Myung-hee on the street. I hadn't seen her for a long time. I did not recognize her at first because she had a double-eyelids operation.
5. My father and mother have been married for a long time. Next March, they will have been married for 25 years. Their anniversary is in March.

◎ 다른 사람의 영작 보기   P. 207

1. rise-rose-risen
   already의 위치 → has already risen
2. 현재까지를 이야기하는 것이므로 현재완료
   → have made
   many는 복수이므로 → friends
   here 앞에는 전치사를 쓰지 않음. → here
3. 연도와 함께 쓰는 전치사는 in → in 1993
   부사구는 장소 + 시간
   → on this earth for ten years
   현재까지 이야기하는 것이므로 현재완료
   → have lived
4. street는 정관사 the와 함께 사용 → the street
   미영이를 거리에서 만났을 당시(과거의 한 시점)까지 만나지 못했던 것이므로 과거완료
   → had not seen
   처음에 그녀를 알아보지 못한 것은 그냥 과거 사실
   → did not recognize
5. 결혼한 상태를 말할 때는 be married
   → have been married

◎ 영작하기   P. 209

1. Does everybody have to be at the meeting?
2. My clothes are dirty. I should(ought to) wash them.
3. You must not drive when you are sleepy. You should stop a car and take a rest.
4. When you travel, you must(have to) have a passport.
5. If you have a credit card, you don't have to pay for a purchase in cash.
6. I'm sorry that I didn't call you yesterday. I had to study late.
7. You failed the exam. You should have studied harder.

◎ 다른 사람의 영작 보기　　　　　　P. 210

1. 조동사의 의문문으로 조동사와 주어의 위치 도치
 → Must everyone be
2. '~하는 게 좋다'고 생각하므로 → should
 my clothes는 앞에도 나왔으므로 → them
3. 졸릴 때 차를 운전하면 절대 안 되므로
 → must not
4. 시간을 나타내는 접속사 when절에서는 현재가 미래를 대신 → travel
5. ~할 필요가 없다 → don't have to
 '현금으로'는 전치사 in → in cash
6. call은 동사 자체에 '~에게 전화하다' → call you
 ~해야만 했다 → had to study
7. ~했어야만 했는데 → should have studied

◎ 영작하기　　　　　　　　　　　　P. 212

1. He is yawning right now. He must be sleepy.
2. Wait a few minutes. The doctor will be back in a few minutes.
3. I may(could, might) be a little late tonight. Don't worry about me.
4. Many people are standing in line in front of the movie. It ought to be interesting.
5. My teacher wears something blue everyday. He must like blue.
6. Where is Hee-sun? I don't know. She may(could, might) be at the department store.
7. Yu-jin was absent yesterday. She must have been sick.

◎ 다른 사람의 영작 보기　　　　　　P. 213

1. sleepy는 형용사 → must be sleepy
2. back은 부사 → will be back
3. 늦는 게 95%의 확률보다는 50% 정도이므로
 → may(could, might)
4. 줄 서 있는 걸 보면 90%정도의 확신이 있음.
 → ought to be interesting
5. 매일 파란색 옷을 입으므로 95%정도의 확신
 → must like
 blue 자체가 색을 지칭하므로 굳이 color를 쓸 필요는 없음.

6. 조동사 + 동사원형 → may(might, could) be
7. absent 형용사 → was absent
 cf) 동사로 쓸 경우 absented herself
 과거의 일이므로 → must have been sick

◎ 영작하기　　　　　　　　　　　　P. 216

1. After I eat dinner, I am going to(will) watch TV.
2. The box is too heavy for you to carry alone. I will help you.
3. Don't be late. The bus is going to leave at 9:00 tomorrow morning.
4. I can't understand these sentences.
5. I don't know Chinese. Can you help me? Sure. I will translate (it) for you.
6. Someday we will be able to understand the meaning of his silence.
7. My daughter will(is going to) graduate this February. After that she will(is going to) work at an electronics firm.

◎ 다른 사람의 영작 보기　　　　　　P. 217

1. 시간을 나타내는 절에서는 현재가 미래를 대신
 → after I eat
2. 부정사의 의미상 주어는 for를 사용
 → too heavy for me to carry alone
 도와주는 것은 주어의 의지 → will help
3. late는 부사 → Don't be late
 버스가 내일 아침 9시에 떠나는 것은 확실한 예정
 → is going to leave
4. sentences가 복수이므로 this도 복수 형태로 바뀌어야 함. → these sentences
5. 언어는 대문자 → Chinese
 번역을 도와주는 것은 지금 결정한 일
 → will translate
6. someday는 미래를 지칭하므로 미래를 의미하는 조동사 사용 → will
7. this도 미래를 지칭하는 말
 → will(is going to) graduate
 예견이므로 will, be going to 모두 사용 가능
 → she is going to(will) work

⊚ 영작하기 P. 220

1. Young-mi is pretty, smart, and kind.
2. Can I order coffee, tea, or orange juice?
3. I get up at 8:00 every morning, have a light breakfast, and go to school.
4. When Sun-jin comes home, she always watches TV or takes a rest.
5. My parents always offer me a feeling of security, warmth, and love.
6. Did you go out last night or stay home?
7. Myung-jin likes music and Myung-su likes sports.

⊚ 다른 사람의 영작 보기 P. 221

1. and는 맨 마지막 단어 앞에 → pretty, smart, and kind
2. or는 맨 마지막 단어 앞에 → coffee, tea, or orange juice
3. 매일 아침처럼 습관적인 일은 시제가 현재형
   → wake up, have, go
4. 사람 이름은 맨 처음 나올 때 사용함.
   when을 이끄는 절이 먼저 나올 때는 when절이 끝날 때 콤마
   → When Sun-jin comes home, she
5. 부모는 항상 복수형 → My parents
   and로 연결할 때 단어의 품사가 모두 같아야 함.
   → security, warmth, and love
6. 어젯밤은 last night
   did you가 반복될 때는 뒤 문장에서 생략 가능
   → Did you go out last night or stay home?
7. music 셀 수 없는 명사 → music
   sport는 하나가 아니므로 → sports

⊚ 영작 연습하기 P. 224

1. Go straight. After that(Then), turn left at the corner.
2. When Mee-young went shopping yesterday, she bought a red shirt.
3. When I go to Busan next week, I will stay at the Hyatt Hotel.
4. After I finish my homework, I will(am going to) go to bed.
5. Chang-hun was(had been) a business man before he became a journalist.
6. I will study hard before I take the midterm exam next month.
7. While I was lying in bed with the flu, somebody knocked (on) the door.

⊚ 다른 사람의 영작 보기 P. 225

1. straight는 부사로 전치사 to를 함께 쓰지 않음.
   → Go straight
   After that 다음에는 콤마
2. 사람 이름이 나올 때는 처음 나오는 문장에 사용
   → When Mi-young
   시제는 yesterday 과거이므로 → She bought
3. When이 이끄는 절에서는 현재시제가 미래를 대신
   → go
   When이 앞에 나올 때는 when이 이끄는 절 다음에 콤마를 씀. → Busan,
4. after + 주어 + 동사 → after I finish
5. 신문기자가 되기 전이므로
   → Chang-hoon was ~, before he became a journalist
   business man과 journalist 앞에는 전부 부정관사 a를 써야 함.
6. before가 이끄는 절에서는 현재가 미래를 대신
   → take
7. 과거진행은 was(were) + 동사 ing
   → While I was lying
   과거시제이므로 동사의 과거형 → knocked

⊚ 영작하기 P. 228

1. I went to bed, but I couldn't sleep.
2. Even though(Although) he studied hard, he failed the exam.
3. Mom likes dogs. On the other hand, Dad hates them.
4. In spite of(Despite) the fine weather, Jung-sun stayed home.
5. I understand your idea, but I don't agree with it.
6. It was cold and cloudy. Nevertheless(Nonetheless) we climbed Mt. Gwanak.
7. A studio gives you privacy while(whereas) a dormitory gives you a lot of fun.

◎ 다른 사람의 영작 보기   P. 229

1. 과거 이야기이므로 cannot을 과거형으로
   → couldn't
2. Nonetheless는 부사이므로 문장을 이끄는 접속사의 역할을 할 수 없음. → Although
   과거의 일이므로 → failed
3. 일반적인 개를 말할 때 대표단수이거나 복수형
   → a dog / dogs
   두 번째 문장에서 it → them(dogs일 경우)
4. Despite + 명사이므로
   → the fine weather
5. 일반동사의 부정형은 do not 동사원형
   → do not agree
6. Nevertheless는 부사이므로 문장을 이끄는 접속사의 역할을 할 수 없음.
   → Even though
7. studio는 셀 수 있는 명사 → a studio
   privacy는 추상명사 → privacy
   특성이 같은 두 가지를 비교할 때는 주로 while, 따라서 but → while

◎ 영작하기   P. 232

1. Because Young-hee lived in England for 5 years, she speaks English very well.
2. Now that the new semester has begun, we have a lot of things to do.
3. Since my son is sick, I have to take care of him today.
4. The rain stopped, so we decided to go for a walk.
5. Because of the car accident, the traffic is heavy.
6. Everybody wants to live in big cities. As a result, the population of these cities is growing more and more.
7. Because Hee-jung is afraid of the dark, she likes to have a light at night.

◎ 다른 사람의 영작 보기   P. 233

1. '~동안'의 의미를 가진 전치사는 for, 원인을 나타내는 because 절은 결과의 문장과 함께 쓰이고 특히 문장의 앞에 올때는 문장 끝에 콤마를 써야 함.
   → for 5 years in England, she ~
2. 현재시점으로 볼 때 이미 시작한 것이므로 현재완료
   → has begun
3. 꼭 해야만 하는 것이므로 → have to(must)
4. 멈춘 것은 과거이므로 → stopped
   So로 문장이 시작될 때는 콤마 없음.
   결정한 것도 과거이므로 → decided
5. Because of + 명사
   Because 주어 + 동사
   → Because of the car accident
6. Everybody는 단수 → wants
   As a result 문장의 주어는 population이고 cities가 복수이므로 → the population of these cities is
7. Because가 원인을 나타낼 때는 단독 문장으로 쓸 수 없고 앞 문장과 연결해 한 문장으로 써야 함.
   → 마침표 지우고 because

◎ 영작 연습하기   P. 235

1. I always eat breakfast. Otherwise(Or else) I get hungry during class.
2. Unless I call my parents on weekends, they will worry about me.
3. If I get up early tomorrow morning, I will go to a fitness center.
4. I will marry him even if he is poor.
5. I will go to school tomorrow whether I feel better or not.
6. Unless you keep that food in the refrigerator, it will go bad.
7. Whether Sung-su apologizes or not, my teacher will not forgive him.

◎ 다른 사람의 영작 보기   P. 236

1. 빈도부사 always는 일반동사 앞 → always eat
   문장 처음 시작이므로 첫글자는 대문자
   → Otherwise
   수업시간 동안이므로 → during class
2. Unless 자체에 부정의 의미가 있으므로
   → Unless I call
   걱정한 것이므로 미래의 예견 → they will
3. If 절에서 현재형이 미래를 대신 → get up
   fitness center는 가산명사이므로
   → a fitness center

4. Even if 절이 맨 앞에 올 때는 절이 끝나는 곳에서 콤마 사용 → Even if he is poor, marry는 전치사 없이 '~와 결혼하다'의 뜻
   → I will marry him
5. whether 절에서 현재가 미래를 대신
   → whether I feel
6. 말하는 사람과 듣는 사람 모두 어떤 냉장고인지 알고 있음. → the refrigerator
   문장 중간이므로 소문자 → it
7. Sung-su는 3인칭 단수이므로 → apologizes
   whether로 문장이 시작되는 경우 whether 문장이 끝나는 곳에 콤마 사용함.
   → apologizes or not,

◎ 연습하기 P. 241

1. When I arrived at the meeting – it was around 8 o'clock – it had already began.
2. Young-sun's purse was stolen last Monday. Fortunately, mine was not.
3. There are many healthful ingredients. Nuts, for instance, are good for a brain.
4. On April 4, 1968, Martin Luther King Jr. was fatally shot in Memphis, Tennessee.
5. Present at the meeting were Sung-ju, chairman; Min-sup, treasurer; Joong-hyun, secretary.
6. While they were staying in New York, they visited Central Park, Times Square, the Statue of Liberty, and the Metropolitan Museum.
7. What a genius he was! When he was a four-year boy, he could read Chinese characters.
8. How about my new cellular phone? This cellular phone, which my parents don't know about, costs a lot of money.
9. My mother-in-law gave me that old-fashioned coat. I hate to wear it!
10. Bamboo is used for two purposes: for food and for commercial products.

◎ 연습하기 P. 244

Wednesday, July 27

The Lion King

I have watched *The Lion King* on video many times. The songs are very good and beautiful. I like the title song. It is very good. Today we went to New York to see *The Lion King*. New York is always busy, noisy, dirty, and wonderful. There are a lot of buildings. We went to the Korean Town again. I ate a Seolungtang and water buns. I went to Broadway and got inside the theater. Our seats were on the top. But they were good. *The Lion King* was interesting. The animals were very funny and the songs were good. Sometimes I was disappointed, but *The Lion King* was nice, Mom. Thank you!

◎ 연습하기 P. 250

Wednesday, June 29

Not a Good day

I can't speak English well. So sometimes they ignore me. I am always afraid. Today we played baseball with a tennis ball. It was very boring and hard. They picked people to make a team. I was the last to be chosen. Yesterday a new girl came, but I was the last to be chosen. I was so sad, but I pretended I was tired. And I thought, "I can't speak English well..." When I go back to Korea, I will study English harder.

NEXUS 영어 쓰기 시리즈 MAP

LEVEL	영작 참고 도서	JUST WRITE IN ENGLISH (영작문 시리즈)	ENGLISH DIARY SERIES (영어일기 시리즈)	일기 참고 도서
Basic	영작 표현 사전	기초가 튼튼해지는 **영작문 시작하기**	초등영어일기 **문장패턴 / 상황표현**	초등학생이 쓰고 싶은 말은 다 있는 **영어일기 표현사전**
Basic	영작 표현 사전	기초 실력을 다지는 **영어 독후감 쓰기**	**난생처음 영어일기** (초급)	초등학생이 쓰고 싶은 말은 다 있는 **영어일기 표현사전**
Basic	영작 표현 사전	기초 실력을 다지는 **영어 독후감 쓰기**	초등학생이 쓰고 싶은 말을 다 쓰는 **영어일기 영작패턴**	초등학생이 쓰고 싶은 말은 다 있는 **영어일기 표현사전**
Intermediate		즐겁게 써 보는 **영어 글짓기**	잘못된 표현을 잡아주는 **영어일기 바로쓰기**	내가 쓰고 싶은 말은 다 있는 **영어일기 표현사전**
Intermediate		창의력이 피어나는 **영어 글짓기**	쉬운 영어로 써보는 영작문의 첫걸음 **난생처음 영어일기**	내가 쓰고 싶은 말은 다 있는 **영어일기 표현사전**
Intermediate		논리가 살아나는 **영어 에세이 쓰기**	내가 쓰고 싶은 말을 다 쓰는 **영어일기 영작패턴**	내가 쓰고 싶은 말은 다 있는 **영어일기 표현사전**
Advanced	How to Write **영어로 논문쓰기** NEED	NEXUS **영어 논술 구술**	회사원도 자신있게 쓸 수 있는 **난생처음 영어일기** (직장인편)	
Advanced	How to Write **영어로 논문쓰기** NEED	논리력이 완성되는 **영어 논술 노트**	**영어일기 무엇을 쓸까 영어일기 어떻게 쓸까**	

*표지 이미지가 준비되지 않은 도서는 순차적으로 발행됩니다.